上市公司盈余管理与审计治理效应

SHANGSHI GONGSI YINGYU GUANLI YU
SHENJI ZHILI XIAOYING

王良成 著

西南财经大学出版社

图书在版编目(CIP)数据

上市公司盈余管理与审计治理效应/王良成著.—成都:西南财经大学出版社,2017.5
ISBN 978-7-5504-2930-7

Ⅰ.①上… Ⅱ.①王… Ⅲ.①上市公司—企业利润—研究—中国②上市公司—审计—研究—中国 Ⅳ.①F279.246②F239.6

中国版本图书馆CIP数据核字(2017)第081622号

上市公司盈余管理与审计治理效应

王良成 著

责任编辑:李 才
封面设计:墨创文化
责任印制:封俊川

出版发行	西南财经大学出版社(四川省成都市光华村街55号)
网址	http://www.bookcj.com
电子邮件	bookcj@foxmail.com
邮政编码	610074
电话	028-87353785 87352368
照排	四川胜翔数码印务设计有限公司
印刷	四川五洲彩印有限责任公司
成品尺寸	170mm×240mm
印张	19
字数	350千字
版次	2017年5月第1版
印次	2017年5月第1次印刷
书号	ISBN 978-7-5504-2930-7
定价	98.00元

前　言

中国近几十年的经济改革，让中国的经济增长取得举世瞩目的成就。目前，中国经济总量已排在全世界第二，仅次于美国。作为一个处于转型经济的新兴市场经济体，中国的经济增长能够取得如此巨大的成就，得益于中国资本市场的改革红利和上市公司的快速发展。

上市公司的盈余管理，一直以来备受政府、学术界和实务界的关注。盈余管理会降低上市公司的会计信息质量，扰乱市场的决策和秩序，削弱资本市场的资源配置功能，侵害市场投资者的利益，最终将会影响中国经济的发展。由此，本书基于中国的制度背景，对上市公司的盈余管理和审计的治理效应进行深入研究，为中国和其他转型经济国家的经济发展提供理论解读和经验分析。

总体而言，本书着眼于中国经济转型的制度变迁，首先对应计盈余管理与真实盈余管理的相互关系进行理论分析和实证探讨。在此基础上，考察中国的监管者对盈余管理的识别能力。同时，检验应计盈余管理与真实盈余管理的市场反应，以及审计在其中的治理效应。其次，立足中国的再融资环境，探讨盈余管理对审计意见监管有用性的影响及其经济后果，考察在中国证券市场的新常态下审计师对盈余管理的反应和风险管理策略，具体从审计师变更、审计收费和审计意见进行分析和探讨。最后，分析盈余管理对股价暴跌风险的影响，以及签字会计师的性别差异对审计独立性的影响。

本书的特点是立足于中国经济之现实，力求做到制度考察与理论分析相结合，扎根于中国特殊的制度背景，研究新兴资本市场中国的特色问题，以期从中国证券市场的实际问题出发，从理论上进行探讨和分析，通过经验数据之实证研究描述和分析并解答上述问题。

(1) 在中国证券市场上，应计盈余管理与真实盈余管理存在二元关系，即替代关系和互补关系。具体而言，市场竞争压力在应计盈余管理与真实盈余管理之间具有明显的成本比较优势，使得两者具有替代关系，控制利益、管制压力在应计盈余管理与真实盈余管理之间不具有显著的成本比较优势，而是应计盈余管理与真实盈余管理的驱动因素，使得两者具有互补关系。

(2) 中国证券市场的投资者只对应计盈余管理做出负面反应，没有对真实盈余管理做出有效反应。这可能是，相比于应计盈余管理，真实盈余管理不容易察觉，因而投资者没有做出有效的市场反应。同时，高质量的审计只帮助投资者对应计盈余管理的信息含量做有效区分，而对真实盈余管理的信息含量不能明显区分，表明审计在盈余管理的治理上具有一定的积极的市场效应。

(3) 中国监管者对上市公司盈余管理具有一定的识别能力，并且会受到管制环境变迁的影响，存在管制效应和演进效应。具体而言，在审核公司的配股资格过程中，监管者能识别线下真实盈余管理，但是，在管制环境变迁后，由于线下真实盈余管理被纳入管制范围，监管者不再对其关注，而是关注应计盈余管理，并能识别。在线上真实盈余管理方面，由于其隐蔽性强，监管者并没有表现出显著的识别能力。

(4) 在中国证券市场上，审计意见对盈余管理具有一定的治理效应，由于真实盈余管理具有隐蔽性，审计意见并不能对其有效反映。同时，审计意见的监管有用性仅在管制变迁前具有统计上的显著性，并且会受到盈余管理的影响，但仅受到非经营性盈余管理的影响，并且只体现在非国有企业中。审计意见的治理作用会在国有企业的配股业绩上得到体现，但这会受到真实盈余管理的影响。

(5) 在中国2006年法律变迁之前和法律变迁之后，应计盈余管理与真实盈余管理对审计定价都没有显著影响，并且，法律变迁也不会增强应计盈余管理与真实盈余管理对审计定价的推高作用。这意味着，我国的审计定价在盈余管理的治理上没有发挥应有的功能，同时，法律的变迁也没有提升审计定价在盈余管理上的治理功能。

(6) 在中国2006年法律变迁之前和法律变迁之后，应计盈余管理与真实盈余管理都没有显著提高审计师签发非标准审计意见的可能性，并且，法律变迁也不会增强应计盈余管理与真实盈余管理对非标准审计意见的提升作用。这意味着，我国的审计意见在盈余管理的治理上没有发挥应有的功能，同时，法律的变迁也没有提升审计意见在盈余管理上的治理功能。

(7) 中国上市公司的应计盈余管理程度越高，上市公司与会计师事务所保持客户关系越困难，越容易发生会计师事务所变更，但是只表现在2006年新法律实施以后。同时，上市公司的真实盈余管理也对会计师事务所变更产生影响，同样也只表现在新法律实施以后。这表明，法律环境的改善在一定程度上对于外部审计机构的治理作用产生了积极的影响。

(8) 在中国证券市场上，应计盈余管理并没有提高公司的股价暴跌风险，真实盈余管理显著提高了公司的股价暴跌风险，但仅在非国有企业中体现。进一步分析发现，导致这一情形的原因在于，应计盈余管理与真实盈余管理在非国有企业中相对突出。同时，也可能是由于非国有企业没有受到与国有企业一样的政治庇护。

(9) 在中国市场上，签字会计师的性别差异在总体上对审计独立性没有显著影响。而当考虑到不同职业阶段的性别差异时，签字会计师的性别差异对审计独立性有显著影响，但只体现在职业阶段的早期和晚期。这说明，签字会计师的性别差异对审计独立性的影响会受到其职业阶段的调节作用，并且，这种影响表现为，女性签字会计师的独立性比男性偏低。这说明性别差异对审计独立性的影响主要受职业风险的驱动，而非法律风险和职业道德。

希冀本书的研究结论，一方面为中国经济改革发展的大浪潮提供一个截面或者是其中一个点的反映和解读，另一方面为今后中国经济的建设尤其是中国证券审计市场的建设提供经验证据和政策启示。

本书的创作和顺利结稿，特别感谢对外经济贸易大学陈汉文教授和汕头大学杜沔教授的启发、指导和帮助，同时感谢香港城市大学 Zhifeng Yang 教授、纽约州立大学 Francis Kim 教授的宝贵建议和帮助，更要感谢四川大学、西南财经大学、厦门大学、对外经济贸易大学、浙江大学、华中科技大学、中央财经大学、中山大学、西南交通大学、重庆大学、西南大学、汕头大学、中国政府审计研究中心以及学术界和实务界的同仁和朋友提供的宝贵建议和支持，还要感谢我的家人给予的理解和支持，感谢我在四川大学指导的研究生和本科生在数据收集和数据分析方面提供的帮助和支持，感谢国家自然科学基金研究项目（71302132）、四川省社科规划项目（SC15B041）和中央高校基本科研业务费研究专项项目（SKQY201650）的支助。

由于本书作者的水平有限，书中难免有不足和瑕疵之处，敬请各位同仁、专家和读者赐教并批评指正。

作　者

2017 年 3 月 30 日

目 录

1 导论

作为开篇之论，本章简要阐述了本书的研究背景和写作动机，提出了研究的问题，并介绍了本书的研究框架与结构安排、学术贡献和创新。

1.1 研究问题与研究目的

中国经济在过去三十多年的发展成就，是世界经济发展史的一大奇迹，也让中国成为世界经济的第二大国。在中国的经济改革发展过程中，资本市场的资源配置功能和上市公司的治理质量，是推动中国经济健康发展的重要制度基础。

然而，上市公司的盈余管理会降低会计信息质量，干扰市场的秩序，削弱资本市场的资源配置功能，阻碍经济的发展。如何有效治理上市公司的盈余管理，一直是政府、学术界和实务界迫切破解的难题。审计作为一种重要的制度安排，在对上市公司盈余管理的治理上具有治理效应。对审计的治理，可以维护市场的良好秩序，确保资本市场的资源配置效率，是维系和推动经济健康发展的重要微观基础（Francis，2011；DeFond & Zhang，2014）。特别是对处于转型中的新兴市场来说，投资者的法律保护环境相对于发达市场国家比较弱，更需要审计的治理作用来支撑和推动市场的健康发展（Fan & Wong，2005；Choi & Wong，2007）。因此，立足中国这样一个转型经济的新兴市场，研究上市公司的盈余管理与审计的治理效应，具有重要的理论意义和实践意义。

具体而言，本书主要研究以下几个问题：

（1）应计盈余管理与真实盈余管理，在我国市场上到底是什么关系，是替代还是互补。在我国转型加新兴市场的制度背景下，上市公司到底是偏向于选择应计盈余管理，还是偏向于选择真实盈余管理，其面临的成本和收益及其之间的权衡，可能与发达市场的不同，从而可能会影响应计盈余管理与真实盈余管理之间的相互关系。

本书认为，在不同的制度环境下，应计盈余管理与真实盈余管理的成本和收益的大小可能表现不同，从而影响两者之间的相互关系。在中国市场上，应计盈余管理与真实盈余管理可能存在二元关系。

（2）应计盈余管理与真实盈余管理在我国的市场反应会呈现什么情况，审计是否在其中具有治理效应。在中国这样一个弱式有效的市场上，对于应计盈余管理与真实盈余管理，投资者是否会有所反应，反应是理性还是非理性，以及反应的程度如何。高质量的审计是否在其中扮演了积极的作用。

本书认为，真实盈余管理比应计盈余管理对公司价值的损害更大，因此，预测真实盈余管理可能比应计盈余管理在市场上引起的负面反应更大，但这要取决于我国证券市场的有效性。同时，高质量的审计可能对盈余管理的负面市场反应产生治理作用，帮助投资者区分上市公司盈余管理所蕴含的信息含量，但这要取决于我国证券市场的有效性。

（3）监管者是否识别我国上市公司的盈余管理，而在线下真实盈余管理、应计盈余管理和真实盈余管理方面，监管者的识别是否有差异。特别是在我国制度变迁比较快的背景下，监管者识别盈余管理的能力是否会受到管制变迁的影响。

本书认为，由于线下真实盈余管理、应计盈余管理和真实盈余管理在隐蔽性上有差异，其中，线下真实盈余管理的隐蔽性较弱，应计盈余管理的隐蔽性一般，真实盈余管理较强。因而，本书预测，线下真实盈余管理和应计盈余管理可能被监管者识别，而真实盈余管理可能不会被监管者识别。并且，监管者对盈余管理的识别能力会随着时间的推移存在演进效应，同时还会受到管制变迁的影响。

（4）盈余管理是否影响审计意见的监管有用性，并且，非经营性盈余管理、应计盈余管理和真实盈余管理对审计意见监管有用性的影响是否存在差异。进一步，盈余管理对审计意见监管有用性的影响会产生什么样的经济后果，是否降低了资源配置的效率。具体而言，在非经营性盈余管理、应计盈余管理和真实盈余管理对审计意见监管有用性的影响方面，其产生的经济后果是否有差异。

本书预测，非经营性盈余管理、应计盈余管理和真实盈余管理，可能会对审计意见的监管有用性产生影响，并且，由于非经营性盈余管理、应计盈余管理和真实盈余管理在隐蔽性上存在差异，也可能导致它们对审计意见监管有用性的影响有所不同。盈余管理对审计意见监管有用性的影响可能会产生消极的经济后果，降低资源配置的效率。同样，非经营性盈余管理、应计盈余管理和真实盈余管理，对审计意见监管有用性影响产生的经济后果，也会因在隐蔽性和损害公司价值方面的不同而具有差异性。

（5）盈余管理是否影响审计定价，并且在不同的法律变迁时期，盈余管理对审计定价的影响是否存在差异。盈余管理会让审计师承担一定的风险，是否会由此让审计师提高审计定价。在法律变迁后，我国的法律水平提高，审计师面临的风险也由此增加，审计定价对盈余管理的敏感性是否也会得到加强。同时，应计盈余管理和真实盈余管理对审计定价的影响也可能存在差异。

本书认为，真实盈余管理比应计盈余管理具有更大的审计风险，因此预测，真实盈余管理比应计盈余管理更能显著提高审计定价。并且，盈余管理对审计定价的提升作用，会受到法律变迁的影响，随着法律水平的提高而提高。

（6）盈余管理是否影响审计意见，并且在不同的法律变迁时期，盈余管理对审计意见的影响是否存在差异。盈余管理会让审计师承担一定的风险，是否由此让审计师在签发审计意见时对其进行考虑，并在审计意见中得到反映。在法律变迁后，我国的法律水平提高，审计师面临的风险由此增加，审计意见对盈余管理的敏感性是否也会得到加强。同时，应计盈余管理和真实盈余管理对审计意见的影响也可能存在差异。

本书认为，真实盈余管理比应计盈余管理具有更大的审计风险，因此预测，真实盈余管理比应计盈余管理更能显著提高审计师签发非标准审计意见的可能性。并且，盈余管理对审计师签发非标准审计意见的可能性的提升作用，会受到法律变迁的影响，随着法律水平的提高而提高。

（7）盈余管理是否影响审计师变更，并且在不同的法律变迁时期，盈余管理对审计师变更的影响是否存在差异。盈余管理会让审计师承担一定的风险，是否会由此提高审计师变更的可能性。在法律变迁后，我国的法律水平提高，审计师面临的风险由此增加，审计师变更对盈余管理的敏感性是否也会得到加强。同时，应计盈余管理和真实盈余管理对审计师变更的影响也可能存在差异。

本书认为，真实盈余管理比应计盈余管理具有更大的审计风险，因此预测，真实盈余管理比应计盈余管理更能显著提高审计师变更的可能性。并且，盈余管理对审计师变更的可能性的提升作用，会受到法律变迁的影响，随着法律水平的提高而提高。

（8）盈余管理是否影响公司的股价暴跌风险，并且在不同产权性质的企业中，盈余管理对股价暴跌风险的影响是否存在差异。相对于非国有企业，国有企业与政府具有天然的联系，受到更多的政治庇护。因而，国有企业和非国有企业在盈余管理方面可能存在差异，导致其对股价暴跌风险的影响可能存在差异。同时，应计盈余管理和真实盈余管理对公司股价暴跌风险的影响也可能存在差异。

本书认为，真实盈余管理比应计盈余管理对公司价值具有更大的损害性，因此预测，真实盈余管理比应计盈余管理更能显著提高公司股价暴跌风险。并且，盈余管理对股价暴跌风险的提升作用，在国有企业和非国有企业中存在差异性。

（9）签字会计师的性别差异是否会影响审计独立性，并且在签字会计师不同的职业阶段，签字会计师的性别差异对审计独立性的影响是否存在差异。在中国这样历史悠久的东方文化国度里，“重男轻女”的思想比较流行，女性签字会计师面临的职业风险可能比男性大，进而影响其独立性。在不同的职业阶段，女性签字会计师和男性签字会计师面临的职业风险可能存在差异而具有阶段性，同样，这可能会影响到签字会计师的性别差异对审计独立性的影响。

本书认为，在中国市场上，职业风险可能比法律风险、道德风险更重要，女性签字会计师为了规避风险，其审计独立性可能低于男性签字会计师。并且，签字会计师的性别差异对审计独立性的影响，可能会在不同的职业阶段存在差异。

1.2 研究内容和结构安排

本书立足于中国的资本市场，对中国上市公司的盈余管理和审计治理效应进行理论分析与经验研究。本书的着眼点是扎根于中国特殊的制度背景，研究中国特色的问题，以期从实践问题出发，从理论上进行分析，并以经验数据进行检验。

本书共分为十二章，各章的内容摘要如下：

第一章 导论

本章主要介绍本书的研究背景和动机、研究问题、研究内容安排及主要的学术贡献和创新。

第二章 制度背景和理论分析

本章主要介绍了我国证券市场的配股管制变迁的制度背景和2006年的法

律变迁背景，阐述了盈余管理和审计治理效应的相关理论。

第三章 应计盈余管理与真实盈余管理的二元关系

本章探讨了中国市场上应计盈余管理与真实盈余管理的相互关系。在转型经济的中国新兴市场环境下，上市公司到底是偏向于选择应计盈余管理还是偏向于选择真实盈余管理，其面临的成本和收益及其之间的权衡，可能与发达市场不同，从而可能会影响应计盈余管理与真实盈余管理之间的相互关系。本章的经验数据表明，在中国市场上，应计盈余管理与真实盈余管理之间存在着二元关系，即替代关系和互补关系。本章的研究为厘清应计盈余管理与真实盈余管理两者的相互关系提供了新的知识和经验证据，丰富了该领域的研究，也为推动我国证券市场的健康发展提供了一定的启示。

第四章 盈余管理的市场反应与审计治理效应

本章立足于中国的证券市场，考察应计盈余管理与真实盈余管理的市场反应以及审计的治理效应。本章利用中国的市场数据研究发现，中国证券市场的投资者只对应计盈余管理做出负面反应，而没有对真实盈余管理进行有效反应，表明投资者对盈余管理的反应在一定程度上具有理性。同时，高质量的审计只帮助投资者对应计盈余管理的信息含量做有效区分，而对真实盈余管理的信息含量不能明显区分，表明审计在盈余管理的治理上具有一定的积极的市场效应。这为中国上市公司盈余管理的治理和完善证券市场的建设提供了一定的启示。

第五章 监管者识别盈余管理

本章立足于我国特殊的股权再融资管制环境，考察监管者对上市公司盈余管理的识别能力及其变化。在转型经济过程中，我国的股权再融资管制环境具有不断变迁的特征。管制环境的变迁，可能会影响到监管者对盈余管理的识别能力及其程度。本章的经验研究显示，监管者对上市公司盈余管理具有一定的识别能力，并且会受到管制环境变迁的影响，存在管制效应和演进效应。具体而言，在审核配股资格过程中，监管者能识别线下真实盈余管理，但是，在管制环境变迁后，由于线下真实盈余管理被纳入管制范围，监管者不再对其进行关注，而是关注应计盈余管理，并能识别。在线上真实盈余管理方面，由于其隐蔽性强，监管者并没有表现出显著的识别能力。本章拓展和细化了盈余管理的监管研究，提供了丰富的经验证据，对我国证券市场的健康发展具有重要的现实意义和启示。

第六章 盈余管理与审计意见监管有用性

本章基于我国特有的配股管制环境，考察审计意见对盈余管理的反应、审计意见的监管有用性受盈余管理的影响及其经济后果。由于我国的配股管制处在不断的变迁过程中，特别是2001年的配股管制将审计意见纳入管制内容，意味着审计意见正式作为证监会对公司配股申请进行审核的一个基本条件，这一制度变迁可能会影响到审计意见在配股融资中的治理功能。因此，本章将这一配股管制的变迁纳入分析，以此区分并比较在审计意见纳入管制和未纳入管制两个时期审计意见对盈余管理的治理功能和产生的经济后果。本章的研究结果表明，审计意见对盈余管理具有一定的治理效应，由于真实盈余管理具有隐蔽性，审计意见并不能对真实盈余管理有效反映。同时，审计意见的监管有用性仅在管制变迁前具有统计上的显著性，并且会受到盈余管理的影响，但仅受到非经营性盈余管理的影响，并且只体现在非国有企业。审计意见的治理作用会在国有企业的配股业绩上得到体现，但这会受到真实盈余管理的影响。

第七章 盈余管理、法律变迁与审计定价

本章基于我国特有的法律变迁环境，考察盈余管理对审计定价的影响。盈余管理会提高审计风险，而在不同的法律变迁环境下，盈余管理带来的审计风险也会有所不同，进而对审计定价的影响也会有差异。2006年，中国实施新的公司法、证券法，加大了对投资者的利益保护，提高了中国的法律水平，是中国的一个重要的法律变迁。本章采用中国的资本市场数据，考察2006年法律变迁前后盈余管理对审计定价的影响。研究发现，在2006年法律变迁前后，应计盈余管理与真实盈余管理对审计定价都没有显著影响。经验结果表明，尽管2006年法律变迁后，会计师事务所面临的审计风险有所提高，但是应计盈余管理与真实盈余管理所带来的审计风险并没有在审计定价中得到反映。这意味着我国的审计定价和法律水平在盈余管理的治理上还没有表现出应有的治理效应，还有待加强。

第八章 盈余管理、法律变迁与审计意见

本章基于我国特有的法律变迁环境，考察盈余管理对审计意见的影响。盈余管理会降低会计信息质量，提高审计风险，并且在不同的法律变迁环境下，盈余管理带来的审计风险也会有所不同，进而对审计意见的影响也会有所差异。2006年，中国实施新的公司法、证券法，加强了对投资者的利益保护，提高了中国的法律水平，是中国的一个重要的法律变迁。本章采用中国的资本市场数据，考察2006年法律变迁前后盈余管理对审计意见的影响。研究发现，在2006年法律变迁前后，应计盈余管理与真实盈余管理不会提高审计师签发非标准审计意见的可能性。经验结果表明，尽管2006年法律变迁后，会计师事务所面临的审计风险有所提高，但是应计盈余管理与真实盈余管理所带来的审计风险并没有在审计意见中得到反映。这意味着我国的审计意见和法律水平在盈余管理的治理上还没有表现出应有的治理效应，需要进一步加强。

第九章 盈余管理、法律变迁与审计师变更

本章基于我国特有的法律变迁环境，考察盈余管理对审计师变更的影响。盈余管理会提高审计风险，而在不同的法律变迁环境下，盈余管理带来的审计风险也会有所不同，进而对审计师变更的影响也会有所差异。2006 年，中国实施新的公司法、证券法，加大了对投资者的利益保护，提高了中国的法律水平，是中国的一个重要的法律变迁。这一法律变迁也加大了审计师面临的审计风险。本章采用中国的资本市场数据，考察 2006 年法律变迁前后盈余管理对审计师变更的影响。研究发现，中国上市公司的应计盈余管理程度越高，公司与会计师事务所保持客户关系越困难，越容易发生会计师事务所变更，但是只表现在 2006 年新法律实施以后。同时，公司的真实盈余管理也对会计师事务所变更产生影响，同样也只表现在新法律实施以后。这表明，法律环境的改善在一定程度上对于外部审计机构的治理作用产生了积极的影响。

第十章 盈余管理与股价暴跌风险

本章基于我国特有的制度环境，考察盈余管理对股价暴跌风险的影响。盈余管理会降低会计信息质量，提高公司的股价暴跌风险。在不同的产权性质的公司中，盈余管理的水平会有所差异，进而盈余管理对公司的股价暴跌风险的影响也会有所不同。本章采用中国证券市场的数据研究发现，应计盈余管理并没有提高公司的股价暴跌风险，真实盈余管理显著提高了公司的股价暴跌风险，但仅在非国有企业中体现。进一步分析发现，导致这一情形的原因在于，应计盈余管理与真实盈余管理在非国有企业中相对较高。同时，也可能是由于非国有企业，没有受到与国有企业一样的政治庇护。

第十一章 性别差异、职业阶段与审计独立性

本章基于中国资本市场的数据，从职业风险、法律风险和职业道德考察签字会计师的性别差异对审计独立性的影响。在中国这样一个典型的转型经济国家，职业风险可能比法律风险、道德风险更重要，导致女性签字会计师的独立性可能比男性低。本章采用中国证券市场的数据研究发现，在中国资本市场上，签字会计师的性别差异在总体上对审计独立性没有显著影响。而将职业阶段纳入分析时，签字会计师的性别差异对审计独立性具有显著影响，但只体现在职业阶段的早期和晚期，说明性别差异对审计独立性的影响会受到职业阶段的调节作用。并且，这种影响表现为，相对于男性签字会计师，女性签字会计师的独立性偏低，说明性别差异对审计独立性的影响主要受职业风险的驱动，

而非法律风险和职业道德。本研究拓展和丰富了审计独立性个体层面的研究，并提供直接的经验证据，也为中国证券审计市场的健康发展提供一定的启示。

第十二章 研究结论和启示

本章总结全书的研究结论，并从研究结论中得到一定的启示。

1.3 学术贡献和创新

本书的特点是扎根于中国特殊的制度背景，研究中国上市公司的盈余管理与审计治理效应，以期从中国证券市场的实践问题出发，从理论上进行分析，并以经验数据进行实证检验。本书主要的学术贡献和创新如下：

（1）在中国证券市场上，应计盈余管理与真实盈余管理除了存在替代关系，还存在互补关系，即二元关系，拓展了先前的研究领域。从中国转型经济的制度因素，如控制利益、管制压力，分析应计盈余管理与真实盈余管理的内在驱动力量，为该领域的研究提供了全新的视角和经验证据。兼顾考察应计盈余管理与真实盈余管理的成本和收益及对比状况，弥补了该领域研究的不足。

（2）本书深化了盈余管理市场反应在处于转型经济中的中国证券市场上的经验研究，对比分析应计盈余管理市场反应与真实盈余管理市场反应。丰富了审计治理效应的研究，检验了高质量的审计在盈余管理市场反应上的作用。通过对盈余管理市场反应的考察，为中国市场的有效性提供了进一步的经验证据。

（3）本书将监管者对盈余管理识别的研究，从线下真实盈余管理拓展到应计盈余管理和线上真实盈余管理的考察上，印证了演进效应的存在，推进了该领域的研究。根据我国特有的制度背景，考察管制环境变化对监管者识别盈余管理能力的影响，证实了管制效应的存在，提供这一研究的制度思考。对比研究应计盈余管理、线上真实盈余管理和线下真实盈余管理被监管者识别的情形，证实了线上真实盈余管理不容易被识别的隐蔽性，丰富了盈余管理的研究。

（4）本书从非经营性盈余管理、应计盈余管理与真实盈余管理三个方面，系统考察盈余管理对审计意见的影响，进而考察对审计意见监管有用性的影响，具有理论上的原创性，极大丰富了会计和审计理论方面的研究。从会计业绩考察应计盈余管理与真实盈余管理对审计意见监管有用性的影响产生的经济后果，对比其差异，探讨其深刻的制度原因和理论基础，推进审计工作对会计信息质量和资本市场建设的治理效应方面的研究。将管制变迁纳入分析框架，考察审计意见受盈余管理的影响及其经济后果是否在不同的管制环境下具有差异，并分析其差异产生的原因，为深入理解管制与审计的治理作用提供新的视角和经验知识。

（5）本书从应计盈余管理和真实盈余管理考察审计定价的影响，为盈余管理与审计定价的关系的研究提供进一步的经验证据。将我国法律变迁纳入分析，考察在不同法律变迁环境下，比较分析应计盈余管理和真实盈余管理对审计定价的影响差异，拓展了法与公司治理的研究领域。立足中国的制度背景进行考察，研究盈余管理、法律变迁对审计定价的影响，研究结论为其他转型经济国家提供一定的借鉴和启示。

（6）本书从应计盈余管理和真实盈余管理考察审计意见的影响，为盈余管理与审计意见的关系的研究提供进一步的经验证据。将我国法律变迁纳入分析，考察在不同法律变迁时期下，比较分析应计盈余管理和真实盈余管理对审计意见的影响差异，拓展了法与公司治理的研究。立足中国的制度背景进行考察，研究盈余管理、法律变迁对审计意见的影响，研究结论为其他转型经济国家提供一定的借鉴和启示。

（7）本书从应计盈余管理和真实盈余管理两个方面来印证盈余管理程度与会计师事务所变更之间的关系，为会计师事务所变更的监管提供了直接的经验证据，丰富了盈余管理与会计师事务所变更领域的研究。考虑了法律环境的改善对盈余管理程度与会计师事务所变更之间关系的影响，验证了法律环境的改善能使外部审计机构更好地发挥其治理作用。

（8）本书从应计盈余管理与真实盈余管理系统考察盈余管理对公司股价暴跌风险的影响，丰富了该领域的研究，提供了进一步的经验证据。将产权性质纳入分析，考察国有企业和非国有企业在应计盈余管理与真实盈余管理对股价暴跌风险影响上的差异，拓展了盈余管理和股价暴跌风险的研究领域。

（9）本书拓展和细化了审计独立性个体层面的研究，为理解性别差异对审计独立性影响提供来自转型经济国家的经验证据，从职业风险、法律风险和职业道德对比分析中增添新的认识。将职业阶段纳入分析，发现不同职业阶段的性别差异对审计独立性的影响不同，从而细化和丰富了该领域的研究，同时说明，在考察性别差异对审计独立性的影响时，需要考虑职业阶段的调节作用。

2 制度背景和理论分析

本章主要介绍了我国证券市场的配股管制变迁的制度背景和2006年的法律变迁背景，阐述了盈余管理和审计治理效应的相关理论。

2.1 制度背景

1. 配股管制变迁

从1993年开始，为了限制上市公司疯狂的配股融资行为，维系证券市场的健康发展，优化其配置功能，证券监管部门制定了相关的法律法规来规范上市公司的配股行为，并随着我国证券市场的发展在不断地进行调整和变迁。① 每次重大的变迁都赋予了不同时代环境下配股管制不同的内涵和意图。

特别是2001年的配股管制变迁，配股管制调整的内容与审计治理效应有关。在这次变迁中，证监会明确将审计意见作为上市公司进行配股申请的一个基本条件。变迁的标志是2001年证监会颁布的1号令《上市公司新股发行管理办法》。在其中的第十六条，对配股申请公司的审计意见做出如下规定：

"如最近三年财务会计报告被注册会计师出具非标准无保留意见审计报告的，则所涉及的事项应当对公司无重大影响或影响已经消除，违反合法性、公允性和一贯性的事项应当已经纠正；公司应当在申请文件中提供最近三年经审计的财务会计报告及公司申请时由注册会计师就非标准无保留意见审计报告涉及的事项是否已消除或纠正所出具的补充意见……"

这一规定意味着，如果申请配股的公司对最近三年财务报告被出具非标准审计意见所涉及的事项没有进行调整和纠正，则表示公司的配股申请达不到证

① 从1993年第一部明确关于配股的法规开始，在1994年、1996年、1999年、2001年、2006年分别对以前配股政策进行重大修订。

监会规定的条件，不能通过证监会的审核。

2001 年的配股政策出台，标志着我国的配股管制进入了审计意见的强制管制时期。随后，在 2006 年的配股管制变迁中，证监会对审计意见的要求得到进一步强化。2006 年配股管制变迁的标志性事件是，证监会在 2006 年颁布的 30 号令《上市公司证券发行管理办法》。在其中的第八条，对配股申请公司的审计意见做出较之前更严格的规定：

“最近三年及一期财务报表未被注册会计师出具保留意见、否定意见或无法表示意见的审计报告；被注册会计师出具带强调事项段的无保留意见审计报告的，所涉及的事项对发行人无重大不利影响或者在发行前重大不利影响已经消除……”

这次管制变迁对审计意见的严格性体现在，配股申请公司只对非标准审计意见中的带强调事项段的无保留意见所涉及的事项进行调整和纠正，就可以达到证监会规定的配股条件。如果配股申请公司被出具其他非标准审计意见，即保留意见、否定意见或无法表示意见，则其配股申请直接被证监会否决。

2. 法律变迁

为了推动我国经济的发展和加强对投资者利益的保护，我国 2006 年开始实施新的公司法和证券法。尽管随后对 2006 年实施的公司法和证券法进行了修订和完善，但是，2006 年这两部法的实施，标志着我国的法律水平上了一个新的台阶，加大了对公司治理的要求和市场中介机构的责任，提高了对投资者利益的保护水平。特别是增加了相关责任人的民事赔偿责任，如新证券法第一百七十三条规定：

“证券服务机构为证券的发行、上市、交易等证券业务活动制作、出具审计报告等文件，应当勤勉尽责，对所制作、出具的文件内容的真实性、准确性、完整性进行核查和验证。其制作、出具的文件有虚假记载，误导性陈述或者重大遗漏，给他人造成损失的，应当与发行人、上市公司承担连带赔偿责任……”

为了加大对公司管理人员的责任，新公司法明确规定：

“董事、监事、高级管理人员应当遵守法律、行政法规和公司章程，对公司负有忠实义务和勤勉义务。他们执行公司职务时违反法律、行政法规或者公司章程的规定，给公司造成损失的，应当承担赔偿责任。董事应当对董事会的决议承担责任。股份有限公司董事会的决议违反法律、行政法规或者公司章程、股东大会决议，致使公司遭受严重损失的，参与决议的董事对公司负赔偿责任……”

并且，为了加强对中小投资者的利益报告，新公司法增加了股东代表诉讼制度。如新公司法第一百五十二条对股东代表诉讼制度做出了如下规定：

“监事会、不设监事会的有限责任公司的监事，或者董事会、执行董事收到本条第一款规定的股东书面请求后拒绝提起诉讼，或者自收到请求之日起三十日内未提起诉讼，或者情况紧急、不立即提起诉讼将会使公司利益受到难以弥补的损害时，第一款规定的股东有权为了公司的利益以自己的名义直接向人民法院提起诉讼……”

在新公司法的第一百五十三条，还增加了如下规定：

“董事、高级管理人员违反法律、行政法规或者公司章程的规定，损害股东利益的，股东可以向人民法院提起诉讼……”

2.2 理论分析

1. 盈余管理

盈余管理，是公司经理人为了个人利益而对财务报表利润进行调整的过程（Schipper，1989；Healy & Wahlen，1999）。盈余管理的理论来源于公司的代理问题。而上述对盈余管理的定义，主要是基于 Jensen 和 Meckling（1976）所描述的公司股东与经理人之间的代理问题进行阐述的。

但是，在转型经济的新兴市场国家，公司的代理问题，可能主要不是公司股东与经理人之间的代理问题，而是大股东与中小股东之间的代理问题（Shleifer & Vishny，1997）。因此，在转型经济的新兴市场上，盈余管理的定义，可以这样进行阐述，盈余管理是公司大股东为了个人利益而对财务报表利润进行调整的过程。

根据 Schipper（1989）及 Healy 和 Walen（1999）的研究，盈余管理可以分为应计盈余管理和真实盈余管理。应计盈余管理是在财务报告过程中采取改变会计方法和会计估计来管理盈余，只影响公司的应计利润而不影响公司的现金流。真实盈余管理通过偏离公司正常业务的活动来管理盈余，影响了公司的现金流而损害了公司长期价值。因此，一般而言，真实盈余管理的成本相对于应计盈余管理要高。如 Cohen 和 Zarowin（2010）发现，相比于应计盈余管理，真实盈余管理对公司股权再融资后的业绩损害更大。

然而，相比于真实盈余管理，应计盈余管理容易被审计师和监管者察觉。因而，公司经理人更偏向于真实盈余管理（Graham，等，2005）。Cohen 等

(2008) 研究发现，在通过 SOX 法案（Sarbanes-Oxley Act）后，美国的监管环境趋严，真实盈余管理受公司经理人青睐而大幅上升。随后，Chi 等（2011）也有类似的发现，当面临高质量的外部审计师时，公司采用应计盈余管理比较困难，从而倾向于选择真实盈余管理。

但是，公司在应计盈余管理与真实盈余管理之间的选择，主要取决于两者的成本优势。如 Zang（2012）研究发现，市场竞争压力、财务状况、审计质量、法律环境等外部因素影响应计盈余管理与真实盈余管理之间的选择，让两者表现出替代关系，市场竞争压力低、财务状况好、审计质量高、法律环境严对真实盈余管理具有成本比较优势，因为此时选择采用真实盈余管理所付出的成本比选择采用应计盈余管理的低，所以公司倾向于选择真实盈余管理；反之，倾向于选择应计盈余管理。

2. 审计治理效应

审计是审计人员对公司财务报表信息的公允性进行鉴证的过程。审计是现代公司治理的一项重要制度安排，可以对公司大股东与小股东、股东与经理人之间的代理问题进行有效治理而产生治理效应（Jensen & Meckling，1976；Watts & Zimmerman，1983；Fan & Wong，2005）。

审计的治理作用，在于可以维护市场的良好秩序，确保资本市场的资源配置效率，它是维系和推动经济健康发展的重要微观基础（Francis，2011；DeFond & Zhang，2014）。特别是对处于转型的新兴市场来说，投资者的法律保护环境相对于发达市场国家比较弱，更需要审计的治理作用来支撑和推动市场的健康发展（Fan & Wong，2005；Choi & Wong，2007）。

但是，现有文献关于审计治理效应的研究结论却存在争议。

王艳艳等（2006）和 Chen 等（2011）的研究认为，相对于小规模的会计师事务所，大规模的会计师事务所的审计质量高，可以提高公司盈余的信息含量而降低公司的权益资本成本。相关的研究同样认为，高质量的审计可以抑制公司的盈余管理，提高财务报表的信息质量，如 Becker 等（1998）、Francis 等（1999）、Kim 等（2003）的研究。但是，Nelson 等（2002）和 Graham 等（2005）认为，高质量的审计并不能约束公司的真实盈余管理行为，仅能约束公司的应计盈余管理行为。

并且，在中国市场上，蔡春等（2005）、吴水澎和李奇凤（2006）、王艳艳和陈汉文（2006）研究认为，高质量的审计可以抑制公司的盈余管理。但是，刘峰和周福源（2007）以及 Ke 等（2015）认为，在中国证券市场上，高质量的审计并不能抑制公司的盈余管理。

在盈余管理与审计意见的关系方面，现有研究仍然存在争议。Francis 和 Krishnan（1999）认为，盈余管理会提高审计风险，进而提高签发非标准审计意见的可能性。因为，应计盈余是公司经理人对公司交易事项的未来结果进行的一种主观估计，而在客观上，审计师不能对公司经理人这一行为进行事前校正。因而，这可能导致高应计盈余公司的审计风险更大。因为，高应计盈余的公司，其会计估计发生差错的可能性更大，并且与应计有关的资产确认和持续经营的问题发生的可能性也更大。为了应对高应计盈余公司审计风险，审计师可能降低签发非标准审计意见的门槛，以此来减少审计失败的可能性。

随后，Bartov 等（2001）、Johl 等（2007）、Ajona 等（2008）分别对美国、马来西亚、西班牙市场进行研究，也发现类似的结论，尽管应计盈余管理降低了会计信息的质量，但是审计意见能对应计盈余管理进行反映而产生治理作用。在中国市场上，章永奎和刘峰（2002）、徐浩萍（2004）、李春涛等（2006）研究发现，审计意见能够揭示应计盈余管理而产生治理作用。

但是，Bradshaw 等（2001）、Rosner（2003）、Butler 等（2004）对美国市场的研究发现，被出具非标准审计意见的公司，其应计盈余管理并不高于被出具标准审计意见的公司，表明审计意见不能对应计盈余管理进行有效反映而具有治理作用。在中国市场上，李东平等（2001）、薄仙慧和吴联生（2011）的研究，也发现类似的结论，应计盈余管理并没有提高公司获得非标准审计意见的可能性。

在盈余管理与审计定价的关系方面，现有研究依然存在争议。Frankel 等（2002）、Abbott 等（2006）、Choi 等（2010）的研究发现，应计盈余管理与审计收费正相关，应计盈余管理所蕴含的风险，让审计师提高了审计定价。但是，Ashbaugh 等（2003）、Larcker 和 Richardson（2004）、Srinidhi 和 Gul（2007）的研究，没有发现应计盈余管理对审计收费有显著影响。此外，Seetharaman 等（2002）和 Choi 等（2008）认为，审计师处于不同的法律环境，意味着审计师面临不同的法律风险，因而其伴随的审计风险也不同。在法律水平高的环境，审计师的法律风险也高，从而会增加他们在审计工作中的审计风险，促使审计费用提高。

在盈余管理与审计师变更的关系方面，现有研究存在一定的争议。上市公司变更事务所在我国是一个常见的现象，上市公司可能由于管理需要、与事务所时间协调不一致或者事务所发生了合并等原因更换了审计机构，但是投资者最担心上市公司会通过变更事务所达到隐瞒其真实业绩的目的。审计师会根据上市公司的盈余管理程度来衡量由此带来的审计风险以及潜在的诉讼带来的经济损失和声誉损失，进而确定是否要继续维持客户关系或者出具非标准的审计报告。因此，审计师作为公司治理的主要力量，盈余管理仍然是审计师面临的主要审计风险，也是审计师风险管理的主要内容（Simunic & Stein，1990；Rosner，2003；Schelleman & Knechel，2010）。正如 Schipper（1989）所言，盈余管理实际上可分为应计盈余管理和真实盈余管理。基于此，本书首先研究了应计盈余管理和真实盈余管理两个方面对事务所变更的影响。

在我国 2006 年的新法律实施以前，尽管司法解释规定了审计师将为虚假陈述承担民事责任，但审计师实际上面临的诉讼风险还是很低。同时，刘峰等（2007）研究指出，相对于发达国家资本市场，国际“四大”在我国的执业风险非常低，原因是我国法律环境对投资者保护程度不够。李东平等（2001）和张学谦等（2007）的研究表明上市公司应计盈余管理与事务所变更之间不存在显著的相关关系。而在我国 2006 年新法律实施以后，中国的法律环境有了显著的变化。新的证券法和公司法对监管公司和审计机构提出了更严格的要求，其中明确指明了审计师因虚假陈述、误导性陈述或重大遗漏给他人造成损失的，要承担连带责任。宋一欣（2006）指出随着我国新法律的实施，中国证券市场的民事赔偿活动会变得活跃起来。刘启亮（2013）研究发现，新法律实施以前，媒体负面报道对事务所变更没有显著影响；只有在新法律实施以后才产生了显著的影响。这说明在新法律实施以后，审计师会更谨慎地考虑审计业务带来的审计风险和诉讼风险因素。

国内外的大部分研究重点放在应计盈余管理项目的审计风险上面（Defond & Jiambalvo，1994；Dechow，等，1995；Francis & Krishnan，1999，Bartov，等，2001；Kothari，等，2005），对于真实盈余管理的风险研究考虑得还比较少。并且，在研究盈余管理审计风险治理上，已有的研究大部分讨论审计意见和审计费用的治理作用（Johl，等，2007；Ajona，等，2008；陈小林，等，2011）缺乏对审计师辞聘的风险治理的研究。

DeFond 和 Subramanyam（1998）认为部分审计师出于诉讼风险的考虑，可能具有超出平均稳健性水平的会计选择偏好，从而诱使管理当局产生解聘现任审计师的动机。李东平（2001）研究则认为公司的盈余管理与事务所变更不存在显著的相关关系，审计师没有充分考虑公司盈余管理带来的风险。邓川（2011）发现我国上市公司盈余管理程度与事务所变更方向有关，事务所资质由大到小，公司的盈余管理程度会上升；而事务所资质由小到大，公司的盈余管理程度会下降。Kim 和 Park（2014）发现审计师会避免参与激进地操控真实盈余活动的客户审计业务，降低自身的审计风险。但蔡利等（2015）发现事务所在面对公司的真实盈余管理时更愿意选择保持客户关系。而李留闯等（2015）认为审计客户的盈余管理程度与审计师变更没有显著的对应关系。

已有研究表明，公司在利用盈余管理操纵利润时，会考虑同时采用应计盈余管理和真实盈余管理（Lin，等，2006；Zang，2012；张昕，2008；李增福，2011b）。公司的应计盈余管理行为会给事务所带来较高的诉讼风险（Rankin，1992；Lys & Watts，1994）。同时 Greiner 等（2013）研究发现，审计师认为公司的真实盈余管理行为会带来更高的经营风险，进而表现出重大错报风险和检查风险都会上升，因而审计风险上升，事务所可能面临的诉讼风险也会上升。事务所面临的审计风险越高，因发表不恰当的审计报告而面临的诉讼风险可能也越高。因此，事务所在面对公司的盈余管理行为时，可以选择发表非标准审计报告或者主动解除业务约定，而上市公司在与审计师沟通的过程中也可能会因其拟发表的非标准审计意见选择变更事务所。

相对于许多发达国家来说，无论是我国的资本市场还是法律环境与发达国家都还存在不小的差距，对投资者的保护力度还不够。特别是在 2001 年以前，法院还没有开始受理投资者对上市公司和审计师舞弊行为的起诉，也就是说审计师不会因为其舞弊行为而承担民事责任。对审计师和事务所的违法行为大部分是由监管部门进行公开谴责、责令限期改正或者取消其注册会计师资格和证券从业资格。

尽管最高人民法院在 2002 年和 2003 年分别颁布了《关于受理证券市场因虚假陈述引发的民事侵权纠纷案件有关问题的通知》和《关于审理证券市场因虚假陈述引发的民事赔偿案件的若干规定》，随后，中国注册会计师协会在 2004 年颁布了《关于做好 2004 年上市公司年报审计业务报备工作的通知》，但由于我国监管部门法律执行力度不够（Pistor & Xu，2005），上述文件对上市公司和审计师没有起到应有的警示作用。正是由于审计师在此时面临的诉讼风险比较低，再加上当时我国事务所质量参差不齐，审计行业处于“僧多粥少”的激烈竞争局面。审计师为了保持客户关系可能会帮助上市公司隐瞒其盈余管理行为，或者减小这种行为带来的影响。

随着 2006 年我国新法律的实施，审计师面临的审计风险程度有了一个很大的提高，审计师因舞弊行为很可能会承担民事责任。张伟（2006）认为“科龙股东诉德勤案”表明了新法律的实施给予了投资者更多的民事权利。众多财务造假事件的曝出也都说明了监管机构在实施更严格的监管行为，审计师因为虚假陈述而承担民事责任的诉讼风险越来越高。此时，审计师在面对上市公司的盈余管理行为时会更多地考虑由此带来的审计风险，以及发表不恰当意见和舞弊行为带来的诉讼风险和损失。这样，如果上市公司有目的地进行盈余管理操纵利润，审计师可能不会继续保持客户关系或者不会帮其隐瞒而发表不恰当的审计意见，上市公司与审计师的客户关系的保持因为盈余管理程度高而变得越来越不稳定。所以，当法律环境处于一个较低的水平时，审计师面临的诉讼风险比较低，审计师的舞弊行为或者发表不恰当的意见带来的损失比较小，因此，在审计行业处于激烈竞争的局面下，事务所可能为了保持客户关系而纵容上市公司的盈余管理行为。但是当法律环境有了一个较大的提升时，审计师面临的诉讼风险较高，审计师的舞弊行为或者发表不恰当的意见带来的损失比较大。综上所述，在法律环境得到改善之后，公司的盈余管理行为越多，事务所越会更多地考虑因此带来的诉讼风险，而事务所与公司的客户关系的保持也越不稳定。

再看审计在盈余管理市场反应上的治理效应。盈余管理，是公司经理人为了私人利益通过会计方法和交易活动的安排在财务报告过程中的一种机会主义表现（Healy & Wahlen，1999）。在对公司价值的影响上，应计盈余管理只是影响公司的应计利润而不影响公司的现金流，真实盈余管理影响公司的现金流和当期利润从而损害公司的长期价值。因此，一般而言，公司偏向于采用应计盈余管理，因为采用应计盈余管理的成本低于真实盈余管理的成本（Roychowdhury，2006）。但是，相对于真实盈余管理，应计盈余管理容易被发现，同时，公司单单依靠应计盈余管理会冒一定的风险①，因此，公司有时候更愿意采用真实盈余管理（Graham，等，2005）。Chi 等（2011）研究发现，在美国市场上，当面临高质量的会计师事务所时，上市公司选择应计盈余管理会变得困难，从而会寻求真实盈余管理来操纵利润。

由此可见，在一个有效的市场上，投资者对盈余管理的理性反应为负，并且对真实盈余管理的负面反应比应计盈余管理更大。本章的经验证据表明，中国证券市场的投资者只对应计盈余管理做出负面反应，没有对真实盈余管理有效反应。这可能是因为，相比于应计盈余管理，真实盈余管理不容易察觉，因而投资者没有做出有效的市场反应。

在这其中，审计是否具有治理效应呢？如果审计具有治理效应，高质量的审计有助于市场投资者区分应计盈余管理与真实盈余管理的信息含量，从而改善他们在证券市场上的投资决策。

---

① 应计盈余管理发生在公司财政年度末，而真实盈余管理贯穿于公司整个财政年度，因此应计盈余管理在发生时间上后于真实盈余管理。如果公司仅依赖于应计盈余管理，可能承担的风险是在财政年度末，公司采用应计盈余管理无法达到预期的业绩目标（Graham，等，2005）。

相比于美国等发达资本市场，中国证券市场是一个新兴资本市场，机构投资者比较少，并且不够成熟，个体投资者更是缺乏经验和稳健合理的投资分析能力。虽然，真实盈余管理和应计盈余管理都是公司的机会主义行为，但是，两者对公司的影响不一样。真实盈余管理影响公司的现金流进而损害公司的长期价值，应计盈余管理只是影响公司的应计盈余而不影响公司的现金流，因此，市场投资者对真实盈余管理的负面反应比应计盈余管理更大。然而，相对于应计盈余管理，真实盈余管理更不容易发现，这可能意味着，市场投资者对真实盈余管理不能做出有效的负面反应，而对应计盈余管理能做出有效的负面反应。在中国这样的新兴资本市场上，面对真实盈余管理和应计盈余管理，市场投资者的反应更可能偏向于后面一种分析情形。

王艳艳等（2006）和 Chen 等（2011）的研究认为，相对于小型会计师事务所，大型会计师事务所的审计质量高，可以提高公司盈余的信息含量而降低公司的权益资本成本。由此推论，相对于小型会计师事务所，由大型会计师事务所审计的公司的应计盈余管理，其噪音更小，因而信息含量更高，市场投资者的反应相对更积极。换言之，大型会计师事务所由于其高声誉和高审计质量，在抑制应计盈余管理方面相对于小型会计师事务所更可能得到市场投资者的认可，从而帮助投资者区分应计盈余管理的信息含量，改善他们的投资决策。然而，由于真实盈余管理相对于应计盈余管理更不容易发现，大型会计师事务所可能无法有效帮助投资者区分真实盈余管理的信息含量。

3. 相关分析

（1）应计盈余管理与真实盈余管理之间的关系

Cohen 等（2008）、Badertscher（2011）及 Chi 等（2011）的研究认为，应计盈余管理与真实盈余管理之间具有替代关系。Zang（2012）明确指出，应计盈余管理与真实盈余管理之间的替代关系，是由两者之间相对成本优势决定的。她发现，市场竞争压力、财务状况、审计质量、法律环境等成本约束的外部因素，在应计盈余管理与真实盈余管理之间具有成本比较优势，如公司的财务状况好，公司采用真实盈余管理的成本低于应计盈余管理，因而，公司采用真实盈余管理就具有成本比较优势，公司倾向于采用真实盈余管理；反之，公司财务状况差，公司倾向于采用应计盈余管理。

但是，Wan（2013）的研究发现，应计盈余管理与真实盈余管理在外部监督严的情形下并不具有相互替代关系。相应地，孙刚（2012）、程小可等（2013）通过对中国市场的研究发现，监督动机强的机构投资者和公司的内部控制可以有效地抑制应计盈余管理与真实盈余管理，表明两者并不存在替代关系。这意味着，应计盈余管理与真实盈余管理之间的相互关系，除了替代关系之外，还有可能存在其他关系，比如互补关系。

一般而言，公司采用真实盈余管理的成本相对于应计盈余管理要高。因为真实盈余管理影响了公司的正常经营行为而改变现金流并损害公司的价值，而应计盈余管理只是影响了公司的应计盈余而没有改变公司的现金流。

然而，相比于真实盈余管理，应计盈余管理容易被审计师和监管者察觉，因而公司经理人更偏向于真实盈余管理（Graham，等，2005）。Cohen 等（2008）研究发现，在通过 SOX 法案（Sarbanes-Oxley Act）后，美国的监管环境趋严，真实盈余管理受公司经理人青睐而大幅上升。随后，Chi 等（2011）也有类似的发现，当面临高质量的外部审计师时，公司采用应计盈余管理比较困难，从而倾向于真实盈余管理。

因此，公司经理人作为一个理性的经济人，在应计盈余管理和真实盈余管理之间的选择，取决于两者的成本比较优势。同时，应计盈余管理与真实盈余管理之间的成本比较优势，可细分为内在成本比较优势和外在成本比较优势。

内在成本比较优势，指真实盈余管理由于影响现金流对公司未来价值的损害与应计盈余管理由于反转对公司未来会计利润的损害之间的比较。一般而言，应计盈余管理具有内在成本比较优势，如 Cohen 和 Zarowin（2010）发现，相比于应计盈余管理，真实盈余管理对公司股权再融资后的业绩损害更大。外在成本比较优势，指由外部因素引发的成本之间的比较，取决于外部因素的状况。Zang（2012）研究发现：市场竞争压力、财务状况、审计质量、法律环境等外部因素影响应计盈余管理与真实盈余管理之间的选择，让两者表现出替代关系，市场竞争压力低、财务状况好、审计质量高、法律环境严对真实盈余管理具有成本比较优势，因为此时选择采用真实盈余管理所付出的成本比选择采用应计盈余管理的低，所以公司倾向于选择真实盈余管理；反之，倾向于选择应计盈余管理。

中国资本市场，是一个典型的转型经济新兴市场，法律环境等市场力量比较薄弱（Allen，等，2005；王艳艳，于李胜，2006）。因此，上述以美国发达资本市场得到的研究结论并不一定适合中国市场，如刘启亮等（2011）发现中国的法律环境水平提高后，应计盈余管理并没有得到有效抑制，反而变得更激进，应计盈余管理与真实盈余管理并不具有替代关系。由于市场竞争压力受法律环境的影响较小，可以假定它们在中国市场上可能依然表现出对应计盈余管理与真实盈余管理具有成本比较优势。市场竞争压力小的公司，竞争优势突出，采用真实盈余管理的成本要低于其他公司，因而倾向于采用真实盈余管理；反之，市场竞争压力大的公司，倾向于采用应计盈余管理。

如其他新兴市场国家一样，中国证券市场上主要的代理问题是控股大股东与中小股东的利益冲突，并且，大股东剥夺中小股东的控制利益非常巨大（La Porta，等，1999；陈汉文，等，2005；Jiang，等，2010）。以关联交易进行的真实盈余管理，是我国控股大股东侵害中小股东利益的主要途径（刘俏，陆洲，2004；李增泉，等，2004；Peng，等，2011）。这在其他新兴市场国家，也发现有类似的情况（Bertrand，等，2002；Buysschaert，等，2004）。[①] 同时，控股股东的控制力强，为了获得控制利益，应计盈余管理也会得到加强（周中胜，陈俊，2006）。

承袭上述观点可以推论，控股股东为了实现控制利益，在盈余管理方式的选择上不会采用单一化策略，可能同时采用真实盈余管理和应计盈余管理两种方式。其主要原因在于：我国上市公司外在的法律约束力量薄弱，在巨大的控制利益面前，控股股东不管采用真实盈余管理还是应计盈余管理，其付出的成本都相对较小。因此，控制利益是我国上市公司采用应计盈余管理和真实盈余管理的内在驱动力量，从而使得应计盈余管理与真实盈余管理可能表现出互补关系，非替代关系。

转型经济国家的另外一个制度特征是“管制”，管制对公司的经济活动影响很大（Glaeser，等，2001；Pistor & Xu，2005a）。中国市场上也无不如此，管制无处不在（Pistor & Xu，2005b）。管制的一个直接后果，特别是以会计业绩指标来进行管制的直接后果，容易迫使公司选择盈余管理来迎合管制要求（Watts & Zimmerman，1990）。Chen 等（2001）及 Jian 和 Wong（2010）发现，当面临退市和再融资的管制压力时[②]，公司的盈余管理动机非常强烈，其行为也非常疯狂。其内在的原因是，当面临管制压力时，公司迎合管制要求会带来巨大的收益，如宝贵的“壳资源”价值和融资及向资本市场“圈钱”的便利，而为此采取盈余管理所付出的成本相对而言非常小。因此，管制压力是盈余管理的驱动力量。进一步而言，公司不管采用应计盈余管理还是真实盈余管理，管制压力都是其内在的驱动力量，使得应计盈余管理与真实盈余管理可能并不表现出替代关系，而是互补关系。

---

① Bertrand 等（2002）研究发现，在印度，公司的控股股东主要通过以关联交易进行的真实盈余管理来侵害中小股东利益。随后，Buysschaert 等（2004）发现，在比利时也具有如此类似的情况。

② 在中国证券市场上，如果公司连续三年亏损，公司将被勒令退市。此外，如果公司再融资，需达到一定会计业绩要求才会有资格发行股票进行融资，如配股，在 2001 年的管制要求，需要最近三个会计年度加权平均净资产收益率平均不低于 6%。

（2）盈余管理与监管者的治理效应

公司经理人为了私人利益进行盈余管理，会带来不利的经济后果，因而对盈余管理的监管尤为重要（Healy & Wahlen，1999）。监管者能否识别上市公司的盈余管理，一直以来都是资本市场的重要关注话题（Bushman & Smith，2001；Kothari，2001）。然而，由于在国外市场很难找到一个良好的经验场景进行实证检验，国外的研究对这一话题的探讨无法提供直接的经验证据。由此，本书根据中国特有的配股管制变迁环境①，将盈余管理细分为应计盈余管理（Accrual Earnings Management）、线上真实盈余管理（Real Earnings Management Above the Line）和线下真实盈余管理（Real Earnings Management Below the Line），考察监管者对盈余管理的识别能力及其变化，弥补该领域研究的不足。

在中国证券市场，Chen 和 Yuan（2004）及 Haw 等（2005）的研究发现，中国特有的配股管制环境可以提供一个良好的经验场景。他们以 1996—1998 年的研究窗口考察发现，监管者能识别盈余管理，仅体现在对线下真实盈余管理的识别，并存在自我学习的演进效应。

然而，随着我国配股管制环境的变迁，由于演进效应和管制效应的双重影响，监管者对盈余管理的识别可能发生变化。具体而言，自我学习的演进效应是否表现为监管者对线下真实盈余管理的识别延伸到应计盈余管理和线上真实盈余管理，管制环境的变迁引发的管制效应是否会改变监管者对盈余管理的识别情形。② 对上述问题的思考和解答，需要学术界深入研究，这对我国会计理论研究和资本市场的健康发展具有重要的意义。

盈余管理是公司经理人在财务报告过程中的一种机会主义表现，其中一个重要的前提是会计信息的使用者不能或不愿意去识别公司的盈余管理行为，因而，公司经理人可以通过盈余管理实现个人的利益愿望（Schipper，1989）。然而，大量的西方实证研究表明，市场投资者对公司的盈余管理可以进行识别，如 Subramanyam（1996）、Ali 等（2008）及 Battalio 等（2012）的研究。③ 在中

① 在我国，上市公司需申请并得到证监会核准才能进行配股融资。到目前为止，我国的配股管制经历了几次重大的变迁，从 1993 年第一部明确关于配股的法规开始，在 1994 年、1996 年、1999 年、2001 年、2006 年都分别对以前的配股管制政策进行了重大修订。

② 演进效应，指实践中不断地自我学习和积累经验，提高自身能力。管制效应，是指管制环境变迁导致的行为变化。

③ 尽管市场投资者可以识别公司的盈余管理，进而带来相应的惩罚和成本。但是，只要公司经理人通过盈余管理获得的利益大于其付出的成本，盈余管理就会发生（Watts & Zimmerman，1986）。因此，盈余管理之所以在公司经营管理活动中盛行，根本原因是盈余管理的利益高于其成本。

国证券市场上，也得到类似的结论（如陈汉文，郑鑫成，2004；于李胜，王艳艳，2007；邓川，2011）。

相反，监管者能否识别上市公司的盈余管理，在西方市场上始终没有找到一个合适的场景进行实证检验。解除这一困境的是 Chen 和 Yuan（2004）及 Haw 等（2005）的研究。他们关注中国证券市场特有的配股管制环境，原因在于我国监管者决策结果的可直接观察性，选择 1996—1998 年作为研究窗口，考察发现中国证监会的监管者能识别配股申请公司的盈余管理，并存在自我学习的演进效应，不过只体现在线下真实盈余管理上。[①]

一般而言，由于受到时间、能力的限制及出于对成本收益的权衡，监管者不能也不愿意去识别公司的盈余管理行为。然而，在中国证券市场特有的配股管制环境下，监管者有动机去识别盈余管理，一方面来自中国证监会“保护投资者利益”的责任使然，另一方面来自媒体和投资者等外在环境的监督压力。基于多方因素的权衡和比较，中国证监会的监管者表现出对易于察觉的线下真实盈余管理能有效识别（Chen & Yuan，2004）。

随着中国证券市场的发展，配股管制的环境在变迁，监管者对盈余管理的识别可能出现变化，从而出现管制效应。2001 年，中国证监会颁布新的配股管制政策，就明确把线下真实盈余管理纳入监管范围，在对配股申请公司业绩的要求上，以扣除非经常性损益[②]之后的净利润与扣除之前的净利润两者中的低者作为计算依据。管制环境的变迁，让监管者对线下真实盈余管理的识别可能出现一些变化，引发所谓管制效应。一方面，管制环境变迁后，证监会可能会加大对线下真实盈余管理的监管，进一步强化对线下真实盈余管理的识别能力。另一方面，新的管制环境使得线下真实盈余管理不能作为盈余管理的有效手段，配股申请公司也就不再采用线下真实盈余管理进行盈余管理。相应地，监管者审核配股条件时也就可能不再对其进行关注，而转向对其他盈余管理方式进行核查，如应计盈余管理和线上真实盈余管理。

相比于线下真实盈余管理，应计盈余管理不容易被察觉，并且，经验证据表明，在我国早期的配股管制期间，应计盈余管理不能被监管者识别（Chen & Yuan，2004；Haw，等，2005）。这可能意味着，管制环境变迁后，应计盈

---

① Chen 和 Yuan（2004）及 Haw 等（2005）研究的内在逻辑是，基于会计业绩的管制会促使公司进行盈余管理，而公司盈余管理会降低资源配置效率，监管者识别盈余管理，让资源配置给经营管理好的公司，从而提高资源配置效率，促进资本市场的健康发展。因此，监管者有动机和责任去识别盈余管理。

② 如前所述，本书将非经常性损益等同于线下真实盈余管理。

余管理可能仍然不能被监管者识别。但是，随着时间的推移，自我学习的演进效应会提升监管者的识别能力（Chen & Yuan，2004）。这可能意味着，管制环境变迁后，应计盈余管理可能被监管者识别。

在中国证券市场上，不但有线下真实盈余管理和应计盈余管理，还有线上真实盈余管理（Szczesny，等，2008；刘启亮，等，2011）。不同于线下真实盈余管理，线上真实盈余管理比应计盈余管理更具有隐蔽性，不易被监管者识别（Graham，等，2005；Cohen，等，2008）。

应计盈余管理，通过选择或改变会计处理方法与会计估计来管理应计盈余。线上真实盈余管理，通过改变和构造公司生产经营、投资和融资活动的时间和内容来管理真实盈余，因而隐蔽性强（Zang，2012）。已有的经验证据表明，2001 年配股管制环境变迁前，应计盈余管理不能被监管者识别。因此可推测，线上真实盈余管理在管制环境变迁前也不能被监管者识别，并且还可能预示着，管制环境变迁后，线上真实盈余管理也可能不会被监管者识别。然而，诚如上述，监管者的识别能力存在着一定的演进效应。这可能表明，管制环境变迁后，线上真实盈余管理可能会被监管者识别。

（3）审计治理效应在盈余管理对审计意见监管有用性影响方面的表现与分析

如同对公司股东和经理人的决策有用性一样，审计意见对监管者同样也具有决策有用性，即监管有用性（王良成，等，2011）。审计意见的决策有用性，体现着审计意见的治理作用和信息功能，是维系证券市场健康发展的重要微观基础（Ball，2001；Wallace，2004；Francis，2011）。这对新兴市场国家尤为重要。其原因在于，相比于发达市场国家，新兴市场国家对投资者的保护弱，更需要审计意见的治理作用和信息功能来支撑和推动市场的运行和发展（Fan & Wong，2005；Choi & Wong，2007；Gul，等，2009）。

显然，审计意见的监管有用性是否得到有效发挥，关键在于审计意见是否很好地对公司的会计信息质量进行鉴证和反映，而会计信息质量最容易受到盈余管理的影响。因此，在考察盈余管理对审计意见监管有用性的影响之前，需要明确审计意见是否对公司的盈余管理进行反映。

然而，关于盈余管理是否通过影响会计信息质量来影响审计意见的签发，现有研究存在较多争论。比如，Francis 和 Krishnan（1999）、Bartov 等（2001）、Ajona 等（2008）认为，尽管盈余管理会降低会计报表的信息质量，但是审计意见会对盈余管理进行反映而产生治理作用。然而，Bradshaw 等（2001）、Rosner（2003）对此质疑，Butler 等（2004）提供的美国的经验证据显示，被出具非标准审计意见的公司，其盈余管理并不高于被出具标准审计意见的公司，表明盈余管理不能被审计意见有效反映而具有传导效应。

对中国市场的研究，同样集中在对应计盈余管理与审计意见关系的考察，并且也存在争议。Chen 等（2001）研究中国的证券市场发现，审计意见对退市和配股公司的应计盈余管理行为具有治理作用；然而，王跃堂、陈世敏（2001）和夏立军、杨海斌（2002）的研究并不完全支持这一观点。后续的研究也存在争议，如章永奎和刘峰（2002）、徐浩萍（2004）、李春涛等（2006）的研究认为，审计意见能够揭示应计盈余管理而具有治理作用；但是，李东平等（2001）、薄仙慧和吴联生（2011）的研究不支持这一观点。

更重要的是，盈余管理分为应计盈余管理和真实盈余管理两个方面（Schipper，1989；Healy & Wahlen，1999）。而且，中国的上市公司还可以通过非经营性项目进行盈余管理，即非经营性盈余管理（Chen & Yuan，2004；Haw，等，2005）。根据 Roychowdhury（2006）的定义，应计盈余管理，是在财务报告过程中采取改变会计方法和会计估计来管理盈余，只影响公司的应计利润而不影响公司的现金流，而真实盈余管理，是采取偏离公司正常的业务活动来管理盈余，影响公司的现金流从而损害公司长期价值。

就这三种盈余管理是否容易被识别和发现程度而言，真实盈余管理的隐蔽性最强，应计盈余管理次之，非经营性盈余管理的隐蔽性最弱（Haw，等，2005；Graham，等，2005）。因此，这三种盈余管理被审计意见反映的情形可能会有所差异。一种可能的情形是，非经营性盈余管理和应计盈余管理能被审计意见反映，而由于真实盈余管理的隐蔽性强，可能不能被审计意见反映。

2001 年中国证监会颁布的配股政策，明确强调将审计意见纳入配股管制的内容。这一管制变迁，意味着审计意见正式作为证监会对上市公司配股申请进行审核的一个基本条件，也可能意味着审计意见的治理功能会受到影响。因此，本书将 2001 年的配股管制变迁纳入分析，比较在不同管制环境下审计意见对盈余管理的反映情况。

审计意见的监管有用性，指监管者依据审计意见的信息含量用于决策的使用程度。尽管王良成等（2011）指出了审计意见监管有用性的经验存在，发现监管者在审核上市公司股权再融资（Seasoned Equity Offerings，SEO）资格时，会依据审计意见的信息含量用于决策，但是，盈余管理是否影响审计意见的监管有用性，在理论和实证上仍然需要考证。特别地，非经营性盈余管理、应计盈余管理与真实盈余管理三种盈余管理对审计意见监管有用性的影响是否有差异，更需要进一步探讨。

从理论上而言，盈余管理对审计意见监管有用性的影响，可能存在两种情况：

一种情况是，盈余管理能够被审计意见反映，审计意见的监管有用性可能不会受到影响。但是也有可能提升审计意见的监管有用性，因为此时审计意见的信息功能可能更大，从而让审计意见更具有决策有用性，即监管者与审计意见之间在盈余管理的治理上存在互补效应。同时，也有可能降低审计意见的监管有用性，因为，既然盈余管理已被审计意见反映，监管者可能更关注没有被审计意见反映的盈余管理，即监管者与审计意见之间在盈余管理的治理上存在替代效应，从而削弱了审计意见的监管有用性。

另外一种情况是，盈余管理不能被审计意见反映，审计意见的监管有用性可能会受到影响而出现下降。

因此，盈余管理对审计意见监管有用性的影响是一个经验问题。并且，盈余管理有三种具体方式，即非经营性盈余管理、应计盈余管理与真实盈余管理。它们对审计意见监管有用性的影响可能会有所差异，因为盈余管理具有一定的隐蔽性。而在隐蔽性的表现上，三种盈余管理的隐蔽性又有所不同：真实盈余管理的隐蔽性最强，应计盈余管理次之，非经营性盈余管理的隐蔽性最弱。因此，三种盈余管理可能都会对审计意见监管有用性产生影响，而且影响的程度会不一致。

国有企业的“预算软约束”和“政治庇护”，导致国有企业的公司治理水平不高（Shleifer & Vishny，1994；林毅夫，等，2004）。这可能会影响审计意见在国有企业的治理功能，进而影响到审计意见的监管有用性。Chen 等（2011）发现，我国国有企业先天的治理缺陷，会削弱独立审计的治理功能并降低其经济价值。因此，审计意见在国有企业的监管有用性可能会被削弱，同时，也会冲击到盈余管理对审计意见监管有用性的影响。由此，本书会对国有企业和非国有企业进行对比分析，考察审计意见监管有用性在两者中的差异以及受盈余管理影响的差异。

审计意见监管有用性的经济后果，昭示着审计的治理功能在优化资源配置效率中的作用。如果审计意见体现了监管有用性，审计意见对公司的未来经营业绩就具有预测作用。也就是说，审计意见与公司未来的经营业绩具有相关性，即非标准审计意见与公司未来的经营业绩显著负相关。同时，盈余管理对审计意见与公司未来经营业绩的相关性可能会产生影响。

如前所述，盈余管理对审计意见监管有用性的影响，可能提升或削弱审计意见的监管有用性，甚至可能不会对审计意见监管有用性产生影响。因此，盈余管理对审计意见与公司未来经营业绩的相关性产生的影响，同样可能提升或削弱两者的相关性，也可能不影响两者的相关性。

（4）审计的治理效应会受到会计师事务所审计工作人员的个体特征影响

DeFond 和 Francis（2005）明确指出，审计独立性的研究应拓展到会计师事务所的个体层面进行考察。在会计师事务所审计工作人员的个体特征中，性别差异（Gender Differences）① 是影响审计独立性的一个尤其重要的因素（Birnberg，2011）。

然而，学术界考察签字会计师的性别差异对审计独立性影响的经验研究比较有限，并且存在争议，究其原因受到三个方面的挑战。其一，绝大多数国家仅要求审计报告上签署会计师事务所的名字，无须签署负责该公司审计的会计师名字，使得很难获得签字会计师的个体信息进行经验研究。其二，尽管在澳大利亚、欧盟、中国等少数国家和地区，要求签署负责审计的会计师名字，但是在不同国家和地区的制度背景下，会计师面临的风险压力会有差异。其三，签字会计师的性别差异对审计独立性的影响，可能会受到签字会计师职业阶段等因素的调节作用。

关于性别差异对审计独立性的影响，学术界存在两种观点：一种观点认为，由于审计人员受到会计师事务所一致的训练和管理，审计人员的独立性会表现出等同性，因而性别差异不会显著影响审计独立性（Jeppesen，2007）；另外一种观点认为，不同性别的审计人员在审计过程中，其风险偏好、判断和决策上具有个体差异，因而审计人员之间的性别差异会显著影响审计独立性（Miller，1992；Church，等，2008）。

尽管性别差异会影响审计独立性的观点得到学术界大多数学者认同，但是在其影响的表现上存在争议。争议的一方认为，女性审计人员的独立性更高，因为她们更能规避风险并有更高的职业道德（Bernardi & Arnold，1997；Byrnes，等，1999）。而争议的另一方认为，女性审计人员的独立性可能更低，原因在于为了规避职业风险，她们不愿与客户公司出现分歧而影响个人的职业发展（Hossain & Chapple，2012）。

在中国这样一个典型的转型经济国家，法律保护水平较低，规避由审计失败带来的法律风险②，对审计人员而言就显得不是最重要。同时，低法律风险

---

① 性别差异（Gender Differences），指男性与女性之间的差异，即男女有别。本书的性别差异，指签字会计师在性别上的差异。

② 法律风险，参照 Carcello 和 Palmrose（1994）的分析，指审计失败被诉讼和承担法律赔偿数量的联合概率。

会导致对坚守职业道德的激励不够而容易出现“懈怠”问题。这样，法律风险和职业道德可能不足以有效促使女性审计人员的独立性比男性更高，而职业风险①可能导致性别差异对审计独立性具有显著影响。原因在于，中国几千年“重男轻女”的思想形成的性别歧视让女性审计人员面临的职业风险更大。由于其规避风险的本性偏好，为了个人的职业发展，女性审计人员的独立性可能比男性偏低。

此外，根据 Super（1957）的职业阶段（Career Stages）理论，职业风险会随着职业阶段的不同而出现波动。这意味着，性别差异对审计独立性的影响可能会遭受来自审计人员不同职业阶段的调节作用。因此，本书将职业阶段纳入性别差异对审计独立性的影响分析。

自从 DeFond 和 Francis（2005）、Nelson 和 Tan（2005）等学者强调审计人员的性别差异会影响到审计独立性以来，学术界开始关注这方面的经验研究（Archival Research）。然而，由于获得审计人员个体信息的经验数据限制，经验研究比较有限，而进行的实验研究（Experiment Research）相对较多，如 Chung 和 Monroe（2001）、Breesch 和 Branson（2009）、Gold 等（2009）的研究。

不管在经验研究方面还是在实验研究方面，研究结论都不统一，存在分歧。Chin 和 Chi（2008）及 Hardies 等（2013）分别以中国台湾地区和比利时的数据进行经验研究，结果表明，女性签字会计师的审计独立性更高，比男性更可能签发非标意见，说明性别差异对审计独立性具有显著影响，这与 O'Donnell 和 Johnson（2001）、Gold 等（2009）的实验研究结论一致，女性更规避风险并具有更高的职业道德。然而，Hossain 和 Chapple（2012）以澳大利亚地区的数据进行经验研究，结果得出了不同的结论，女性签字会计师的审计独立性偏低，比男性更不可能签发非标意见，这与他们提出的女性职业风险压力更大的假说基本一致。不过，在实验研究方面，Breesch 和 Branson（2009）发现，审计独立性在女性与男性之间没有系统差异，表明性别差异对审计独立性没有显著影响，原因在于女性在发现会计报表错报方面有优势，而在分析错报准确性方面不如男性。

国内的研究主要从盈余管理角度考察性别差异对审计质量的影响，并且研究结论存在争议。丁利等（2012）研究发现女性签字会计师在对应计盈余管

---

① 职业风险，依照 Hossain 和 Chapple（2012）的分析，可表述为因丢失审计客户而承受的经济损失和职业安全及其发展受损的联合概率。

理的约束上与男性没有显著差异，表明性别差异对审计质量没有影响。而叶琼燕和于忠伯（2011）研究发现，女性签字会计师对应计盈余管理的抑制不如男性，表明性别差异对审计质量有显著影响，不过表现为女性的审计质量比男性偏低。施丹和程坚（2011）的研究发现，女性签字会计师只在负向的应计盈余管理上与男性有差异。此外，Gul 等（2013）研究中国的数据发现，女性签字会计师发表非标审计意见的可能性与男性没有显著差异。

独立性是签字会计师的灵魂，也是维系审计行业生存和发展的关键所在。然而，在现实的审计活动中，独立性会受到签字会计师职业压力和法律监管的影响，而这两者对审计独立性的影响，归根结底是对其成本收益的权衡。换言之，即使某项审计判断或业务会损害独立性，如果其收益高于成本，签字会计师作为一个理性的经济人，会坚定地选择去做；反之亦然。

尽管职业道德对签字会计师的约束会降低审计独立性被损害的可能性，但是，如果缺乏足够的激励和动力去支撑坚守职业道德对签字会计师带来的个人收益，职业道德的约束也会因激励不足而逐渐松懈，职业道德水平会因此而下滑。因而，职业道德的约束力量需要硬性的法律力量来支撑，强大的法律监管使职业道德的约束得到有效保障。因此，从这个层面讲，职业道德对签字会计师的约束是内生于法律监管的有效和完善，原因在于，低效的法律监管会导致对坚守职业道德的激励不足而出现“懈怠”问题。

基于上述的理论分析，本书从职业风险、法律风险和职业道德考察性别差异对审计独立性的影响，重点从职业风险和法律风险两股力量进行。因为对签字会计师而言，职业压力会带来职业风险，法律监管也会带来法律风险，相当于一枚硬币的两面。

一般而言，签字会计师是会计师事务所的合伙人或高级经理，负责整个审计项目工作的计划、开展、实施与监督，并最终决定审计意见的签发类型①。在审计报告上签字，意味着对整个审计工作过程和形成的审计意见承担最终责任和风险。当发现公司的财务报告存在错误和不当行为时，签字会计师能否客观、公正、独立地发表非标准审计意见，取决于其对两方面风险的成本收益权衡。一方面，如果不客观独立地发表非标准审计意见，会计师事务所会面临法律诉讼的风险，签字会计师将承担最终法律责任，因而，法律风险会促使签字会计师提高审计独立性，避免承受法律惩罚带来的成本。另一方面，如果客观

① 审计意见在我国大致可分为标准审计意见和非标准审计意见两种类型。标准审计意见，指标准无保留意见。非标准审计意见，包含带强调事项段的无保留意见、保留意见、否定意见、无法表示意见。

独立地发表非标准审计意见，会计师事务所会失去审计客户，签字会计师会被置换签字权而损失客户资源和经济收入，面临职业安全和职业晋升受损的风险，因而，职业风险会降低签字会计师的审计独立性，避免出现职业危机和经济收入下降。

职业风险和法律风险两股力量对签字会计师审计独立性此消彼长的影响，使得两股力量的对抗情形会体现到签字会计师独立性的高低。如果职业风险高于法律风险，签字会计师的独立性会处于低水平状态，反之亦然。

在中国证券审计市场上，职业风险和法律风险两股力量的对抗呈现一边倒的情形，即法律风险低，职业风险相对较高，导致签字会计师的审计独立性普遍偏低。中国证券审计市场是一个典型的新兴经济市场，法律条文的制定和执行的力度都不够大，投资者法律保护水平低，高质量审计有效需求不足，规避由审计失败带来的法律风险和惩罚成本，对签字会计师而言不是最重要的。同时，低法律风险会导致对坚守职业道德的激励不够而容易出现“懈怠”问题。因而，中国证券市场上的法律风险和职业道德不足以促使签字会计师的审计独立性得到提高。

然而，在中国证券审计市场上，签字会计师的职业风险相对较高。在职业风险和法律风险两股力量的对抗中，职业风险对中国签字会计师独立性的影响占据主导作用，从而使其审计独立性下降。首先，中国证券审计市场是一个过度竞争的市场，争抢客户是会计师事务所生存和发展的要务，这对签字会计师更是如此，客户资源是签字会计师在事务所中职位晋升和影响力扩大的依存基础，因而，对客户的依赖性降低了签字会计师对独立性的追求。其次，与客户公司保持良好关系，签字会计师可以以客户公司为桥梁跻入其高管行列①，获得更高的经济收入和社会地位，因而，这种以“旋转门”为目的的投机性职业规划大大降低了签字会计师对独立性的追求。此外，签字会计师的客户资源越多，越有利于会计师事务所规模的壮大和排名的提升②，更有利于签字会计师获得更多的政治便利，如进入中国证监会证券发行审核委员会并成为审核委员③，因而，这种对排名和政治利益的追求也会降低签字会计师的审计独

① Geiger 等（2005）及 Lennox（2005）将会计师离开事务所到客户公司任职工作称为审计市场上的“旋转门（Revolving Door）”现象。

② 中国会计师协会每年都对国内会计师事务所进行综合排名，主要依据会计师事务所的收入和会计师的人数进行排名。

③ 根据《中国证券监督管理委员会发行审核委员会办法》的规定，证券发行审核委员会的会计师专职委员，要求从综合排名前 30 的具有证券期货资格的会计师事务所合伙人中推荐。

立性。

中国一个显著的社会特征是传统的“重男轻女”的封建思想仍然存在，加上女性生育和身体机能等特有的原因，导致性别歧视在中国非常普遍并且比较严重，使得不同性别的签字会计师面临的职业风险不同，表现为女性签字会计师比男性的职业风险更大。女性在就业、晋升和收入报酬上会受到不公平待遇。因而，对于女性签字会计师而言，她们更看重已经取得的事务所合伙人或高级经理的职位，并更在乎其职业的稳定和发展。为了规避职业风险，女性签字会计师不愿与客户公司出现分歧而影响个人发展，加之比男性更厌恶风险的天然特征，女性签字会计师可能更不愿签署非标准审计意见，因而表现出的独立性偏低。

然而，诚如前人的研究理论所言，相比于男性签字会计师，女性的职业道德可能更高，更不愿从事有损审计质量的行为，因而表现出更高的独立性，更可能发表非标准意见来坚守职业道德和规避潜在的法律风险。

此外，根据职业阶段理论①，职业风险可能会随着职业阶段的不同而出现波动。职业发展如同生命周期一样，随着工作环境和职业压力的变化而表现出特有的阶段特性，并呈现在不同的职业阶段。按照这一理论逻辑，签字会计师的职业生涯也会随着职业压力的变化而呈现出不同的职业阶段，从而影响到其风险偏好和行为。然而，根据上述的分析，即使在同一职业阶段，性别差异也会使职业风险在不同性别的会计师身上表现不同。因而，在职业发展的不同阶段，职业风险不但会表现出阶段特性，而且在不同性别会计师身上的表现也不同。换言之，在不同的职业阶段，职业风险因性别差异表现出的差异化呈现出阶段性，进而对签字会计师审计独立性的影响也会出现相应的变化。

上述的分析意味着，性别差异对审计独立性的影响可能会受到来自签字会计师不同职业阶段的调节作用。具体而言，在职业阶段早期，签字会计师急于开拓市场占据一席之地，提升个人能力，面临的职业压力更大，这在充满性别歧视的职场竞争中，女性签字会计师的职业压力尤甚，因而，其审计独立性会更低。在职业阶段中期，由于已经取得一定的签字权市场份额，能力得到了市场的认同，职业压力减小，此时市场不会显著区分签字会计师的性别差异，因而，女性签字会计师的独立性可能与男性没有显著差异。在职业阶段晚期，保持现状，安稳退休，女性比男性求稳的愿望更重，并且，女性进入老年期后，

---

① 职业阶段理论由Super（1957）提出，认为在职业发展过程中会存在不同的阶段，并呈现出不同的特征和行为。

工作时间的分配和效率比男性下降的幅度更大，维持现有的市场份额变得更加困难，因而，女性签字会计师面临的职业风险更大，加之规避风险的天然偏好，审计独立性相对男性会更低。

当然，也可能出现相反的情况。在职业阶段的早期和晚期，女性签字会计师的独立性比男性更高。在职业阶段早期，由于不熟悉业务和技术不娴熟，对工作的态度和细节的关注是更加谨慎和小心翼翼，加之女性规避风险的天然偏好，女性签字会计师的独立性可能比男性更高。同样，在职业阶段晚期，为了安稳退休会选择谨慎的态度，由于女性在规避风险方面的天然偏好而表现得更加谨慎，女性签字会计师的独立性可能比男性更高。

（5）盈余管理对股价暴跌风险影响之经济后果分析

股价暴跌，不但让投资者和公司蒙受巨大损失，也让证券市场和国家经济的健康发展受到冲击。股价暴跌风险（Stock Price Crash Risk）是公司危机管理的主要内容，也是资本市场研究的重要话题（Bates，2000；Chen，等，2001；Jin & Myers，2006）。然而，国内外关于应计盈余管理与真实盈余管理对上市公司股价暴跌风险影响的研究，还相对有限。特别是基于我国的制度背景，考察应计盈余管理与真实盈余管理在不同产权性质的公司中对股价暴跌风险的影响及其差异，这对我国证券市场的健康发展具有重要的理论意义和现实意义。

盈余管理会降低会计信息质量，提高公司的股价暴跌风险。在不同的产权性质的公司中，国有企业受到政府的庇护更多，包括在财政上的预算软约束和在融资、产业发展上的政策扶持（Kornai，1986；Shleifer & Vishney，1994；林毅夫，等，2004）。因而，国有企业的盈余管理水平可能相对于非国有企业较低。进而，在对股价暴跌风险的影响上，国有企业的盈余管理可能没有如非国有企业的盈余管理那么明显。

同时，如 Schipper（1989）所言，盈余管理分为应计盈余管理和真实盈余管理。应计盈余管理，是通过会计政策的选择和会计估计的变更来进行盈余管理的，只是影响公司的应计利润而不影响公司的现金流。真实盈余管理，则通过采用偏离正常经营模式的交易活动行为来调节利润，它会影响公司的现金流和当期利润从而损害公司的长期价值。因而，在对公司价值的损害上，真实盈余管理比应计盈余管理的影响更大。这意味着，真实盈余管理比应计盈余管理可能更容易提高公司的股价暴跌风险。

国外学者对上市公司股价暴跌风险的研究，主要始于对 1987 年由美国引发的全球股市灾难的关注（Roll，1988；Bates，1991）。公司隐藏坏消息抬高公司股价，隐藏的坏消息累积越多，公司股价被高估的情况越严重，股价泡沫随之产生。然而，公司隐藏坏消息的能力存在极限，一旦超过极限，公司以前累积的所有坏消息立即被释放出来，导致公司泡沫破灭，股价随之暴跌（Jin & Myers，2006；Bleck & Liu，2007；Kothari，等，2009）。

盈余管理是公司隐藏坏消息的一种主要手段（Sloan，1996；Cheng & Warfield，2005；Ball，2009）。就基于盈余管理研究股价暴跌风险的内在运行机理而言，国外研究主要从应计盈余管理进行分析，缺乏从真实盈余管理进行考察。

Jin 和 Myers（2006）从国家层面考察，应计盈余管理会使公司信息不透明，导致公司股价暴跌风险高。在公司层面，Hutton 等（2009）的研究也得到类似的结论，应计盈余管理高的公司，透明度不高，公司股价暴跌风险也就相应高。此外，Kim 等（2011）从公司避税行为分析股价暴跌风险的内在机理，避税便于公司进行盈余管理，从而使公司股价暴跌风险高。

类似地，国内研究对股价暴跌风险的考察，主要基于应计盈余管理分析股价暴跌风险的内在机理。国内学者最早开始考察股价暴跌风险的研究是陈国进等（2009）的研究，其后的几篇研究，如陶洪亮和申宇（2011）、潘越等（2011）、王冲和谢雅璐（2013）、施先旺等（2014），从应计盈余管理分析了我国上市公司股价暴跌风险。

Schipper（1989）及 Healy 和 Wahlen（1999）认为，盈余管理分为应计盈余管理和真实盈余管理。应计盈余管理，是通过会计政策的选择和会计估计的变更来进行盈余管理，只影响公司的应计利润而不影响公司的现金流。真实盈余管理，是通过采用偏离正常经营模式的交易行为来调节利润，它会影响公司的现金流和当期利润从而损害公司的长期价值。因而，在对公司价值的损害上，真实盈余管理比应计盈余管理的影响更大。这意味着，真实盈余管理比应计盈余管理可能更容易提高公司的股价暴跌风险。进一步而言，应计盈余管理和真实盈余管理，都会提高公司的股价暴跌风险，但是，真实盈余管理对股价暴跌风险的提高更明显。

根据产权性质的不同，我国的上市公司分为国有上市公司和非国有上市公司。为了解决我国国有企业困难，同时为了促进我国国有企业改革，政府推动国有企业在证券市场上市，以此来塑造国有企业的现代化公司治理模式和经营模式。国有上市公司，是我国上市公司的主要构成部分，也是我国经济的主体，同时也体现着政府的执政业绩。因而，国有企业受到政府的庇护，如在财政上的预算软约束和在融资、产业发展上的政策扶持（Kornai，1986；Shleifer

& Vishney，1994；林毅夫，等，2004）。

因而，国有企业在盈余管理动机上，可能相对于非国有企业没有那么强烈。Chen 等（2011）研究发现，国有企业在融资上的优势以及政府在资源分配上的支持和庇护，导致国有企业没有强烈的动机进行盈余管理，其盈余管理水平相对于非国有企业偏低。这意味着，由于受到政府“父爱主义”的庇护，国有企业进行盈余管理的动机较弱，同时，即使国有企业的盈余管理会给证券市场带来风险，也会在政府的庇护下变得相对较小。因而，在对股价暴跌风险的影响上，国有企业的盈余管理可能没有像非国有企业的盈余管理那么明显。

2.3 本章小结

本章概述了我国证券市场配股管制变迁和2006年法律变迁的情形。特别是2001年的配股管制的变迁，将审计意见明确纳入管制内容，作为配股申请公司的一个基本条件。2006年的法律变迁，体现在2006年新《中华人民共和国公司法》和《中华人民共和国证券法》的执行上，加大了公司高管人员的责任，明确了公司和中介机构的民事赔偿责任，增加了股东代表诉讼制度，以期加强对投资者的利益保护，推动我国证券市场和经济的健康发展。最后，阐述了盈余管理的定义和相关理论基础，并对审计治理效应以及相关的理论进行了分析。

3 应计盈余管理与真实盈余管理的二元关系

本章基于我国的制度背景，考察应计盈余管理与真实盈余管理之间的相互关系。在转型经济的中国新兴市场环境下，上市公司到底是偏向于选择应计盈余管理，还是偏向于选择真实盈余管理，其面临的成本和收益及其之间的权衡，可能与发达市场不同，从而可能会影响应计盈余管理与真实盈余管理之间的相互关系。本章的经验数据表明，在中国市场上，应计盈余管理与真实盈余管理之间存在着二元关系，即替代关系和互补关系。本章的研究为厘清应计盈余管理与真实盈余管理两者的相互关系提供了新的知识和经验证据，丰富了该领域的研究，也为推动我国证券市场的健康发展提供了一定的启示。

本章的结构安排如下：第一部分为引言，第二部分为理论分析和研究假设，第三部分为研究设计和数据样本，第四部分为实证结果及分析，第五部分为研究结论和启示。

3.1 引言

真实盈余管理是近年来研究的热点话题。本章着眼于考察应计盈余管理与真实盈余管理之间的相互关系。特别地，本章主要基于中国转型经济特有的制度环境，考证应计盈余管理与真实盈余管理之间到底存在什么相互关系，替代关系还是互补关系。

多数学者的研究认为，应计盈余管理与真实盈余管理之间具有相互替代关系，如 Cohen 等（2008）、Badertscher（2011）、Chi 等（2011）的研究。Zang（2012）明确指出，应计盈余管理与真实盈余管理之所以存在相互替代关系，主要是因为应计盈余管理与真实盈余管理的成本具有相互比较优势。[①] 但是，Wan（2013）的研究发现，应计盈余管理与真实盈余管理在外部监督严的情形下并不具有相互替代关系。[②] 因此，这意味着应计盈余管理与真实盈余管理之间可能还存在着除了替代关系之外的其他关系，从而有待进一步考察。

公司的盈余管理行为和动机会受到制度环境的影响（Leuz，等，2003；DeFond，等，2007；Jian & Wong，2010）。在不同的制度环境下，应计盈余管理与真实盈余管理的成本大小可能表现不同，从而影响两者之间的相互关系。此外，注重考察应计盈余管理与真实盈余管理的成本，忽略与其收益的比较，也会影响到应计盈余管理与真实盈余管理之间相互关系的考察。

本章选择不同于发达国家的中国市场，基于其转型经济的制度环境，考察应计盈余管理与真实盈余管理之间的相互关系。其重要意义在于以下两方面：一方面，力求从中国市场上考证应计盈余管理与真实盈余管理之间可能存在着的二元关系，即替代关系和互补关系，注重从制度层面比较分析其成本收益的内在驱动因素，为其提供理论解读和经验证据，丰富该领域的认识；另一方面，为中国上市公司治理的改善及监管部门的政策制定提供一定的经验启示。

本章采用中国证券市场 2001—2010 年上市公司的数据研究发现，应计盈余管理与真实盈余管理之间存在着二元关系，即替代关系和互补关系。具体而言，市场竞争压力在应计盈余管理与真实盈余管理之间具有明显的成本比较优势，使得两者具有替代关系。控制利益、管制压力在应计盈余管理与真实盈余管理之间不具有显著的成本比较优势，而是应计盈余管理与真实盈余管理的驱动因素，使得两者具有互补关系。

本章的贡献表现在以下方面：

（1）在中国证券市场上，应计盈余管理与真实盈余管理除了存在替代关系，还存在互补关系，即二元关系，拓展了先前的研究领域。

（2）从中国转型经济的制度因素，如控制利益、管制压力，分析应计盈余管理与真实盈余管理的内在驱动力量，为该领域的研究提供了全新的视角和经验证据。

---

① Zang（2012）列出市场竞争压力、财务状况、审计质量、法律环境等成本约束的外部因素，在应计盈余管理与真实盈余管理之间具有成本比较优势，如公司的财务状况好，公司采用真实盈余管理的成本低于应计盈余管理，因而，公司采用真实盈余管理就具有成本比较优势，公司倾向于采用真实盈余管理；反之，公司财务状况差，公司倾向于采用应计盈余管理。

② 孙刚（2012）、程小可等（2013）对中国市场的研究发现，监督动机强的机构投资者和公司的内部控制可以有效地抑制应计盈余管理与真实盈余管理，表明两者并不存在替代关系。

（3）兼顾考察应计盈余管理与真实盈余管理的成本和收益及对比状况，弥补了该领域研究的不足。

3.2 理论分析和研究假设

公司经理人可以通过应计盈余管理和真实盈余管理两种方式来管理盈余（Schipper，1989；Roychowdhury，2006）。真实盈余管理采取偏离公司正常的业务活动来管理盈余，影响了公司的现金流从而损害了公司长期价值。应计盈余管理是在财务报告过程中采取改变会计方法和会计估计来管理盈余，只影响公司的应计利润而不影响公司的现金流。因此，一般而言，真实盈余管理的成本相对于应计盈余管理要高。

然而，相比于真实盈余管理，应计盈余管理容易被审计师和监管者察觉，因而公司经理人更偏向于真实盈余管理（Graham，等，2005）。Cohen 等（2008）研究发现，在通过 SOX 法案（Sarbanes-Oxley Act）后，美国的监管环境趋严，真实盈余管理受公司经理人青睐而大幅上升。随后，Chi 等（2011）也有类似的发现，当面临高质量的外部审计师时，公司采用应计盈余管理比较困难，从而倾向于真实盈余管理。

因此，公司经理人作为一个理性的经济人，在应计盈余管理和真实盈余管理之间的选择上，取决于两者的成本比较优势。同时，应计盈余管理与真实盈余管理之间的成本比较优势，可细分为内在成本比较优势和外在成本比较优势。

内在成本比较优势，指真实盈余管理由于影响现金流对公司未来价值的损害与应计盈余管理由于反转对公司未来会计利润的损害之间的比较。一般而言，应计盈余管理具有内在成本比较优势，如 Cohen 和 Zarowin（2010）发现，相比于应计盈余管理，真实盈余管理对公司股权再融资后的业绩损害更大。外在成本比较优势，指由外部因素引发的成本之间的比较，取决于外部因素的状况。Zang（2012）研究发现：市场竞争压力、财务状况、审计质量、法律环境等外部因素影响应计盈余管理与真实盈余管理之间的选择，让两者表现出替代关系。市场竞争压力低、财务状况好、审计质量高、法律环境严对真实盈余管理具有成本比较优势，因为此时选择采用真实盈余管理所付出的成本比选择采用应计盈余管理的低，所以公司倾向于选择真实盈余管理；反之，倾向于选择应计盈余管理。

中国资本市场是一个典型的转型经济新兴市场，法律环境等市场力量比较薄弱（Allen，等，2005；王艳艳，于李胜，2006）。因此，上述从美国发达资本市场得到的研究结论并不一定适合中国市场，如刘启亮等（2011）发现中国的法律环境水平提高后，应计盈余管理并没有得到有效抑制，反而变得更激进，应计盈余管理与真实盈余管理并不具有替代关系。由于市场竞争压力受法律环境的影响较小，可以假定它们在中国市场上依然表现出对应计盈余管理与真实盈余管理具有成本比较优势。市场竞争压力小的公司，竞争优势突出，采用真实盈余管理的成本要低于其他公司，因而倾向于采用真实盈余管理；反之，市场竞争压力大的公司，倾向于采用应计盈余管理。① 由此，本章的假设H1 如下：

假设 H1：市场竞争压力对应计盈余管理与真实盈余管理具有成本比较优势，致使应计盈余管理与真实盈余管理表现出替代关系。

如其他新兴市场国家一样，中国证券市场上主要的代理问题是控股大股东与中小股东的代理冲突（La Porta，等，1999；陈汉文，等，2005；Jiang，等，2010）。以关联交易进行的真实盈余管理，是我国控股大股东侵害中小股东利益的主要途径（刘俏，陆洲，2004；李增泉，等，2004；Peng，等，2011）。在其他新兴市场国家，也发现有类似的情况（Bertrand，等，2002；Buysschaert，等，2004）。② 同时，控股股东的控制力强，为了获得控制利益，应计盈余管理也会得到加强（周中胜，陈俊，2006）。由于外在的法律环境等约束力量薄弱，在巨大的控制利益面前，控股股东不管采用真实盈余管理还是应计盈余管理，其付出的成本都相对很小。因此，控制利益是应计盈余管理和真实盈余管理的内在驱动力量，使得应计盈余管理与真实盈余管理可能并不表现出替代关系，而是互补关系。由此，提出本章的假设 H2：

假设 H2：控制利益是应计盈余管理与真实盈余管理的内在驱动力量，致使应计盈余管理与真实盈余管理表现出互补关系。

转型经济国家的另外一个制度特征是“管制”，管制对公司的经济活动影响很大（Glaeser，等，2001；Pistor & Xu，2005a）。中国市场上也无不如此，管制无处不在（Pistor & Xu，2005b）。管制的一个直接后果，特别是以会计业

---

① Woo（1983）综述前人的研究后认为，市场领导者的竞争优势明显，体现在规模经济、与供应商和销售商的谈判力、吸引投资者的注意力等方面具有更多优势。Zang（2012）由此推论认为，市场领导者采用真实盈余管理的成本相对较小，因为对其竞争优势的影响相对较小，从而断定，市场竞争地位低的公司不倾向于采用真实盈余管理，而是采用更多的应计盈余管理。

② Bertrand 等（2002）研究发现，在印度，公司的控股股东主要通过以关联交易进行的真实盈余管理来侵害中小股东利益。随后，Buysschaert 等（2004）发现，在比利时也有类似的情况。

绩指标来进行管制的直接后果，容易迫使公司选择盈余管理来迎合管制要求（Watts & Zimmerman，1990）。Chen 等（2001）及 Jian 和 Wong（2010）发现，当面临退市和再融资的管制压力时①，公司的盈余管理动机非常强烈，其行为也非常疯狂。其内在的原因是，当面临管制压力时，公司迎合管制要求会带来巨大的收益，如宝贵的“壳资源”价值和融资及向资本市场“圈钱”的便利，而为此采取盈余管理所付出的成本相对而言非常小。因此，管制压力是盈余管理的驱动力量。进一步而言，公司不管采用应计盈余管理还是真实盈余管理，管制压力都是其内在的驱动力量，使得应计盈余管理与真实盈余管理可能并不表现出替代关系，而是互补关系。由此，提出本章的假设 H3：

假设 H3：管制压力是应计盈余管理与真实盈余管理的内在驱动力量，致使应计盈余管理与真实盈余管理表现出互补关系。

3.3 研究设计和数据样本

3.3.1 应计盈余管理与真实盈余管理的计量

1. 应计盈余管理

本章采用修正的 Jones 模型（DeChow，等，1995）来估计操纵性应计，以此表征应计盈余管理。

$$\frac{TA_{i,t}}{A_{i,t-1}} = a_0\left(\frac{1}{A_{i,t-1}}\right) + a_1\left(\frac{\Delta REV_{i,t}}{A_{i,t-1}}\right) + a_2\left(\frac{PPE_{i,t}}{A_{i,t-1}}\right) + \varepsilon_{i,t} \tag{3-1}$$

首先，依照模型（3-1）分年度分行业进行横截面回归。参考 DeChow 等（1995）的做法，要求每个行业的样本数不少于 10 个；如果少于 10 个，则将其归属于相近的行业。$TA_{i,t}$是公司总应计利润，为经营利润减去经营活动现金流之差；$\Delta REV_{i,t}$为公司主营业务收入的变化额；$PPE_{i,t}$是公司固定资产账面价值；$A_{i,t-1}$是公司的总资产。

其次，用模型（3-1）得到的回归系数代入模型（3-2）计算每个样本的正常性应计 $NDA_{i,t}$。

① 在中国证券市场上，如果公司连续三年亏损，公司将被勒令退市。此外，如果公司再融资，需达到一定会计业绩要求才会有资格发行股票进行融资，如配股，在 2001 年的管制要求，需要最近三个会计年度加权平均净资产收益率平均不低于 6%。

$$NDA_{i,t} = a_0\left(\frac{1}{A_{i,t-1}}\right) + a_1\left(\frac{\Delta REV_{i,t} - \Delta REC_{i,t}}{A_{i,t-1}}\right) + a_2\left(\frac{PPE_{i,t}}{A_{i,t-1}}\right) \tag{3-2}$$

在模型（3-2）里，$\Delta REC_{i,t}$是公司应收账款的变化额。操纵性应计 $DA_{i,t} = TA_{i,t} - NDA_{i,t}$。

2. 真实盈余管理

参照 Roychowdhury（2006）和 Cohen 等（2008）的模型来估计真实盈余管理，包括三个方面：异常经营现金流 AbCFO、异常生产成本 AbProd 和异常酌量性费用（如研发、销售及管理费用）AbDisx。①

异常经营现金流 AbCFO，指公司经营活动产生的现金流的异常部分。它是由公司通过价格折扣和宽松的信用条款来进行产品促销引起的，虽然公司的促销提高了当期的利润，但是降低了当期单位产品的现金流量，从而导致公司的异常经营现金流 AbCFO 下降。公司为了抬高会计利润，通过价格折扣和宽松的信用条款等促销方式来增加销量从而形成超常销售，产生“薄利多销”的账上利润放大效应。但是，促销形成的超常销售，会降低单位产品的现金流量，而且，在既定的销售收入现金实现水平下，还会增加公司的销售应收款，增大公司坏账产生的财务风险，进而降低公司的当期现金流。并且，超常销售实际上已经超过公司正常销售水平，会在一定程度上增加公司相关的销售费用，吞噬公司的部分现金流。然而，只要产品销售能带来正的边际利润，超常销售还是会抬高公司的会计利润。因而最终的结果是，促销形成的超常销售，抬高了公司当年利润，却因单位产品现金流量的降低和销售费用的上升，以致异常经营现金流 AbCFO 偏低。

异常生产成本 AbProd，是由公司超量产品生产引起的，虽然公司的超量生产能降低单位产品的成本，提高产品的边际利润，从而提高公司的当期利润，但是超量生产增加了其他生产和库存成本，最后导致异常生产成本 AbProd 偏高。Roychowdhury（2006）及 Cohen 等（2008）将异常生产成本 AbProd 定义为销售成本与当年存货变动额之和的异常部分。换言之，生产成本为销售成本与当年存货变动额之和。公司为了抬高会计利润，通过超量生产来摊低单位成品承担的固定成本，但是，超量生产实际上已经超过公司正常生产水平，会增加单位产品的边际生产成本。然而，只要单位固定成本下降的幅度

---

① 异常经营现金流 AbCFO、异常生产成本 AbProd 和异常酌量性费用 AbDisx，都用上一年的总资产进行标准化。

高于单位边际生产成本上升的幅度，体现在单位销售成本上就会出现下降，从而达到提高公司业绩的目的。但是，超量生产会导致产品的大量积压，增加公司的存货成本，同时，也会增加其他生产的成本。在既定的销量水平下，尽管超量生产通过降低单位销售成本抬高了公司业绩，但是边际生产成本上升，存货成本增加，最终导致生产成本偏高，即在会计上表现为销售成本与当年增加的存货成本之和的提升，也导致异常生产成本 AbProd 偏高。

异常酌量性费用 AbDisx，指公司研发、销售及管理费用等酌量性费用的异常部分。它是公司为了提高当期利润，削减研发、销售及管理费用引起的，同时也会导致当期的现金流上升。公司为了抬高会计利润，通过削减研发、广告、维修和培训等销售和管理费用，造成公司当期的酌量性费用偏低，从而也让公司的异常酌量性费用偏低。

（1）异常经营现金流 AbCFO

$$\frac{CFO_{jt}}{A_{j,\ t-1}}=a_1\frac{1}{A_{j,\ t-1}}+a_2\frac{Sales_{jt}}{A_{j,\ t-1}}+a_3\frac{\Delta Sales_{jt}}{A_{j,\ t-1}}+\varepsilon_{jt} \tag{3-3}$$

首先，按模型（3-3）分年度分行业进行横截面回归，要求每个行业的样本数不少于 10 个，如果少于 10 个，则将其归属于相近的行业，下同。CFO_{jt}是公司的经营现金流，$Sales_{jt}$是公司的销售额，$\Delta Sales_{jt}$是公司销售变化额。其次，通过回归得到的系数估计出每个样本公司的正常经营现金流。最后，可算出异常经营现金流 AbCFO 为实际经营现金流与正常经营现金流的差值。

（2）异常生产成本 AbProd

$$\frac{Prod_{jt}}{A_{j,\ t-1}}=a_1\frac{1}{A_{j,\ t-1}}+a_2\frac{Sales_{jt}}{A_{j,\ t-1}}+a_3\frac{\Delta Sales_{jt}}{A_{j,\ t-1}}+a_4\frac{\Delta Sales_{j,\ t-1}}{A_{j,\ t-1}}+\varepsilon_{jt} \tag{3-4}$$

用模型（3-4）进行分年度分行业横截面回归，得到估计参数并据此计算各个样本公司的正常生产成本，异常生产成本 AbProd 为实际生产成本与正常生产成本之差。$Prod_{jt}$是公司的生产成本，为销售成本与存货变动额之和；$Sales_{jt}$是公司当期的销售额；$\Delta Sales_{jt}$是公司当期的销售变化额；$\Delta Sales_{j,t-1}$是公司上期的销售变化额。

（3）异常酌量性费用 AbDisx

$$\frac{Disx_{jt}}{A_{j,\ t-1}}=a_1\frac{1}{A_{j,\ t-1}}+a_2\frac{Sales_{j,\ t-1}}{A_{j,\ t-1}}+\varepsilon_{jt} \tag{3-5}$$

依照模型（3-5）分年度分行业横截面回归，得到估计参数并据此计算各个样本公司的正常酌量性费用，异常酌量性费用 AbDisx 为实际酌量性费用与正常酌量性费用之差。$Disx_{jt}$是公司的酌量性费用，为研发、销售及管理费用之和，考虑到中国财务报表把研发费用合并到了管理费用的情况，本书用销售和管理费用替代，$Sales_{j,t-1}$是公司上期的销售额。

以上三个指标——异常经营现金流 AbCFO、异常生产成本 AbProd 和异常酌量性费用 AbDisx，体现了真实盈余管理的三种具体行为。公司向上操纵利润，可能采用真实盈余管理的一种行为或多种行为：低异常经营现金流 AbCFO，高异常生产成本 AbProd，抑或低异常酌量性费用 AbDisx。为了系统考量真实盈余管理的三种具体行为，仿照 Cohen 等（2008）和 Badertscher（2011）的做法，将三个指标聚集成一个综合指标，综合真实盈余管理 RM=-AbCFO+AbProd-AbDisx。综合真实盈余管理指标 RM，表示其值越高，公司通过真实盈余管理向上操纵利润越大。

3.3.2 回归模型

为了考察应计盈余管理与真实盈余管理的相互关系，参照 Zang（2012）的研究模型，构建如下回归模型：

$$EM = \alpha_0 + \alpha_1 Directctrol + \alpha_2 Regulation + \alpha_3 Marketshare + \sum \alpha_i Control_i + \varepsilon \quad (3\text{-}6)$$

因变量 EM，为盈余管理变量，具体采用应计盈余管理 DA 与真实盈余管理 RM 表示。

自变量 Directctrol，控股股东持股比例，衡量控制利益。Shleifer 和 Vishny（1997）认为，控股股东持股比例越高，控制力越强，因而获得控制利益越多。因此，采用控股股东持股比例可以很好衡量控制利益的数量程度。

Regulation，管制压力，仿照 Chen 等（2001）及 Jian 和 Wong（2010）的研究设计思路，用哑变量表征。如果公司净资产收益率 ROE 在 0 与 1%或 6%与 7%之间，取值为 1，表示公司具有面临退市或再融资的管制压力①；否则取值为 0。

---

① 退市的管制压力来源于证监会的管制政策，如果连续三年亏损，公司将被勒令退市，参见证监会 2001 年颁布的文件《亏损公司暂停上市和终止上市实施办法》及深圳证券交易所和上海证券交易所的退市制度。再融资的管制压力来源于证监会的业绩要求，2001 年后，公司发行股票、可转债等再融资，其最近三个会计年度加权平均净资产收益率平均不低于 6%，参见证监会 2001 年 43 号文件《关于做好上市公司新股发行工作的通知》及 2006 年 30 号文件《上市公司证券发行管理办法》。

Marketshare，市场占有率，用来表示市场竞争压力。市场占有率采用公司的营业收入占行业总营业收入的比率衡量，该值越大，市场竞争压力越小。

控制变量 Control，具体包括如下变量：

财务困境指数 Zscore，参照 Altman（1968）的计算公式估算①，该值越小，财务状况就越差，以此控制公司财务状况的影响。

事务所规模 Big，哑变量，如果事务所的客户资产规模排在前十位，取值为 1，否则取值为 0，以此控制事务所规模的影响。

法律环境指数 Legal，采用樊纲等（2007）编制的法律环境指数数据，以此控制法律环境的影响。

净营运资产 Noa，用以表示会计弹性②。该值越大，意味着会计弹性越小。营业周期 Cycle，用以表示会计弹性的另外一个指标。营业周期越长，会计弹性越大。净营运资产 Noa 和营业周期 Cycle 这两个指标用以控制会计弹性的影响。

成长性 Growth，用销售收入增长率衡量，控制公司成长性的影响。

公司业绩净资产收益率 Roe，衡量公司的业绩，以此控制公司业绩的影响。

公司规模 Size，用总资产的自然对数表示，以此控制公司规模的影响。

此外，为了控制连续变量极端值的影响，本书对所有连续变量进行了 1% 水平的 Winsorize 处理。

3.3.3 数据样本

本书选择中国证券市场上 2001—2010 年的上市公司作为初始样本，并做以下筛选：①剔除金融类公司；②剔除创业板的公司；③剔除模型估计数据不全的样本观察值。最后得到 12 637 个研究样本，样本的分年度分布见表 3.1。本书的数据来自 CSMAR 数据库。

---

① Altman（1968）计算财务困境指数的修正模型为：Zscore = 0.3×总资产利润率 + 1.0×营业收入/总资产 + 1.4×留存收益/总资产 + 1.2×营运资本/总资产 + 0.6×市值/负债。

② 参照 Barton 和 Simko（2002）的计算方法，采用净营运资产 Noa =（净资产 - 现金及现金等价物 + 有息负债）/营业收入进行估算，并经行业调整。Barton 和 Simko（2002）认为，净经营资产 Noa，可以表示公司过去采用应计盈余管理的程度，因而该值越大，昭示着公司以前采用应计盈余管理的程度越高，进而减少公司当前采用应计盈余管理的空间，即会计弹性小。

表 3.1　　研究样本的分布情况

年 度	观察数	百分比	累计百分比
2001	916	7.25	7.25
2002	1 050	8.31	15.56
2003	1 122	8.88	24.44
2004	1 181	9.35	33.78
2005	1 241	9.82	43.6
2006	1 327	10.5	54.1
2007	1 330	10.52	64.63
2008	1 403	11.1	75.73
2009	1 511	11.96	87.69
2010	1 556	12.31	100
合计	12 637	100	

3.4 实证结果及分析

3.4.1 描述性统计分析

表 3.2 是各变量的描述性统计结果。真实盈余管理 RM 与应计盈余管理 DA 一样，既有正向的盈余管理，也有负向的盈余管理。但是，真实盈余管理 RM 的均值和中位数皆为负，而应计盈余管理 DA 的均值和中位数皆为正，表明应计盈余管理一般而言比真实盈余管理受青睐。控股股东的持股比例 Directctrol，均值为 0.380 6，最大值为 0.758 2，比西方发达国家的高，与 La Porta 等（1999）的研究结论一致。管制压力 Regulation，均值为 0.118 3。市场占有率 Marketshare，均值为 0.013 3，最大值为 0.179 5，低于发达国家美国的均值水平 0.037 8（Zang，2012）。财务困境指数 Zscore 和事务所规模 Big，均值分别为 3.832 4、0.286 1，低于发达国家美国的均值水平 6.654 8 和 0.937。净营运资产 Noa、营业周期 Cycle 的均值分别为 0.488 1 和 284.868 8。成长性 Growth、净资产收益率 Roe 均值分别为 0.235 9、0.042 4，公司规模 Size 的自然对数均值 21.395 7。

表 3.2　　描述性统计结果

	均 值	最小值	中位数	最大值	标准差
RM	-0.034 8	-0.687 5	-0.038 6	0.706 9	0.217 4
DA	0.000 8	-0.320 8	0.001 4	0.330 8	0.100 6
Directctrol	0.380 6	0.077 5	0.357 0	0.758 2	0.164 3
Regulation	0.118 3	0.000 0	0.000 0	1.000 0	0.323 0
Marketshare	0.013 3	0.000 0	0.004 5	0.179 5	0.026 2
Zscore	3.832 4	-4.922 5	2.513 3	33.220 4	4.897 1
Big	0.286 1	0.000 0	0.000 0	1.000 0	0.452 0
Legal	6.153 2	1.580 0	5.460 0	13.070 0	3.061 2
Noa	0.488 1	-4.718 5	0.028 7	13.149 3	2.093 3
Cycle	284.868 8	-154.023 9	107.687 6	4 646.110 0	624.367 1
Growth	0.235 9	-0.863 4	0.139 9	4.711 9	0.659 8
Roe	0.042 4	-1.710 6	0.062 9	1.129 6	0.281 0
Size	21.395 7	18.628 9	21.297 2	24.875 8	1.127 5

注：所有连续变量进行了 1%水平的 Winsorize 处理，以此控制极端值的影响，下同。

3.4.2　回归结果分析

1. 相关性分析

表 3.3 是因变量与自变量的相关性分析结果。Pearson 相关性分析结果与 Spearman 的分析一致，这里只报告了 Pearson 相关性的分析结果。真实盈余管理 RM 与应计盈余管理 DA 显著正相关，可能说明真实盈余管理与应计盈余管理具有相互依赖性而表现出互补关系。控股股东的持股比例 Directctrol 与真实盈余管理 RM、应计盈余管理 DA 都显著正相关，同样，管制压力 Regulation 与真实盈余管理 RM、应计盈余管理 DA 都显著正相关，初步说明控制利益和管制压力让真实盈余管理与应计盈余管理具有互补关系。但是，市场占有率 Marketshare 与真实盈余管理 RM 显著正相关，而与应计盈余管理 DA 都显著负相关，初步说明市场竞争压力让真实盈余管理与应计盈余管理具有替代关系。上述的分析是基于变量之间相关性得到的结论，有待从多元回归分析进一步检验。

表 3.3 因变量与自变量的相关性结果

	RM	DA	Directctrol	Regulation	Marketshare
RM	1				
DA	0.367 8***	1			
Directctrol	0.020 9**	0.043 7***	1		
Regulation	0.061 8***	0.025 6***	0.038 6***	1	
Marketshare	0.027 2***	−0.025 0***	0.124 2***	−0.014 1	1

注："*"表示在 10%水平下统计显著，"**"表示在 5%水平下统计显著，"***"表示在 1%水平下统计显著，下同。

2. 回归分析

表 3.4 报告了应计盈余管理与真实盈余管理相互关系的回归结果。控股股东持股比例 Directctrol 对真实盈余管理 RM 和应计盈余管理 DA 的回归系数都显著为正，表明控制利益是应计盈余管理与真实盈余管理的内在驱动力量，使两者表现出互补关系，支持本章的假设 H2。管制压力 Regulation 对真实盈余管理 RM 和应计盈余管理 DA 的回归系数都显著为正，表明管制压力是应计盈余管理与真实盈余管理的内在驱动力量，使两者表现出互补关系，支持本章的假设 H3。市场占有率 Marketshare，对真实盈余管理 RM 的回归系数显著为正，而对应计盈余管理 DA 的回归系数都显著为负，表明市场竞争压力小的公司倾向于真实盈余管理，而市场竞争压力大的公司倾向于应计盈余管理，从而说明市场竞争压力对应计盈余管理与真实盈余管理具有成本比较优势，使两者表现出替代关系，本章的假设 H1 得到支持。

控制变量的回归结果显示，财务困境指数 Zscore，对真实盈余管理 RM 的回归系数显著为负，而对应计盈余管理 DA 的回归系数都显著为正；事务所规模 Big，对真实盈余管理 RM 和应计盈余管理 DA 的回归系数都显著为负，这与 Zang（2 012）对发达国家的研究结果不同。法律环境水平 Legal 对真实盈余管理 RM 的回归系数显著为正，表明法律环境水平高的地方，真实盈余管理被更多采用。净营运资产 Noa，对真实盈余管理 RM 和应计盈余管理 DA 的回归系数都显著为正，营业周期 Cycle 对真实盈余管理 RM 的回归系数显著为正而对应计盈余管理 DA 的回归系数显著为负。净营运资产 Noa 和营业周期 Cycle 表征会计弹性，结果与国外的研究不同。成长性 Growth 对真实盈余管理 RM 的回归系数显著为负，表明成长性高的公司更少采用真实盈余管理。净资产收益率 Roe 和公司规模 Size，对真实盈余管理 RM 的回归系数都显著为负，而对应计盈余管理 DA 的回归系数都显著为正，结果与国外的研究不同。

表 3.4　应计盈余管理与真实盈余管理相互关系的回归结果

	RM		DA	
	系 数	t 值	系 数	t 值
Intercept	0.478***	(8.54)	-0.269***	(-9.04)
Directctrol	0.064 5***	(5.04)	0.019 2***	(3.21)
Regulation	0.040 6***	(7.83)	0.005 52**	(2.36)
Marketshare	1.072***	(8.58)	-0.346***	(-6.75)
Zscore	-0.006 58***	(-12.73)	0.003 26***	(14.20)
Big	-0.013 7***	(-3.00)	-0.003 95*	(-1.94)
Legal	0.001 48**	(2.07)	0.000 398	(1.25)
Noa	0.003 90***	(3.34)	0.006 90***	(9.49)
Cycle	0.000 027 0***	(5.33)	-0.000 015 4***	(-5.56)
Growth	-0.009 69**	(-2.06)	-0.000 645	(-0.27)
Roe	-0.052 9***	(-7.15)	0.045 6***	(9.23)
Size	-0.024 5***	(-9.55)	0.012 2***	(9.09)
Year	Yes		Yes	
Industry	Yes		Yes	
N	12 637		12 637	
Adj. R^2	0.054		0.075	
F	15.39***		18.58***	

注：

①真实盈余管理 RM = - AbCFO + AbProd - AbDisx；Year 和 Industry 是年度和行业控制变量，下同。

②括号里的为 t 值，经过了 White 异方差矫正，下同。

3.4.3　进一步检验

1. 真实盈余管理的其他度量

为了进一步检验本章的假设，参照 Cohen 和 Zarowin（2010）、Zang（2012）及 Wan（2013）的方法，采用另外两种方式计量综合真实盈余管理，以此考察不同的计量方式是否影响本章的结论。第一种方式，将异常生产成本 AbProd 和异常酌量性费用 AbDisx 聚集成综合真实盈余管理的衡量指标，即 RM_1 = AbProd - AbDisx。第二种方式，将异常经营现金流 AbCFO 和异常酌量性费用 AbDisx 聚集成综合真实盈余管理的衡量指标，即 RM_2 = - AbCFO - AbDisx。

表 3.5 是采用第一种方式计量综合真实盈余管理的回归结果。可以发现，表 3.5 的结果与表 3.4 的结果类似。控股股东持股比例 Directctrol、管制压力 Regulation 对真实盈余管理 RM_1 和应计盈余管理 DA 的回归系数都显著为正，表明控制利益、管制压力是应计盈余管理与真实盈余管理的内在驱动力量，使两者表现出互补关系。市场占有率 Marketshare，对真实盈余管理 RM_1 的回归系数显著为正，而对应计盈余管理 DA 的回归系数都显著为负，说明市场竞争压力对应计盈余管理与真实盈余管理具有成本比较优势，使两者表现出替代关系，本章的假设得到支持。

表 3.5　　应计盈余管理与真实盈余管理相互关系的回归结果

	RM_1		DA	
	系 数	*t* 值	系 数	*t* 值
Intercept	0.201***	(4.76)	−0.269***	(−9.04)
Directctrol	0.057 0***	(5.85)	0.019 2***	(3.21)
Regulation	0.029 2***	(7.52)	0.005 52**	(2.36)
Marketshare	0.659***	(7.11)	−0.346***	(−6.75)
Zscore	−0.004 26***	(−10.65)	0.003 26***	(14.20)
Big	−0.011 7***	(−3.36)	−0.003 95*	(−1.94)
Legal	0.000 506	(0.92)	0.000 398	(1.25)
Noa	0.002 63***	(2.97)	0.006 90***	(9.49)
Cycle	0.000 018 6***	(4.64)	−0.000 015 4***	(−5.56)
Growth	−0.011 0***	(−2.90)	−0.000 645	(−0.27)
Roe	−0.025 4***	(−4.11)	0.045 6***	(9.23)
Size	−0.011 3***	(−5.85)	0.012 2***	(9.09)
Year	Yes		Yes	
Industry	Yes		Yes	
N	12 637		12 637	
Adj. R^2	0.043		0.075	
F	12.62***		18.58***	

注：真实盈余管理 RM_1 = AbProd−AbDisx。

表 3.6 是采用第二种方式计量综合真实盈余管理的回归结果。容易发现，表 3.6 的结果与表 3.4 的结果相似，本章的假设得到支持，控股股东持股比例 Directctrol、管制压力 Regulation 让真实盈余管理 RM_2 和应计盈余管理 DA 表现

出互补关系，而市场占有率 Marketshare 让其表现出替代关系。

表 3.6　　应计盈余管理与真实盈余管理相互关系的回归结果

	RM_2		DA	
	系 数	t 值	系 数	t 值
Intercept	0.449***	(14.38)	−0.269***	(−9.04)
Directctrol	0.039 6***	(5.68)	0.019 2***	(3.21)
Regulation	0.021 0***	(7.53)	0.005 52**	(2.36)
Marketshare	0.600***	(9.27)	−0.346***	(−6.75)
Zscore	−0.002 30***	(−8.30)	0.003 26***	(14.20)
Big	−0.007 53***	(−3.05)	−0.003 95*	(−1.94)
Legal	0.000 819**	(2.15)	0.000 398	(1.25)
Noa	0.003 15***	(4.57)	0.006 90***	(9.49)
Cycle	−0.000 003 16	(−1.12)	−0.000 015 4***	(−5.56)
Growth	−0.015 9***	(−6.43)	−0.000 645	(−0.27)
Roe	−0.022 0***	(−4.69)	0.045 6***	(9.23)
Size	−0.021 8***	(−15.24)	0.012 2***	(9.09)
Year	Yes		Yes	
Industry	Yes		Yes	
N	12 637		12 637	
Adj. R^2	0.049		0.075	
F	13.55***		18.58***	

注：真实盈余管理 RM_2 = −AbCFO−AbDisx。

从表 3.5 和表 3.6 的回归结果看，不管采用第一种方式计量综合真实盈余管理，还是采用第二种方式计量，本书的结论依旧得到支持。①

2. 应计盈余管理与真实盈余管理测量模型的调整

需要注意的是，上述测量应计盈余管理与真实盈余管理的模型都没有截距项。模型没有截距项，意味着公司的应计盈余在计量上没有一个统一的初始固定值。在应计盈余管理与真实盈余管理的计量模型上，到底是没有截距项更好，还是有截距项更合理，目前仍存在争议。

① 本章也对真实盈余管理的计量指标进行标准化处理。即使如此，本章的结论同样得到支持，限于篇幅，没有在此报告。

应计盈余管理的测量模型，在 Jones 模型（Jones，1991）和修正的 Jones 模型（DeChow，等，1995）中没有常数项。他们认为，公司的应计盈余在计量上没有一个统一的初始固定值，因而在模型中没有常数项。但是，一些学者认为在估计操纵性应计的盈余管理模型中加入常数项可能更合理，如 Kang 和 Sivaramakrishnan（1995）、Guidry 等（1999）及 Kothari 等（2005）等学者。因而，关于加入常数项估计应计盈余管理是否更合理，学术界仍存在争议。

真实盈余管理的测量模型，也出现同样的状况。Cohen 等（2008）、Badertscher（2011）、Chi 等（2011）等学者认为模型中不加入常数项更合理，而 Roychowdhury（2006）、Zang（2012）认为模型中加入常数项更好。因而，关于加入常数项估计真实盈余管理是否更合理，学术界没有统一的结论。

为了进一步检验应计盈余管理与真实盈余管理的关系，采用了加入常数项的模型来估计应计盈余管理和真实盈余管理，其回归结果报告于表 3.7。可以发现，采用加入常数项的模型来估计应计盈余管理和真实盈余管理得到的回归结果与表 3.4 的相似，本章的结论依然得到支持。控股股东持股比例 Directctrol 和管制压力 Regulation 对真实盈余管理 RM 和应计盈余管理 DA 的回归系数都显著为正，表明控制利益和管制压力使两者表现出互补关系。市场占有率 Marketshare，对真实盈余管理 RM 的回归系数显著为正，而对应计盈余管理 DA 的回归系数都显著为负，表明市场竞争压力使应计盈余管理与真实盈余管理表现出替代关系。

表 3.7　　**应计盈余管理与真实盈余管理相互关系的回归结果**

	RM		DA	
	系数	*t* 值	系数	*t* 值
Intercept	−0.056 7	(−1.08)	−0.257 8***	(−8.92)
Directctrol	0.042 1***	(3.52)	0.017 1***	(2.90)
Regulation	0.043 5***	(9.06)	0.005 6**	(2.42)
Marketshare	0.196 7*	(1.71)	−0.346 4***	(−6.84)
Zscore	−0.007 1***	(−14.40)	0.003 1***	(13.91)
Big	−0.014 8***	(−3.47)	−0.003 1	(−1.56)
Legal	0.000 1	(0.16)	0.000 2	(0.71)
Noa	0.010 6***	(9.72)	0.006 7***	(9.60)
Cycle	0.000 0***	(5.47)	−0.000 0***	(−6.24)
Growth	−0.007 9*	(−1.84)	0.001 6	(0.70)

表3.7(续)

	RM		DA	
	系 数	t 值	系 数	t 值
Roe	-0.0594^{***}	(−8.67)	0.0418^{***}	(8.87)
Size	0.003 1	(1.28)	0.0110^{***}	(8.36)
Year	Yes		Yes	
Industry	Yes		Yes	
N	12 637		12 637	
Adj. R^2	0.069		0.064	
F	18.0735^{***}		15.6417^{***}	

注：

①真实盈余管理 RM=-AbCFO+AbProd-AbDisx；应计盈余管理 DA，以操纵性应计表示；Year 和 Industry 是年度和行业控制变量。

②括号里的为 t 值，经过了 White 异方差矫正，“*”“**”和“***”分别表示在 10%、5%、1%水平下统计显著。

3.4.4 稳健性分析

为了考察结果的稳健性，本章做了如下的敏感性测试：

其一，采用 Jones（1991）模型进行应计盈余管理横截面回归估算。结果显示，本章的结论依然稳健。

其二，对控股股东持股比例 Directctrol 和市场占有率 Marketshare 采用滞后一阶的计量，放入模型进行回归。结果显示，本章的结论依然稳健。

其三，为了控制横截面和时间序列上的自相关性，进行了 Cluster 的参差矫正。结果显示，本章的结论依然稳健。

最后，采用控制内生性的联立方程进行回归。检验结果与前文的研究结论没有实质性差异。

3.5 本章小结

应计盈余管理与真实盈余管理是管理盈余的两种方式，厘清两者的相互关系具有重要的理论意义和现实意义。尽管学术界多数研究认为两者具有替代关系，但也存在争议。应计盈余管理与真实盈余管理的相互关系，一方面受到其成本收益的影响，另一方面更受到制度环境的影响。本章基于中国市场转型经济的制度背景，考察应计盈余管理与真实盈余管理之间的相互关系。

本章采用中国证券市场上 2001—2010 年上市公司的数据实证考察应计盈余管理与真实盈余管理之间的相互关系。经验数据表明，应计盈余管理与真实盈余管理在中国市场上存在二元关系，即替代关系和互补关系。具体而言，市场竞争压力在应计盈余管理与真实盈余管理之间具有明显的成本比较优势，使得两者具有替代关系，控制利益、管制压力在应计盈余管理与真实盈余管理之间不具有显著的成本比较优势，而是应计盈余管理与真实盈余管理的驱动因素，使得两者具有互补关系。

本章的启示如下：

（1）在中国市场上，应计盈余管理与真实盈余管理，既存在替代关系，也存在互补关系，这对审视和规范上市公司的盈余管理行为具有重要的指导意义。

（2）市场竞争压力让应计盈余管理与真实盈余管理具有替代关系，市场竞争压力是规范上市公司的盈余管理行为必须考虑的一个因素。

（3）控制利益、管制压力让应计盈余管理与真实盈余管理具有互补关系，在保护投资者利益和推动证券市场健康发展的过程中，必将其作为关注的重点。

4 盈余管理的市场反应与审计治理效应

本章立足于中国的证券市场，考察应计盈余管理与真实盈余管理的市场反应以及审计的治理效应。中国证券市场是一个处于转型经济的新兴市场，个体投资者是市场的主体，机构投资者也不够成熟，“短线投机”“内幕交易”“跟风投资”“追涨杀跌”等市场乱象，让中国证券市场的有效性受到广泛质疑。在这样的市场上，对于应计盈余管理与真实盈余管理，投资者是否会有所反应？反应是理性还是非理性？反应的程度如何？并且，投资者对应计盈余管理与真实盈余管理的市场反应是否有差异？如果有差异，其产生差异的原因是什么？

为了回答这些问题，本章采用中国的市场数据研究发现，中国证券市场的投资者只对应计盈余管理做出负面反应，而没有对真实盈余管理进行有效反应，表明投资者对盈余管理的反应在一定程度上具有理性。同时，高质量的审计只帮助投资者对应计盈余管理的信息含量做有效区分，而对真实盈余管理的信息含量不能明显区分，表明审计在盈余管理的治理上具有一定的积极的市场效应。这为中国上市公司盈余管理的治理和完善证券市场的建设提供了一定的启示。

本章的结构安排如下：第一部分为引言，第二部分为理论分析和研究假设，第三部分为数据样本和研究设计，第四部分为实证结果及分析，第五部分为研究结论和启示。

4.1 引言

上市公司的盈余管理历来都是受到学术界、实务界以及监管者关注的重大话题。正如 Schipper（1989）所言，盈余管理实际上可分为应计盈余管理和真实盈余管理。然而，以往的研究多集中于应计盈余管理的研究，而对真实盈余管理的研究，特别是应计盈余管理与真实盈余管理的比较研究，相对有限。

本章立足于中国的证券市场，考察应计盈余管理与真实盈余管理的市场反应，并对比其市场反应的差异和原因，同时，考察审计在其中的治理效应。

本章的研究主要为了回答以下问题：①盈余管理常常作为公司经理人损害投资者利益采用的方式，在中国这样一个不健全而且有效性比较弱的市场上，投资者是否会对其有所反应，反应是否理性；②应计盈余管理与真实盈余管理在影响公司价值上的差异和在表现上的差异，是否会导致投资者的反应也有差异；③在应计盈余管理与真实盈余管理的市场反应上，审计是否产生了治理效应。

盈余管理，是公司经理人为了私人利益通过会计方法和交易活动的安排在财务报告过程中做出的一种机会主义表现（Healy & Wahlen，1999）。在对公司价值的影响上，应计盈余管理只是影响公司的应计利润而不影响公司的现金流，真实盈余管理影响公司的现金流和当期利润从而损害公司的长期价值。因此，一般而言，公司偏向于采用应计盈余管理，因为采用应计盈余管理的成本低于真实盈余管理的成本（Roychowdhury，2006）。但是，相对于真实盈余管理，应计盈余管理容易被发现，同时，公司单单依靠应计盈余管理会冒一定的风险①，因此，公司有时候更愿意采用真实盈余管理（Graham，等，2005）。Chi 等（2011）研究发现，在美国市场上，当面临高质量的会计师事务所时，上市公司选择应计盈余管理会变得困难，从而会寻求真实盈余管理来操纵利润。

由此可见，在一个有效的市场上，投资者对盈余管理的理性反应为负，并且对真实盈余管理的负面反应比应计盈余管理更大。本章的经验证据表明，中国证券市场的投资者只对应计盈余管理做出负面反应，没有对真实盈余管理有效反应。这可能是因为，相比于应计盈余管理，真实盈余管理不容易察觉，因而投资者没有做出有效的市场反应。

在这其中，审计是否具有治理效应呢？如果审计具有治理效应，高质量的审计有助于市场投资者区分应计盈余管理与真实盈余管理的信息含量，从而改善他们在证券市场上的投资决策。借鉴 DeAngelo（1981）和 Dye（1993）的理

① 应计盈余管理发生在公司财政年度末，而真实盈余管理贯穿于公司整个财政年度，因此应计盈余管理在发生时间上后于真实盈余管理。如果公司仅依赖于应计盈余管理，可能承担的风险是在财政年度末，公司采用应计盈余管理无法达到预期的业绩目标（Graham，等，2005）。

论，本章采用大型会计师事务所来衡量高质量的审计。研究发现，在中国市场上，高质量的审计只帮助投资者对应计盈余管理的信息含量做有效区分，而对真实盈余管理的信息含量不能明显区分。这说明高质量的审计在应计盈余管理上的治理得到市场投资者的认可，做出正面的市场反应，也证实了审计的治理效应。然而，由于真实盈余管理相对于应计盈余管理更不容易发现，高质量的审计可能无法有效帮助投资者区分真实盈余管理的信息含量。

本章可能的贡献表现在以下方面：

（1）深化了盈余管理市场反应在处于转型经济的中国证券市场上的经验研究，对比分析应计盈余管理市场反应与真实盈余管理市场反应。

（2）丰富了审计治理效应的研究，检验了高质量的审计在盈余管理市场反应上的作用。

（3）通过对盈余管理市场反应的考察，为中国市场的有效性提供了进一步的经验证据。

4.2 理论分析和研究假设

在中国证券市场上，既有应计盈余管理（陈小悦，等，2000；张祥建，徐晋，2005；薄仙慧，吴联生，2009；王跃堂，等，2009），也有真实盈余管理（张俊瑞，等，2008），更有应计盈余管理和真实盈余管理的综合运用（李增福，等，2011；刘启亮，等，2011），并且，以关联交易为主的真实盈余管理是我国上市公司重要的盈余操纵方式（陈晓，王琨，2005；佟严，王化成，2007；Jian & Wong，2010），也是我国上市公司控股大股东侵害中小股东利益的主要途径（刘俏，陆洲，2004；李增泉，等，2004；雷光勇，刘慧龙，2006）。

如其他新兴市场国家一样，中国证券市场上主要的代理问题是上市公司控股大股东与中小股东的代理冲突（刘峰，等，2004；Jiang，等，2010）。由于股权集中，上市公司控股股东“一股独大”，而公司的内部治理机制不健全以及流于形式没有发挥正常的功效，上市公司控股股东具有绝对的控制力，“一言堂”的现象成为常态。即使上市公司内部有一定的制衡机制，往往也是基于公司控制权利益的争夺而没有顾及公司价值最大化的基本目标（朱红军，汪辉，2004；陈汉文，等，2005）。加上中国保护中小投资者利益的法律基础环境薄弱，政府一些基于会计业绩的管制又大大强化了上市公司盈余管理的动机，上市公司控股大股东通过安排和策划经营活动、投资活动等真实盈余管理手段掏空上市公司，可以获得巨大的收益，而付出的成本相对较小，因此，如此这般的侵害中小股东利益的行为，在中国证券市场上比较盛行。

在美国这样的发达国家成熟市场上，保护中小投资者利益的法律基础环境相对更完善（Shleifer & Vishny，1997；La Porta，等，2000），经理人市场、机构投资者和证券分析师等市场监督力量也相对更成熟和强大，因此，通过真实盈余管理来侵害中小股东利益的行为的成本相对较高，并且也受到来自公司内部治理体制和外部市场监督等诸多限制。

相比于美国等发达资本市场，中国证券市场是一个新兴资本市场，机构投资者比较少，并且不够成熟，个体投资者更是缺乏经验和稳健合理的投资分析能力。虽然，真实盈余管理和应计盈余管理都是公司的机会主义行为，但是，两者对公司的影响不一样。真实盈余管理影响公司的现金流进而损害公司的长期价值，应计盈余管理只影响公司的应计盈余而不影响公司的现金流，因此，市场投资者对真实盈余管理的负面反应比应计盈余管理更大。然而，相对于应计盈余管理，真实盈余管理更不容易发现，这可能意味着，市场投资者对真实盈余管理不能做出有效的负面反应，而对应计盈余管理能做出有效的负面反应。在中国这样的新兴资本市场上，面对真实盈余管理和应计盈余管理，市场投资者的反应更可能偏向于后面一种分析情形。由此，本章提出一个备择性假设 H1。

假设 H1：在中国证券市场上，市场投资者对应计盈余管理能做出有效的负面反应，而对真实盈余管理不能做出有效的负面反应。

王艳艳等（2006）及 Chen 等（2011）的研究认为，相对于小型会计师事务所，大型会计师事务所的审计质量高，可以提高公司盈余的信息含量而降低公司的权益资本成本。由此推论，相对于小型会计师事务所，由大型会计师事务所审计的公司的应计盈余管理，其噪音更小，因而信息含量更高，市场投资者的反应相对更积极。换言之，大型会计师事务所由于其高声誉和高审计质量，在抑制应计盈余管理方面相对于小型会计师事务所更可能得到市场投资者的认可，从而帮助投资者区分应计盈余管理的信息含量，改善他们的投资决策。然而，由于真实盈余管理相对于应计盈余管理更不容易发现，大型会计师事务所可能无法有效帮助投资者区分真实盈余管理的信息含量。借此，本章提出一个备择性假设 H2。

假设 H2：在中国证券市场上，大型会计师事务所能帮助投资者区分应计盈余管理的信息含量，而不能有效帮助投资者区分真实盈余管理的信息含量。

4.3 数据样本和研究设计

4.3.1 数据样本

本章选择中国证券市场上 2001—2010 年的上市公司作为初始样本，并做以下筛选：①剔除金融类公司；②剔除 B 股和创业板的公司；③剔除模型估计数据不全的公司。最后得到 11 940 个样本观察值，样本的分年度分布和基于事务所规模大小分类的分年度分布见表 4.1。本部分的数据均来自 CSMAR 数据库。

表 4.1 研究样本的分布情况

年度	全样本		大型会计师事务所[a]		小型会计师事务所	
	公司数	比率(%)[b]	公司数	比率(%)[c]	公司数	比率(%)[c]
2001	820	7.78	214	26.10	606	73.90
2002	913	8.33	242	26.51	671	73.49
2003	1 043	8.79	267	25.60	776	74.40
2004	1 115	9.21	291	26.10	824	73.90
2005	1 175	9.87	298	25.36	877	74.64
2006	1 236	9.9	308	24.92	928	75.08
2007	1 352	10.65	340	25.15	1 012	74.85
2008	1 346	11.43	398	29.57	948	70.43
2009	1 416	11.69	517	36.51	899	63.49
2010	1 524	12.35	538	35.30	986	64.70
合计	11 940	100	3 413	25.04	8 527	62.57

注：

a 大型会计师事务所是前十大会计师事务所，基于客户公司总资产计算得到。

b 比率为各年度公司数占所有年度公司数的比率。

c 比率为由大型会计师事务所审计的公司数和由小型会计师事务所审计的公司数分别占各年度公司数的比率。

从表 4.1 可以发现，我国前十大会计师事务所，即大型会计师事务所，在 2001—2010 年的市场占有率，均值为 25.04%，并具有上升的趋势，在 2008 年之前市场份额在 25%左右，在 2009—2010 年已经超过 30%，达到 35%以上，上升了 10 个百分点。大型会计师事务所市场份额上升，一方面可能说明市场对高质量的审计需求有所提高（王艳艳，等，2006），一方面可能是政府推动会计师事务所合并导致的结果，即大型会计师事务所进行合并后，其市场占有率自然会得到提升（Chan & Wu，2011）。

4.3.2 盈余管理的计量

1. 应计盈余管理

本章采用修正的 Jones 模型（DeChow，等，1995）来估计操纵性应计，以此表征应计盈余管理。

$$\frac{TA_{i,t}}{A_{i,t-1}} = a_0\left(\frac{1}{A_{i,t-1}}\right) + a_1\left(\frac{\Delta REV_{i,t}}{A_{i,t-1}}\right) + a_2\left(\frac{PPE_{i,t}}{A_{i,t-1}}\right) + \varepsilon_{i,t} \quad (4-1)$$

首先，依照模型（4-1）分年度分行业进行横截面回归。参考 DeChow 等（1995）的做法，要求每个行业的样本数不少于 10 个，如果少于 10 个，则将其归属于相近的行业。$TA_{i,t}$是公司总应计利润，为经营利润减去经营活动现金流之差；$\Delta REV_{i,t}$为公司主营业务收入的变化额；$PPE_{i,t}$是公司固定资产账面价值；$A_{i,t-1}$是公司的总资产。

其次，用模型（4-1）得到的回归系数代入模型（4-2）计算每个样本的正常性应计 $NDA_{i,t}$。

$$NDA_{i,t} = a_0\left(\frac{1}{A_{i,t-1}}\right) + a_1\left(\frac{\Delta REV_{i,t} - \Delta REC_{i,t}}{A_{i,t-1}}\right) + a_2\left(\frac{PPE_{i,t}}{A_{i,t-1}}\right) \quad (4-2)$$

在模型（4-2）里，$\Delta REC_{i,t}$是公司应收账款的变化额。操纵性应计 $DA_{i,t} = TA_{i,t} - NDA_{i,t}$。

2. 真实盈余管理

参照 Roychowdhury（2006）及 Cohen 等（2008）的模型来估计真实盈余管理，包括三个方面：异常经营现金流 AbCFO、异常生产成本 AbProd 和异常酌量性费用（如研发、销售及管理费用）AbDisx。①

异常经营现金流 AbCFO，是由公司通过价格折扣和宽松的信用条款来进行产品促销引起的，虽然公司的促销提高了当期的利润，但是降低了当期单位产品的现金流量，从而导致公司的异常经营现金流 AbCFO 下降。异常生产成本 AbProd，是由公司超量产品生产引起的，虽然公司的超量生产能降低单位产品的成本，提高产品的边际利润，从而提高公司的当期利润，但是超量生产

① 异常经营现金流 AbCFO、异常生产成本 AbProd 和异常酌量性费用 AbDisx，都用上一年的总资产进行标准化。

增加了其他生产成本和库存成本，最后导致异常生产成本 AbProd 偏高。异常酌量性费用 AbDisx，是公司为了提高当期利润而削减研发、销售及管理费用引起的，同时也会导致当期的现金流提高。

（1）异常经营现金流 AbCFO

$$\frac{CFO_{jt}}{A_{j,\ t-1}} = a_1 \frac{1}{A_{j,\ t-1}} + a_2 \frac{Sales_{jt}}{A_{j,\ t-1}} + a_3 \frac{\Delta Sales_{jt}}{A_{j,\ t-1}} + \varepsilon_{jt} \tag{4-3}$$

首先，按模型（4-3）分年度分行业进行横截面回归，要求每个行业的样本数不少于 10 个，如果少于 10 个，则将其归属于相近的行业，下同。CFO_{jt}是公司的经营现金流，$Sales_{jt}$是公司的销售额，$\Delta Sales_{jt}$是公司销售变化额。其次，通过回归得到的系数估计出每个样本公司的正常经营现金流。最后，可算出异常经营现金流 AbCFO 为实际经营现金流与正常经营现金流的差值。

（2）异常生产成本 AbProd

$$\frac{Prod_{jt}}{A_{j,\ t-1}} = a_1 \frac{1}{A_{j,\ t-1}} + a_2 \frac{Sales_{jt}}{A_{j,\ t-1}} + a_3 \frac{\Delta Sales_{jt}}{A_{j,\ t-1}} + a_4 \frac{\Delta Sales_{j,\ t-1}}{A_{j,\ t-1}} + \varepsilon_{jt} \tag{4-4}$$

用模型（4-4）进行分年度分行业横截面回归，得到估计参数并据此计算各个样本公司的正常生产成本，异常生产成本 AbProd 为实际生产成本与正常生产成本之差。$Prod_{jt}$是公司的生产成本，为销售成本与存货变动额之和；$Sales_{jt}$是公司当期的销售额；$\Delta Sales_{jt}$是公司当期的销售变化额；$\Delta Sales_{j,t-1}$是公司上期的销售变化额。

（3）异常酌量性费用 AbDisx

$$\frac{Disx_{jt}}{A_{j,\ t-1}} = a_1 \frac{1}{A_{j,\ t-1}} + a_2 \frac{Sales_{j,\ t-1}}{A_{j,\ t-1}} + \varepsilon_{jt} \tag{4-5}$$

依照模型（4-5）分年度分行业横截面回归得到估计参数并据此计算各个样本公司的正常酌量性费用。异常酌量性费用 AbDisx 为实际酌量性费用与正常酌量性费用之差。$Disx_{jt}$是公司的酌量性费用，为研发、销售及管理费用之和，考虑到中国财务报表把研发费用合并到了管理费用的情况，本书用销售和管理费用替代；$Sales_{j,t-1}$是公司上期的销售额。

以上三个指标，即异常经营现金流 AbCFO、异常生产成本 AbProd 和异常酌量性费用 AbDisx，体现了真实盈余管理的三种具体行为。公司向上操纵利润，可能采用真实盈余管理的一种行为或多种行为：低异常经营现金流 AbCFO，高异常生产成本 AbProd，抑或低异常酌量性费用 AbDisx。为了系统考量真实盈余管理的三种具体行为，仿照 Badertscher（2011）和 Zang（2012）的做法，将三个指标聚集成一个综合指标，综合真实盈余管理 RM＝－AbCFO+

AbProd-AbDisx。综合真实盈余管理指标 RM，表示其值越高，公司通过真实盈余管理向上操纵的利润越大。

4.3.3 回归模型

为了检验应计盈余管理与真实盈余管理的市场反应及大型会计师事务所在其中扮演的角色，本章构建如下回归模型。

$$CAR = \beta_0 + \beta_1 EM + \sum \beta_i Control_i + \varepsilon \tag{4-6}$$

$$CAR = \beta_0 + \beta_1 EM + \beta_2 Big + \beta_3 EM \times Big + \sum \beta_i Control_i + \varepsilon \tag{4-7}$$

回归模型（4-6）用以检验本书的假设 H1——应计盈余管理与真实盈余管理的市场反应。回归模型（4-7）用以检验本书的假设 H2——大型会计师事务所在应计盈余管理与真实盈余管理市场反应中扮演的角色。

因变量 CAR：累积超常收益率，观察窗口从财务年报披露当日为 0 天到之后 1 天，即观察期（0，1），为经市场收益调整的累积超常收益率。

解释变量 EM：盈余管理变量，用应计盈余管理 DA、真实盈余管理 RM 及其三种具体行为——异常经营现金流 AbCFO、异常生产成本 AbProd 和异常酌量性费用 AbDisx 表示。

大型会计师事务所 Big：哑变量，如果公司聘请的会计师事务所为前十大会计师事务所，取值为 1，否则位 0。前十大会计师事务所，是以事务所的客户公司的资产规模总和排名取得。EM×Big，盈余管理 EM 与大型会计师事务所 Big 的交乘项，检验大型会计师事务所在应计盈余管理与真实盈余管理市场反应中扮演的角色，即大型会计师事务所的高审计质量能否有效区分应计盈余管理与真实盈余管理的信息含量。

控制变量 Control，具体包括如下变量：

账面市值比率 BM，衡量公司的成长性，控制公司成长性的影响。

公司市值规模 Sizemv，取其自然对数，控制公司市值规模的影响。

经营现金流 OCF，用经营活动现金流与总资产的比率表示，以此控制公司经营现金流水平的影响。

资产负债率 Lev，衡量公司的财务风险，控制公司负债水平的影响。

会计业绩 ROA，采用总资产收益率来表示，控制公司业绩的影响。

年度哑变量 Year 和行业哑变量 Industry，控制年度和行业的影响。

此外，为了控制极端值的影响，对模型中的连续变量都进行了 1%水平的 Winsorize 处理。

4.4 实证结果及分析

4.4.1 描述性统计分析

表4.2为各变量的描述性统计分析结果。公司财务年报披露在当天到后一天的累积超常收益率CAR，均值为 -0.007 6，中位数为-0.009 8，最大值为0.107 3，最小值为-0.098 5。这表明年报披露的市场反应总体而言偏向于消极。应计盈余管理DA，均值为0.002 9，中位数为0.003 3，最大值为0.330 8，最小值为-0.320 8。真实盈余管理RM，均值为 -0.033 3，中位数为-0.037 4，最大值为0.706 9，最小值为-0.687 5。数据表明，我国上市公司普遍倾向于采用应计盈余管理来调增利润，而对真实盈余管理采用偏向于负向的盈余管理。账面市值比率BM，均值为0.388 5，中位数为0.335 0。市值规模的对数Sizemv，均值为21.695 4，中位数为21.573 0。经营现金流与总资产的比率OCF，均值为0.057 4，中位数为0.053 0。资产负债率Lev，均值为0.526 5，中位数为0.500 3。公司业绩总资产收益率ROA，均值为0.026 0，中位数为0.035 2。

表4.2　　描述性统计结果

	均值	最小值	中位数	最大值	标准差
CAR	-0.007 6	-0.098 5	-0.009 8	0.107 3	0.041 2
DA	0.002 9	-0.320 8	0.003 3	0.330 8	0.102 3
RM	-0.033 3	-0.687 5	-0.037 4	0.706 9	0.219 5
AbCFO	0.008 4	-0.276 2	0.009 7	0.276 4	0.091 1
AbProd	-0.016 0	-0.435 4	-0.017 8	0.478 1	0.130 6
AbDisx	0.008 6	-0.162 7	0.001 7	0.281 5	0.064 8
Big	0.250 4	0.000 0	0.000 0	1.000 0	0.451 8
BM	0.388 5	-0.562 3	0.335 0	1.255 6	0.286 3
Sizemv	21.695 4	19.714 3	21.573 0	24.923 9	1.038 1
OCF	0.057 4	-0.306 1	0.053 0	0.404 5	0.104 0
Lev	0.526 5	0.069 9	0.500 3	2.653 6	0.324 3
ROA	0.026 0	-0.521 7	0.035 2	0.225 5	0.096 3

4.4.2 回归分析结果

表 4. 3 是应计盈余管理与真实盈余管理市场反应的回归结果。表中的（1）栏和（3）栏是基于模型（4-6）得到的回归结果。应计盈余管理 DA 的回归系数显著为负，表明应计盈余管理引起市场投资者显著的负面反应，综合盈余管理 RM 的回归系数统计上不显著，表明真实盈余管理并不能引起市场投资者有效的反应，也说明真实盈余管理的隐蔽性强，不容易被识别，本章的假设 H1 得到支持。

表 4. 3 的（2）栏、（4）栏、（5）栏是基于模型（4-7）得到的回归结果。应计盈余管理 DA 与大型会计师事务所 Big 的交乘项 DA×Big 的回归系数显著为正，表明大型会计师事务所的高质量审计能帮助市场投资者区分应计盈余管理的信息含量。而真实盈余管理 RM 与大型会计师事务所 Big 的交乘项 RM×Big 的回归系数在统计上不显著，表明大型会计师事务所的高质量审计并不能帮助市场投资者区分真实盈余管理的信息含量，也说明真实盈余管理的隐蔽性强，不容易被识别，本章的假设 H2 得到支持。

表 4. 3 的控制变量回归结果显示，公司的成长性 BM、公司的市值规模 Sizemv 和会计业绩 ROA 能引起市场投资者显著的正面反应，表明成长性高、市值规模大、会计业绩好的公司会得到市场投资者的积极支持。

表 4. 3　应计盈余管理与真实盈余管理之市场反应的回归结果

	因变量：CAR				
	（1）	（2）	（3）	（4）	（5）
Intercept	−0. 035 0	−0. 035 3	−0. 037 9	−0. 038 0	−0. 039 5
	（−3. 44）***	（−3. 37）***	（−3. 61）***	（−3. 53）***	（−3. 66）***
DA	−0. 017 5	−0. 022 0			−0. 020 8
	（−2. 05）**	（−2. 47）**			（−2. 26）**
RM			0. 002 86	0. 003 94	0. 005 04
			（1. 31）	（1. 59）	（2. 00）**
Big		−0. 000 038 6		−0. 000 161	−0. 000 371
		（−0. 05）		（−0. 19）	（−0. 45）
DA×Big		0. 017 1			0. 019 4
		（2. 08）**			（2. 14）**
RM×Big				−0. 003 38	−0. 006 48
				（−0. 92）	（−1. 64）

表4.3(续)

	因变量：CAR				
	(1)	(2)	(3)	(4)	(5)
BM	0.006 27	0.006 38	0.006 46	0.006 47	0.006 21
	(3.86) ***	(3.92) ***	(3.95) ***	(3.95) ***	(3.76) ***
Sizemv	0.001 23	0.001 24	0.001 36	0.001 36	0.001 44
	(2.73) ***	(2.65) ***	(2.92) ***	(2.84) ***	(3.00) ***
OCF	−0.014 1	−0.014 0	0.003 31	0.003 42	−0.009 20
	(−1.72) *	(−1.71) *	(0.66)	(0.68)	(−1.03)
Lev	0.000 267	0.000 293	0.000 091 5	0.000 104	0.000 158
	(0.17)	(0.19)	(0.06)	(0.07)	(0.10)
ROA	0.021 6	0.021 8	0.008 06	0.007 95	0.019 7
	(2.57) **	(2.58) ***	(1.50)	(1.47)	(2.28) **
Year	Yes	Yes	Yes	Yes	Yes
Industry	Yes	Yes	Yes	Yes	Yes
N	11 940	11 940	11 940	11 940	11 940
Adj. R^2	0.017	0.017	0.018	0.018	0.019
F	7.470 ***	7.180 ***	7.740 ***	7.346 ***	7.229 ***

注：

①CAR，为财务年报披露当日到后一天的累积超常受益率。所有连续变量进行了1%水平的Winsorize处理，下同。

②括号里的为 t 值，经过了 White 异方差矫正，下同。

表4.4是真实盈余管理三种具体行为的市场反应的回归结果。表中的（1）栏、（3）栏、（5）栏是基于模型（4-6）得到的回归结果，异常经营现金流 AbCFO、异常生产成本 AbProd 和异常酌量性费用 AbDisx 的回归系数在统计上都不显著，表明盈余管理三种具体行为并不能引起市场投资者有效的反应，也说明真实盈余管理的隐蔽性强，不容易被识别，进一步支持本章的假设 H1。

表4.4的（2）栏、（4）栏、（6）栏是基于模型（4-7）得到的回归结果。异常经营现金流 AbCFO、异常生产成本 AbProd 和异常酌量性费用 AbDisx 与大型会计师事务所 Big 的交乘项，AbCFO×Big、AbProd×Big、AbDisx×Big 的回归系数在统计上都不显著，表明大型会计师事务所并不能帮助市场投资者区分真实盈余管理三种具体行为的信息含量，也说明真实盈余的隐蔽性强，不容易被识别，本章的假设 H2 得到进一步支持。

表 4.4　　真实盈余管理三种具体行为之市场反应的回归结果

	因变量：CAR					
	(1)	(2)	(3)	(4)	(5)	(6)
Intercept	-0.037 1	-0.037 3	-0.036 6	-0.036 8	-0.038 5	-0.038 8
	(-3.54)***	(-3.46)***	(-3.49)***	(-3.42)***	(-3.62)***	(-3.56)***
AbCFO	0.006 06	0.006 69				
	(0.69)	(0.72)				
AbProd			0.004 80	0.007 41		
			(1.51)	(1.99)**		
AbDisx					-0.005 12	-0.008 18
					(-0.86)	(-1.14)
Big		0.000 011 4		-0.000 192		-0.000 129
		(0.01)		(-0.23)		(-0.16)
AbCFO×Big		-0.001 95				
		(-0.22)				
AbProd×Big				-0.008 53		
				(-1.34)		
AbDisx×Big						0.010 2
						(0.84)
BM	0.006 71	0.006 71	0.006 39	0.006 40	0.006 66	0.006 66
	(4.11)***	(4.11)***	(3.89)***	(3.90)***	(4.08)***	(4.08)***
Sizemv	0.001 31	0.001 32	0.001 30	0.001 31	0.001 38	0.001 39
	(2.82)***	(2.74)***	(2.81)***	(2.74)***	(2.92)***	(2.86)***
OCF	-0.005 42	-0.005 48	0.001 39	0.001 35	0.000 020 2	-0.000 019 2
	(-0.65)	(-0.66)	(0.33)	(0.32)	(0.00)	(-0.00)
Lev	0.000 478	0.000 477	0.000 071 2	0.000 110	0.000 305	0.000 295
	(0.31)	(0.30)	(0.05)	(0.07)	(0.20)	(0.19)
ROA	0.009 20	0.009 20	0.009 08	0.009 06	0.007 70	0.007 49
	(1.69)*	(1.69)*	(1.69)*	(1.68)*	(1.40)	(1.36)
Year	Yes	Yes	Yes	Yes	Yes	Yes
Industry	Yes	Yes	Yes	Yes	Yes	Yes
N	11 940	11 940	11 940	11 940	11 940	11 940
Adj. R^2	0.018	0.018	0.019	0.019	0.018	0.018
F	7.756***	7.339***	7.773***	7.419***	7.741***	7.328***

注：异常经营现金流 AbCFO、异常生产成本 AbProd 和异常酌量性费用 AbDisx，为真实盈余管理的三种具体形式。

4.4.3 稳健性测试

为了考察结果的稳健性，我们做了如下的敏感性测试：

其一，根据夏立军（2003）的建议，本章采用 Jones 模型估计应计盈余管理。实证结果与前文的研究结论没有实质性差异。

其二，参考 Chen 等（2011）的研究设计，采用前八大会计事务所定义为大型会计师事务所。检验结果，与前文的研究结论没有实质性差异。

其三，在模型回归时进行了 Cluster 的参差矫正。实证结果与前文的研究结论没有实质性差异。

4.5 本章小结

本章立足于中国证券市场上特殊的制度背景，研究应计盈余管理与真实盈余管理的市场反应及其审计的治理效应。

相比于美国等发达资本市场，中国证券市场是一个新兴资本市场，市场投资者对应计盈余管理和真实盈余管理的反应，需要学术界关注和研究。相比于应计盈余管理，真实盈余管理对公司价值的影响更大，因而理论上预期其负面的市场反应更大。本章采用中国证券市场上 2001—2010 年上市公司的数据进行实证考察。经验证据显示，中国证券市场的投资者只对应计盈余管理做出负面反应，没有对真实盈余管理有效反应。这可能因为，相比于应计盈余管理，真实盈余管理不容易察觉，因而投资者没有做出有效的市场反应。

同时，本章也检验了大型会计师事务所的高审计质量是否有助于市场投资者区分应计盈余管理与真实盈余管理的信息含量，从而改善他们在证券市场上的投资决策。研究发现，大型会计师事务所只帮助投资者对应计盈余管理的信息含量做有效区分，而对真实盈余管理的信息含量不能明显区分。这说明大型会计师事务所在应计盈余管理上的抑制得到市场投资者的认可，做出正面的市场反应，也证实了大型会计师事务所的审计质量高。然而，由于真实盈余管理相对于应计盈余管理更不容易发现，大型会计师事务所可能无法有效帮助投资者区分真实盈余管理的信息含量。

本章结论的启示如下：

（1）市场投资者只对应计盈余管理做出负面反应，没有对真实盈余管理有效反应，说明在中国证券市场上，市场投资者具备一定的理性价值分析和投资能力，但是有待进一步提高，特别是加强证券市场上机构投资者的培育和提升市场投资环境的基础建设质量，对形成一个有效的资本市场和完善证券市场的资源配置功能极其重要。

（2）大型会计师事务所具有高审计质量，可以帮助投资者对应计盈余管理的信息含量做有效区分，表明在中国证券市场上会计师事务所做大做强的重要性和必要性，也为当前中国政府推动事务所合并做大做强的宏伟政策提供了进一步的经验数据支持。

5 监管者识别盈余管理

本章立足于我国特殊的股权再融资管制环境，考察监管者对上市公司盈余管理的识别能力及其变化情况。在经济转型过程中，我国的股权再融资管制环境具有不断变迁的特征。管制环境的变迁，可能会影响到监管者对盈余管理的识别能力及其程度。本章的经验研究显示，监管者对上市公司盈余管理具有一定的识别能力，并且会受到管制环境变迁的影响，存在管制效应和演进效应。具体而言，在审核配股资格过程中，监管者能识别线下真实盈余管理，但是，在管制环境变迁后，由于线下真实盈余管理被纳入管制范围，监管者不再对其进行关注，而是关注应计盈余管理，并能识别。在线上真实盈余管理方面，由于其隐蔽性强，监管者并没有表现出显著的识别能力。本章拓展和细化了盈余管理的监管研究，提供了丰富的经验证据，对我国证券市场的健康发展具有重要的现实意义和启示。

本章的结构安排如下：第一部分为引言，第二部分为制度背景、理论分析和研究假设，第三部分为研究设计和数据样本，第四部分为实证结果及分析，第五部分为研究结论和启示。

5.1 引言

公司经理人为了私人利益进行盈余管理，会带来不利的经济后果，因而对盈余管理的监管尤为重要（Healy & Wahlen，1999）。监管者能否识别上市公司的盈余管理，一直以来都是资本市场的重要关注话题（Bushman & Smith，2001；Kothari，2001）。然而，由于在国外市场很难找到一个良好的经验场景进行实证检验，国外的研究对这一话题的探讨无法提供直接的经验证据。由此，本章根据中国特有的配股管制变迁环境[①]，将盈余管理细分为应计盈余管理（Accrual Earnings Management）、线上真实盈余管理（Real Earnings Management Above the Line）和线下真实盈余管理（Real Earnings Management Below the Line），考察监管者对盈余管理的识别能力及其变化，弥补该领域研究的不足。

在中国证券市场，Chen 和 Yuan（2004）及 Haw 等（2005）研究发现，中国特有的配股管制环境可以提供一个良好的经验场景。他们以 1996—1998 年研究窗口考察发现，监管者能识别盈余管理，仅体现在对线下真实盈余管理的识别，并存在自我学习的演进效应。

然而，随着我国配股管制环境的变迁，由于演进效应和管制效应的双重影响，监管者对盈余管理的识别可能发生变化。具体而言，自我学习的演进效应是否表现为监管者从对线下真实盈余管理的识别延伸到应计盈余管理和线上真实盈余管理？管制环境的变迁引发的管制效应是否会改变监管者对盈余管理的识别情形？[②] 对上述问题的思考和解答，需要学术界深入的研究，对我国会计理论研究和资本市场的健康发展具有重要的意义。

本章选取 2001 年我国配股管制环境变化的前后三年即 1998—2003 年作为研究窗口，承袭和拓展 Chen 和 Yuan（2004）及 Haw 等（2005）的研究，考察管制效应和演进效应是否影响监管者识别盈余管理的能力和变化。

具体而言，主要研究以下三个方面：

其一，2001 年我国的配股管制环境发生变迁，开始将线下真实盈余管理纳入管制范围。[③] 管制效应的存在，使得线下真实盈余管理不能作为配股申请者进行盈余管理的有效手段，监管者审核配股条件时也就可能不再对其进行关注，而转向对其他盈余管理方式进行核查，如应计盈余管理和线上真实盈余管理。

其二，尽管应计盈余管理相比于线下真实盈余管理不易被监管者识别（Haw，等，2005），但是，随着时间的推移，自我学习的演进效应会提升监管者的识别能力（Chen & Yuan，2004），这是否意味着管制环境变迁后监管者有

---

① 在我国，上市公司需申请并得到证监会核准通过后才能进行配股融资。到目前为止，我国的配股管制经历了几次重大的变迁，从 1993 年第一部明确关于配股的法规开始，在 1994 年、1996 年、1999 年、2001 年、2006 年都分别对以前的配股管制政策进行了重大修订。

② 演进效应，指实践中不断地自我学习和积累经验，提高自身能力。管制效应，指管制环境变迁导致的行为变化。

③ 具体参见 2001 年 3 月 15 日证监会 43 号文件《关于做好上市公司新股发行工作的通知》。根据 Haw 等（2005）和 Szczesny 等（2008）的研究，通过资产处置等线下项目来操纵利润的行为被界定为线下真实盈余管理，将非经常性损益等同于线下真实盈余管理。

能力对应计盈余管理进行识别?

其三，线上真实盈余管理具有隐蔽性，比应计盈余管理更不易被监管者识别（Graham，等，2005；Cohen，等，2008）。线上真实盈余管理，通常表现为通过改变和策划公司生产经营、投资和融资活动的时间和内容来管理盈余，因而隐蔽性强（Zang，2012）。由于演进效应的存在，监管者识别能力会有所提升，这是否意味着管制环境变迁后监管者对线上真实盈余管理也能进行识别?

本章研究发现，监管者对上市公司盈余管理具有一定的识别能力，并且会受到管制环境变迁的影响，存在管制效应和演进效应。具体而言，在审核公司的配股资格过程中，监管者能识别线下真实盈余管理，但是，在管制环境变迁后，由于线下真实盈余管理被纳入管制范围，监管者不再对其进行关注，而是关注应计盈余管理，并能识别。在线上真实盈余管理方面，由于其隐蔽性强，监管者并没有表现出显著的识别能力。

本章的贡献表现如下:

（1）将监管者对盈余管理识别的研究，从线下真实盈余管理拓展到应计盈余管理和线上真实盈余管理的考察上，印证了演进效应的存在，推进了该领域的研究。

（2）根据我国特有的制度背景，考察管制环境变化对监管者识别盈余管理能力的影响，证实了管制效应的存在，提供这一研究的制度思考。

（3）对比研究应计盈余管理、线上真实盈余管理和线下真实盈余管理被监管者识别的情形，证实了线上真实盈余管理不容易被识别的隐蔽性，丰富了盈余管理的研究。

5.2 制度背景、理论分析和研究假设

盈余管理是公司经理人在财务报告过程中的一种机会主义表现，其中一个重要的前提是会计信息的使用者不能或不愿意去识别公司的盈余管理行为，因而，公司经理人可以通过盈余管理实现个人的利益愿望（Schipper，1989）。然而，大量的西方实证研究表明，市场投资者对公司的盈余管理可以进行识别，如 Subramanyam（1996）、Ali 等（2008）、Battalio 等（2012）的研究。[1] 在中

① 尽管市场投资者可以识别公司的盈余管理，进而带来相应的惩罚和成本，但是，只要公司经理人通过盈余管理获得的利益大于其付出的成本，盈余管理就会发生（Watts & Zimmerman，1986）。因此，盈余管理之所以在公司经营管理活动中盛行，根本原因是盈余管理的利益高于其成本。

国证券市场上，也得到类似的结论（如：陈汉文，郑鑫成，2004；于李胜，王艳艳，2007；邓川，2011）。

相反，监管者能否识别上市公司的盈余管理，在西方市场上始终没有找到一个合适的场景进行实证检验。解除这一困境的是 Chen 和 Yuan（2004）及 Haw 等（2005）的研究。他们关注于中国证券市场特有的配股管制环境，原因在于我国监管者决策结果的可直接观察性；他们选择 1996—1998 年作为研究窗口，考察发现中国证监会的监管者能识别配股申请公司的盈余管理，并存在自我学习的演进效应，不过只体现在线下真实盈余管理上。①

一般而言，由于受到时间、能力的限制及出于对成本收益的权衡，监管者不能也不愿意去识别公司的盈余管理行为。然而，在中国证券市场特有的配股管制环境下，监管者有动机去识别盈余管理，一方面来自中国证监会“保护投资者利益”的责任使然，另一方面来自媒体和投资者等外在环境的监督压力。基于多方因素的权衡和比较，中国证监会的监管者表现出对易于察觉的线下真实盈余管理能有效识别（Chen & Yuan，2004）。

随着中国证券市场的发展，配股管制的环境在变迁，监管者对盈余管理的识别可能出现变化，从而出现管制效应。2001 年，中国证监会颁布新的配股管制政策，就明确把线下真实盈余管理纳入监管范围，在对配股申请公司业绩的要求上，以扣除非经常性损益②之后的净利润与扣除之前的净利润两者中的低者作为计算依据。由此以来，管制环境的变迁，让监管者对线下真实盈余管理的识别可能出现一些变化，引发所谓管制效应。一方面，管制环境变迁后，证监会可能会加大对线下真实盈余管理的监管，进一步强化对线下真实盈余管理的识别能力。另一方面，新的管制环境使得线下真实盈余管理不能作为盈余管理的有效手段，配股申请公司也就不再采用线下真实盈余管理进行盈余管理。相应地，监管者审核配股条件时也就可能不再对其进行关注，而转向对其他盈余管理方式进行核查，如应计盈余管理和线上真实盈余管理。这是一个有待检验的经验问题，因而提出假设 H1。

假设 H1：在审核配股资格过程中，监管者能识别线下真实盈余管理，管制环境变迁后，监管者不再对其有效识别。

---

① Chen 和 Yuan（2004）及 Haw 等（2005）研究的内在逻辑是：基于会计业绩的管制会促使公司盈余管理，而公司盈余管理会降低资源配置效率；监管者识别盈余管理，让资源配置给经营管理好的公司，从而提高资源配置效率，促进资本市场的健康发展，因此，监管者有动机和责任去识别盈余管理。

② 如前所述，本书将非经常性损益等同于线下真实盈余管理。

相比于线下真实盈余管理，应计盈余管理不容易被察觉，并且，经验证据表明，在我国早期的配股管制期间，应计盈余管理不能被监管者识别（Chen & Yuan，2004；Haw，等，2005）。这可能意味着，管制环境变迁后，应计盈余管理可能仍然不能被监管者识别。但是，随着时间的推移，自我学习的演进效应会提升监管者的识别能力（Chen & Yuan，2004）。这可能意味着，管制环境变迁后，应计盈余管理可能被监管者识别。这是一个有待检验的经验问题，因而提出假设 H2。

假设 H2：管制环境变迁后，应计盈余管理能被监管者识别。

在中国证券市场上，不但有线下真实盈余管理和应计盈余管理，还有线上真实盈余管理（Szczesny，等，2008；刘启亮，等，2011）。不同于线下真实盈余管理，线上真实盈余管理比应计盈余管理更具有隐蔽性，不易被监管者识别（Graham，等，2005；Cohen，等，2008）。

应计盈余管理，指通过选择或改变会计处理方法与会计估计来管理应计盈余。线上真实盈余管理，通过改变和构造公司生产经营、投资和融资活动的时间和内容来管理真实盈余，因而隐蔽性强（Zang，2012）。已有的经验证据表明，2001 年配股管制环境变迁前，应计盈余管理不能被监管者识别。因此可推测，线上真实盈余管理在管制环境变迁前也不能被监管者识别，并且还可能预示着，管制环境变迁后，线上真实盈余管理也可能不会被监管者识别。然而，诚如上述，监管者的识别能力存在着一定的演进效应。这可能表明，管制环境变迁后，线上真实盈余管理可能会被监管者识别。这是一个有待检验的经验问题，因而提出假设 H3。

假设 H3：管制环境变迁后，线上真实盈余管理能被监管者识别。

5.3 研究设计和数据样本

5.3.1 盈余管理的计量

1. 线下真实盈余管理

借鉴 Chen 和 Yuan（2004）及 Haw 等（2005）的研究，用经行业调整的非经营性利润率衡量线下真实盈余管理，具体如下：

$$ENOI = NOI - NOI\_ind \tag{5-1}$$

ENOI 为经行业调整的非经营性利润率，为了与下面两种盈余管理的计算一致，用上年的总资产进行标准化。NOI 为用上年的总资产进行标准化的非经营性利润率，NOI_ind 为非经营性利润率行业的中位数。

2. 应计盈余管理

采用 Jones 模型（Jones，1991）来估计操纵性应计，以此表征应计盈余管理。

$$\frac{TA_{i,\ t}}{A_{i,\ t-1}} = a_0\left(\frac{1}{A_{i,\ t-1}}\right) + a_1\left(\frac{\Delta REV_{i,\ t}}{A_{i,\ t-1}}\right) + a_2\left(\frac{PPE_{i,\ t}}{A_{i,\ t-1}}\right) + \varepsilon_{i,\ t} \tag{5-2}$$

参考 DeChow 等（1995）的做法，对模型（5-2）分年度分行业进行横截面回归，并且，要求每个行业的样本数不少于 10 个，如果少于 10 个，则将其归属于相近的行业。$TA_{i,t}$是公司总应计利润，为经营利润减去经营活动现金流之差；$\Delta REV_{i,t}$为公司主营业务收入的变化额；$PPE_{i,t}$是公司固定资产账面价值；$A_{i,t-1}$是公司的总资产。用模型（5-2）回归得到的回归系数计算正常性应计 $NDA_{i,t}$，从而计算操纵性应计 $DA_{i,t}=TA_{i,t}-NDA_{i,t}$。

3. 线上真实盈余管理

参照 Roychowdhury（2006）和 Cohen 等（2008）的模型来估计线上真实盈余管理，包括三个方面：异常经营现金流 AbCFO、异常生产成本 AbProd 和异常酌量性费用（如研发、销售及管理费用）AbDisx。①

其一，异常经营现金流 AbCFO。异常经营现金流 AbCFO，指公司经营活动产生的现金流的异常部分。公司通过促销增加销量从而抬高公司利润，会导致异常经营现金流 AbCFO 偏低。公司为了抬高会计利润，通过价格折扣和宽松的信用条款等促销方式来增加销量形成超常销售，产生“薄利多销”的账上利润放大效应。但是，促销形成的超常销售，会降低单位产品的现金流量，而且，在既定的销售收入现金实现水平下，还会增加公司的销售应收款，增大公司坏账产生的财务风险，同时，降低公司当期现金流。并且，超常销售实际上已经超过公司正常销售水平，会增加公司相关的销售费用，吞噬公司的现金流。然而，只要产品销售能带来正的边际利润，超常销售还是会抬高公司的会计利润。因而结果是，促销形成的超常销售抬高了公司当年利润，但单位产品现金流量的降低和销售费用的上升却导致异常经营现金流 AbCFO 偏低。

其二，异常生产成本 AbProd。公司通过超常产量抬高公司利润，会让异常生产成本 AbProd 偏高。异常生产成本 AbProd，被定义为销售成本与当年存货变动额之和的异常部分，换言之，生产成本为销售成本与当年存货变动额之

① 异常经营现金流 AbCFO、异常生产成本 AbProd 和异常酌量性费用 AbDisx，都用上一年的总资产进行标准化。

和。公司为了抬高会计利润，通过超量生产来摊低单位成品承担的固定成本，但是，超量生产实际上已经超过公司正常生产水平，会增加单位产品的边际生产成本。然而，只要单位固定成本下降的幅度高于单位边际生产成本上升的幅度，单位销售成本就会出现下降，从而达到提高公司业绩的目的。但是，超量生产会导致产品的大量积压，增加公司的存货成本。结果是，在既定的销量水平下，超量生产虽然通过降低单位销售成本抬高了公司业绩，反而由于边际生产成本的上升和存货成本的增加，出现生产成本偏高，即在会计上表现为销售成本与当年增加的存货成本之和的提升，这也导致异常生产成本 AbProd 偏高。

其三，异常酌量性费用 AbDisx。异常酌量性费用 AbDisx，指公司研发、销售及管理费用等酌量性费用的异常部分。公司通过削减费用抬高利润，会让异常酌量性费用 AbDisx 偏低。公司为了抬高会计利润，通过削减研发、广告、维修和培训等销售和管理费用，造成公司当期的酌量性费用偏低，让公司异常酌量性费用偏低。

（1）异常经营现金流 AbCFO

$$\frac{CFO_{jt}}{A_{j,\ t-1}} = a_1\frac{1}{A_{j,\ t-1}} + a_2\frac{Sales_{jt}}{A_{j,\ t-1}} + a_3\frac{\Delta Sales_{jt}}{A_{j,\ t-1}} + \varepsilon_{jt} \tag{5-3}$$

首先，按模型（5-3）分年度分行业进行横截面回归，要求每个行业的样本数不少于 10 个，如果少于 10 个，则将其归属于相近的行业，下同。CFO_{jt}是公司的经营现金流，$Sales_{jt}$是公司的销售额，$\Delta Sales_{jt}$是公司销售变化额。其次，通过回归得到的系数估计出每个样本公司的正常经营现金流。最后，可算出异常经营现金流 AbCFO 为实际经营现金流与正常经营现金流的差值。

（2）异常生产成本 AbProd

$$\frac{Prod_{jt}}{A_{j,\ t-1}} = a_1\frac{1}{A_{j,\ t-1}} + a_2\frac{Sales_{jt}}{A_{j,\ t-1}} + a_3\frac{\Delta Sales_{jt}}{A_{j,\ t-1}} + a_4\frac{\Delta Sales_{j,\ t-1}}{A_{j,\ t-1}} + \varepsilon_{jt} \tag{5-4}$$

用模型（5-4）进行分年度分行业横截面回归得到估计参数并据此计算各个样本公司的正常生产成本，异常生产成本 AbProd 为实际生产成本与正常生产成本之差。$Prod_{jt}$是公司的生产成本，为销售成本与存货变动额之和；$Sales_{jt}$是公司当期的销售额；$\Delta Sales_{jt}$是公司当期的销售变化额；$\Delta Sales_{j,t-1}$是公司上期的销售变化额。

（3）异常酌量性费用 AbDisx

$$\frac{Disx_{jt}}{A_{j,\ t-1}} = a_1\frac{1}{A_{j,\ t-1}} + a_2\frac{Sales_{j,\ t-1}}{A_{j,\ t-1}} + \varepsilon_{jt} \tag{5-5}$$

依照模型（5-5）分年度分行业横截面回归得到估计参数并据此计算各个

样本公司的正常酌量性费用。异常酌量性费用 AbDisx 为实际酌量性费用与正常酌量性费用之差。$Disx_{jt}$是公司的酌量性费用，为研发、销售及管理费用之和，考虑到中国财务报表把研发费用合并到了管理费用的情况，本书用销售和管理费用替代；$Sales_{j,t-1}$是公司上期的销售额。

以上三个指标——异常经营现金流 AbCFO、异常生产成本 AbProd 和异常酌量性费用 AbDisx，体现了线上真实盈余管理的三种具体行为。公司向上操纵利润，可能采用线上真实盈余管理的一种行为或多种行为：低异常经营现金流 AbCFO，高异常生产成本 AbProd，抑或低异常酌量性费用 AbDisx。为了系统考量线上真实盈余管理的三种具体行为，仿照 Badertscher（2011）和 Zang（2012）的做法，将三个指标聚集成一个综合指标，综合线上真实盈余管理 RM=-AbCFO+AbProd-AbDisx。综合线上真实盈余管理指标 RM，表示其值越高，公司通过线上真实盈余管理向上操纵的利润越大。

5.3.2 监管者识别盈余管理的回归模型

为了检验本章的研究假设，参照 Haw 等（2005）的研究模型，构建如下回归模型进行检验：

$$EM = \alpha_0 + \alpha_1 Approve + \sum \alpha_i Control_i + \varepsilon \tag{5-6}$$

因变量：EM，为盈余管理变量，具体采用线下真实盈余管理 ENOI、应计盈余管理 DA、线上真实盈余管理 RM 表示。由于证监会将公司配股申请前三年的会计业绩作为其配股条件的考量内容①，因而，我们将公司配股申请前三年的盈余管理的均值作为盈余管理被监管者纳入监管范围的平均程度。

自变量：Approve，哑变量，如果公司配股申请被监管者核准通过，取值为 1，否则取值为 0。依照 Chen 和 Yuan（2004）及 Haw 等（2005）研究的逻辑思路，监管者能否识别公司的盈余管理，体现为盈余管理能否影响监管者考量公司配股条件的核准决策行为，因此，如果监管者能有效识别盈余管理，则盈余管理与公司配股申请被核准通过 Approve 显著负相关。如此，Approve 的回归系数反映了监管者识别盈余管理的程度。

控制变量 Control，包括如下变量：

非标审计意见 Mao，如果公司年报被出具非标准审计意见，取值为 1，否

---

① 如 2001 年配股管制要求，配股申请公司前三个会计年度加权平均净资产收益率平均不低于 6%。理论上讲，基于会计业绩的管制契约，会促使公司经理人进行盈余管理以满足个人利益（Watts & Zimmerman，1990）。已有实证研究发现，我国上市公司配股申请前三年存在盈余管理，如张祥建、徐晋（2005）和陆正飞、魏涛（2006）的研究。

则为0，用来控制审计意见的影响。

流动比率CR，衡量公司的经营风险，用来控制公司经营风险的影响。

资产负债率Lev，衡量公司的财务风险，用来控制公司财务风险的影响。

总资产收益率ROA，衡量公司业绩，用来控制公司业绩的影响。

公司成长性Growth，采用销售收入增长率来表示，用来控制公司成长性的影响。

公司规模Size，采用公司总资产的自然对数表示，用来控制公司规模的影响。

此外，为了控制模型中连续变量极端值的影响，本书对回归模型中的连续变量都进行了1%水平的Winsorize处理。

5.3.3 样本选取和数据来源

本章通过上市公司的董事会决议报告、股东大会决议报告和年报①手工收集1998—2003年度进行配股申请的上市公司作为本章的研究样本，这样便于考察2001年配股管制环境变迁前后的情况。选取研究样本的依据如下：在观察期间，公司董事会决议报告及股东大会决议报告和年报披露了配股议案和事项的，被视为该上市公司进行了配股申请，并作为本研究的初选样本；由于金融行业的特殊性，从研究样本中剔除金融类公司。最终得到研究样本532个，把配股申请获得核准通过的研究样本归为通过组，其他样本归为拒绝组，研究样本在观察期间的分布情况见表5.1。其他数据来自CSMAR数据库。

从表5.1可以发现，在配股管制变迁前三年有532家上市公司申请了配股融资，其中有452家公司的配股申请获得证监会审核通过，审核通过率为85.0%。在变迁后的2001—2003年，有251家上市公司提交了配股申请，其中有95家公司的配股申请获得证监会审核通过，审核通过率为37.8%。可见，由于2001年配股管制趋严，变迁后进行配股申请的公司数少于变迁前的公司数。并且，证监会对配股申请的审核通过率，在变迁后要低于在变迁前的审核通过率。出现这样的结果，可能与监管者的监管能力和管制环境趋严有关。

---

① 根据我国证监会的规定，公司配股申请的议案和事项需要在董事会公告、股东大会公告、年报里披露。

表 5.1 研究样本的分布情况

配股管制时期	年 度	通过组	拒绝组	合 计
变迁前	1998	125	26	151
	1999	140	25	165
	2000	187	29	216
	小计	452	80	532
变迁后	2001	43	52	95
	2002	20	46	66
	2003	32	58	90
	小计	95	156	251
	总 计	547	236	783

注：根据 2001 年的配股管制政策，把本章的研究窗口分为变迁前和变迁后管制时期。

5.4 实证结果及分析

5.4.1 描述性统计分析

表 5.2 是各变量在配股管制环境变迁前后的描述性统计分析结果。线下真实盈余管理 ENOI、应计盈余管理 DA，在变迁前三年的均值分别为 0.012 1、0.026 3，高于变迁后的均值 0.007 9、0.014 8，并在统计上显著。线上真实盈余管理 RM 也表现出相似的情形，在变迁前三年的均值为-0.005 4，高于变迁后的均值-0.023 7，通过了 t 检验，但没有通过秩检验。单变量分析表明，在变迁前，配股申请公司采用了更多的线下真实盈余管理和应计盈余管理。变迁前的配股申请被监管者核准通过 Approve 高于变迁后，在统计上显著，表明配股申请在变迁前被核准通过的可能性更高。

在控制变量中，流动比率 CR、总资产收益率 ROA，变迁前显著高于变迁后，其中总资产收益率，在变迁前均值为 0.079 5，在变迁后下降到 0.059 5，这可能与 2001 年配股管制变迁有关。① 公司成长性 Growth 和公司规模 Size，变迁前显著低于变迁后。

① 在 2001 年配股管制变迁前，配股申请公司的会计业绩要求为最近三年的净资产收益率平均在 10%以上，变迁后，降低为最近三个会计年度加权平均净资产收益率平均不低于 6%。

表 5.2　　管制环境变迁前后的描述性统计分析

	变迁前	变迁后	均值检验	秩检验
	均 值	均 值	t	z
ENOI	0.012 1	0.007 9	3.25***	2.34**
DA	0.026 3	0.014 8	2.19**	1.94*
RM	−0.005 4	−0.023 7	1.70*	1.51
Approve	0.849 6	0.378 5	13.71***	13.4***
Mao	0.107 1	0.095 6	0.50	0.49
CR	2.134 2	1.869 2	2.73***	1.69*
Lev	0.394 2	0.403 5	−0.87	−0.39
ROA	0.079 5	0.059 5	9.10***	9.38***
Growth	0.297 5	0.293 7	0.13	−2.72***
Size	20.423 7	20.808 5	−6.90***	−7.21***

注：
①秩检验为 Wilcoxon 秩检验。
②“*”“**”和“***”分别表示在 10%、5%和 1%水平下统计显著（双尾检验），下同。

5.4.2　回归结果分析

1. 相关性分析

表 5.3 是因变量盈余管理与自变量监管者核准通过的相关性分析结果。Pearson 相关性分析结果与 Spearman 的分析一致，这里只报告了 Pearson 相关性的分析结果。线下真实盈余管理 ENOI、应计盈余管理 DA、线上真实盈余管理 RM 与监管者核准通过 Approve 负相关，在统计上不显著，表明监管者审核配股条件时可能关注了上市公司盈余管理，但需要进一步检验。此外，应计盈余管理 DA 分别与线下真实盈余管理 ENOI 和线上真实盈余管理 RM 显著正相关，表明应计盈余管理对线下真实盈余管理和线上真实盈余管理具有一定的依赖性。

表 5.3　　因变量与自变量的相关性分析

	ENOI	DA	RM	Approve
ENOI	1			
DA	0.121 9***	1		
RM	−0.012 4	0.197 8***	1	
Approve	−0.027 9	−0.000 9	−0.024	1

注：相关性分析来自 Pearson 相关性分析结果。

2. 回归分析

表 5.4 是监管者识别盈余管理的多元回归结果。从线下真实盈余管理 ENOI 的回归结果看，监管者核准通过 Approve 的回归系数，变迁前显著为负，变迁后统计上不显著，表明监管者在变迁前能识别线下真实盈余管理，而在变迁后不能识别。但是，这并不能说明监管者的识别能力在变迁后出现下降，可能是由于 2001 年配股管制变迁将线下真实盈余管理纳入监管范围，使得线下真实盈余管理不能作为盈余管理的有效手段，监管者审核配股资格时也可能不再对其进行关注，存在管制效应，本章的假设 H1 得到支持。

表 5.4 监管者识别盈余管理的回归结果

	ENOI		DA		RM	
	变迁前	变迁后	变迁前	变迁后	变迁前	变迁后
Approve	-0.006 69	-0.000 404	0.007 16	-0.019 2	0.001 65	-0.025 4
	(-2.05)**	(-0.21)	(0.69)	(-2.55)**	(0.09)	(-1.53)
Mao	0.008 23	0.003 94	0.037 4	0.027 9	-0.002 41	0.026 3
	(2.12)**	(1.14)	(3.01)***	(1.87)*	(-0.12)	(0.91)
CR	-0.000 897	-0.000 473	0.010 6	-0.000 070 4	0.013 4	0.003 91
	(-1.50)	(-0.44)	(3.17)***	(-0.01)	(2.73)***	(0.31)
Lev	-0.009 65	0.017 3	0.050 8	-0.014 9	0.170	0.215
	(-1.14)	(1.85)*	(1.46)	(-0.30)	(2.51)**	(2.04)**
ROA	0.047 7	0.108	0.069 2	0.100	-0.878	0.423
	(1.05)	(1.67)*	(0.46)	(0.57)	(-2.70)***	(1.21)
Growth	0.002 79	0.002 36	-0.018 6	-0.015 4	-0.002 07	0.020 6
	(1.09)	(0.72)	(-3.04)***	(-1.28)	(-0.15)	(0.61)
Size	-0.002 29	-0.001 36	0.011 6	-0.000 508	-0.026 8	-0.019 2
	(-1.85)*	(-1.07)	(2.12)**	(-0.09)	(-3.02)***	(-1.55)
Constant	0.064 9	0.022 7	-0.264	0.034 7	0.515	0.257
	(2.54)**	(0.84)	(-2.33)**	(0.30)	(2.83)***	(0.99)
N	532	251	532	251	532	251
Adj. R^2	0.043	0.028	0.053	0.028	0.050	0.031
F	3.125***	1.442	5.035***	1.960*	4.908***	2.039**

注：

①连续变量进行了 1%水平的 Winsorize 处理，下同。

②括号里的为 t 值，经过了 White 异方差矫正，下同。

从表 5. 4 应计盈余管理 DA 的回归结果看，监管者核准通过 Approve 的回归系数，变迁前为负，统计上不显著，变迁后统计上显著为负，表明监管者在变迁前不能识别应计盈余管理，而在变迁后能识别。这说明，监管者的识别能力存在演进效应，随着时间的推移，监管者能识别应计盈余管理，本章的假设 H2 得到支持。

从表 5. 4 线上真实盈余管理 RM 的回归结果看，监管者核准通过 Approve 的回归系数，变迁前和变迁后在统计上都不显著，表明监管者在变迁前和变迁后两个时期都不能识别线上真实盈余管理。这说明，线上真实盈余管理具有比应计盈余管理更大的隐蔽性，不容易被识别，即使监管者的识别能力在管制环境变迁后由于演进效应有所提高，也不能识别，本章的假设 H3 没有得到支持。

表 5. 4 中的控制变量回归结果显示，非标审计意见 Mao，在线下真实盈余管理 ENOI 和应计盈余管理 DA 回归中都显著为正，表明非标审计意见可以对其进行揭示。流动比率 CR，变迁前在应计盈余管理 DA 和线上真实盈余管理 RM 的回归中都显著为正，表明具有正相关关系。资产负债率 Lev，在线上真实盈余管理 RM 的回归中显著为正，表明负债高的公司，采用线上真实盈余管理更多。总资产收益率 ROA，变迁前在线上真实盈余管理 RM 的回归中显著为负，表明业绩低的公司，采用线上真实盈余管理更多。公司成长性 Growth，变迁前在应计盈余管理 DA 的回归中显著为负，表明两者具有负相关关系。公司规模 Size，变迁前在应计盈余管理 DA 的回归中显著为正，而在线下真实盈余管理 ENOI 和线上真实盈余管理 RM 的回归中都显著为负。

5. 4. 3　进一步检验

1. 线下真实盈余管理的细分研究

根据 Haw 等（2005）的研究，线下真实盈余管理可以细分为来自投资活动和其他线下项目产生的收益管理。由此，我们采用经行业调整的投资收益率 IVS 和其他线下项目的收益率 OTH，表示线下真实盈余管理的细分内容，以此来检验哪类线下真实盈余管理活动容易被监管者识别。

表 5. 5 是监管者识别线下真实盈余管理细分内容的回归结果。在经行业调整的投资收益率 IVS 回归结果中，监管者核准通过 Approve 的回归系数，变迁前和变迁后都为负，但在统计上都不显著，表明来自投资活动的线下真实盈余管理不能被监管者识别。

表 5.5　　监管者识别线下真实盈余管理细分内容的回归结果

	IVS 变迁前	IVS 变迁后	OTH 变迁前	OTH 变迁后
Approve	-0.002 06	-0.001 50	-0.004 64	0.001 10
	(-0.95)	(-0.95)	(-1.73)*	(1.30)
Mao	0.005 30	0.001 33	0.002 94	0.002 61
	(1.62)	(0.47)	(1.66)*	(1.35)
CR	-0.000 810	-0.001 53	-0.000 086 3	0.001 05
	(-1.86)*	(-1.84)*	(-0.30)	(1.81)*
Lev	-0.013 7	0.009 36	0.004 04	0.007 96
	(-2.09)**	(1.40)	(0.84)	(1.53)
ROA	-0.005 62	0.099 1	0.053 3	0.009 26
	(-0.18)	(1.86)*	(1.86)*	(0.46)
Growth	0.003 93	-0.000 579	-0.001 14	0.002 94
	(1.58)	(-0.19)	(-1.43)	(1.98)**
Size	-0.001 12	0.000 258	-0.001 17	-0.001 62
	(-1.08)	(0.24)	(-1.69)*	(-2.88)***
Constant	0.036 7	-0.006 78	0.028 2	0.029 5
	(1.74)*	(-0.29)	(1.95)*	(2.61)***
N	532	251	532	251
Adj. R^2	0.028	0.025	0.029	0.074
F	1.983**	1.477	2.856***	3.098***

注：IVS 为经行业调整的投资收益率，OTH 为经行业调整的其他线下项目的利润率。根据 2006 年以前的旧会计准则，线下项目活动的非经营性利润率包括投资活动产生的收益率和其他线下项目的利润率，因此，经行业调整的投资收益率 IVS 和经行业调整的其他线下项目的利润率 OTH，可表示为线下真实盈余管理的细分内容。

在表 5.5 经行业调整的其他线下项目的收益率 OTH 回归结果中，监管者核准通过 Approve 的回归系数，变迁前显著为负，变迁后统计上不显著，说明监管者在变迁前能识别来自其他线下项目的线下真实盈余管理，而在变迁后不能识别。

上述经验数据表明，在配股管制变迁前，来自其他线下项目的线下真实盈余管理 OTH 比来自投资活动的线下真实盈余管理 IVS 更容易被监管者识别，但在变迁后，两者都不能被监管者识别。

2. 线上真实盈余管理的细分研究

本章的综合线上真实盈余管理指标 RM 是异常经营现金流 AbCFO、异常生产成本 AbProd 和异常酌量性费用 AbDisx 三种具体真实盈余管理行为的集成。因此，为了进一步考察线上真实盈余管理的细分内容被监管者识别的情况，本章把异常经营现金流 AbCFO、异常生产成本 AbProd 和异常酌量性费用 AbDisx 放入模型进行回归，结果见表 5.6。

表 5.6　　监管者识别线上真实盈余管理细分内容的回归结果

	AbCFO		AbProd		AbDisx	
	变迁前	变迁后	变迁前	变迁后	变迁前	变迁后
Approve	0.000 020 1	0.011 5	0.001 39	−0.008 51	−0.000 279	0.005 38
	(0.00)	(1.54)	(0.14)	(−1.01)	(−0.05)	(1.05)
Mao	−0.010 8	−0.017 0	−0.011 9	0.013 4	0.001 30	0.004 06
	(−0.91)	(−1.25)	(−1.20)	(0.78)	(0.24)	(0.54)
CR	−0.008 09	−0.002 52	0.002 28	−0.000 774	−0.003 07	−0.002 17
	(−2.26)**	(−0.52)	(0.85)	(−0.12)	(−2.37)**	(−0.66)
Lev	−0.086 4	−0.099 3	0.066 5	0.091 5	−0.017 2	−0.024 5
	(−2.18)**	(−2.09)**	(1.56)	(1.72)*	(−0.84)	(−0.86)
ROA	0.561	−0.002 01	−0.457	0.152	−0.140	−0.270
	(3.30)***	(−0.01)	(−2.20)**	(0.89)	(−2.17)**	(−2.43)**
Growth	−0.003 76	−0.013 4	−0.000 214	0.020 9	0.005 62	0.013 7
	(−0.43)	(−0.91)	(−0.03)	(1.20)	(1.66)*	(1.19)
Size	0.007 76	0.008 30	−0.011 4	0.001 15	0.007 60	0.012 0
	(1.53)	(1.38)	(−2.30)**	(0.18)	(3.03)***	(3.46)***
Constant	−0.146	−0.116	0.233	−0.087 9	−0.136	−0.229
	(−1.39)	(−0.95)	(2.37)**	(−0.63)	(−2.52)**	(−3.04)***
N	532	251	532	251	532	251
Adj. R^2	0.059	0.047	0.031	0.025	0.036	0.060
F	5.645***	2.313**	3.213***	1.802*	6.114***	4.449***

注：异常经营现金流 AbCFO、异常生产成本 AbProd、异常酌量性费用 AbDisx，为线上真实盈余管理的细分内容。

表 5.6 的结果显示，线上真实盈余管理的细分内容，异常经营现金流 AbCFO、异常生产成本 AbProd 和异常酌量性费用 AbDisx，在变迁前后监管者核准通过 Approve 的回归系数在统计上都不显著，说明监管者在变迁前后都不能

识别异常经营现金流、异常生产成本和异常酌量性费用这三种线上真实盈余管理的细分内容。

表 5.6 的经验结果，进一步表明本章的假设 H3 没有得到支持，监管者在变迁前后都不能识别线上真实盈余管理，即使监管者的识别能力在管制环境变迁后有所提高。

5.4.4 稳健性测试

为了考察结果的稳健性，我们做了如下检验：

其一，采用修正的 Jones 模型（DeChow，等，1995）对应计盈余管理进行模型回归。检验结果与前文的研究结论没有实质性差异。

其二，参照 Haw 等（2005）和 Szczesny 等（2008）的做法，采用非经营性利润率直接放入模型中回归。实证结果与前文的研究结论没有实质性差异。

其三，采用 Chen 和 Yuan（2004）监管者识别盈余管理的研究模型进行检验。检验结果与前文的研究结论没有实质性差异。

其四，为了控制横截面的自相关性，参照 Gow 等（2010）和 Petersen（2009）的建议进行了 Cluster 参差矫正。检验结果与前文的研究结论没有实质性差异。

5.5 本章小结

监管者识别盈余管理的研究，在国外市场不能找到一个适合的经验场景进行实证检验。尽管一些学者基于中国市场特有的配股管制环境进行实证考察，然而经验结论显得比较单薄，有待深入和细致的考察。本章结合我国配股管制环境的变迁，将盈余管理细分为线下真实盈余管理、应计盈余管理和线上真实盈余管理，考察管制效应和演进效应是否影响监管者识别盈余管理的能力及其变化，以此提供丰富的经验证据，拓展该领域的研究。

本章采用线下真实盈余管理被纳入管制范围的配股管制环境变迁前后两个时期的数据，即 2001 年配股管制政策颁布前后三年的数据，深入考察管制效应和演进效应是否影响监管者识别盈余管理的能力及其变化情况。本章的经验数据表明，监管者对上市公司盈余管理具有一定的识别能力，并且会受到管制环境变迁的影响，存在管制效应和演进效应。具体而言，在审核配股资格过程中，在管制环境变迁前，监管者能有效识别线下真实盈余管理，但是，在管制环境变迁后，由于线下真实盈余管理被纳入管制范围，监管者不再对其进行关注，而是关注应计盈余管理，并能显著识别。在线上真实盈余管理方面，由于其隐蔽性强，监管者并没有表现出显著的识别能力。

本章的启示如下：

（1）监管者不但能识别线下真实盈余管理，而且能识别应计盈余管理，表明监管者识别盈余管理的能力存在演进效应，加大监管者识别能力的培养和提高显得非常必要。

（2）管制环境的变迁会影响到监管者识别盈余管理的具体方式，因而，管制效应的存在表明市场需要合理使用政府管制的宏观力量和微观力量，这是我国证券市场改革必须关注的一个重点。

（3）线上真实盈余管理由于隐蔽性强还不能被识别，加强对线上真实盈余管理的外部监管和内部治理，对我国证券市场健康发展具有重要的意义。

6 盈余管理与审计意见监管有用性

本章基于我国特有的配股管制环境，考察审计意见对盈余管理的反应、审计意见监管有用性受盈余管理的影响及其经济后果。由于我国的配股管制处在不断的变迁过程中，特别是2001年的配股管制将审计意见纳入管制内容，意味着审计意见正式作为证监会对公司配股申请进行审核的一个基本条件，这一制度变迁可能会影响到审计意见在配股融资中的治理功能。因此，本章将这一配股管制的变迁纳入分析，以此区分并比较在审计意见纳入管制和未纳入管制两个时期审计意见对盈余管理的治理功能和产生的经济后果。

从本章的经验数据发现，非经营性盈余管理和应计盈余管理，在审计意见纳入管制时期和未纳入管制时期都被审计意见反映，并且反映的程度有上升的趋势，这表明我国证券市场上的审计意见的治理功能在逐渐提高。但是，真实盈余管理在变迁前和变迁后两个时期都没有被审计意见反映，印证了真实盈余管理具有较强的隐蔽性。进一步发现，审计意见的监管有用性仅在管制变迁前具有统计上的显著性，并且会受到非经营性盈余管理的影响，表现为非经营性盈余管理削弱了审计意见的监管有用性，但这仅体现在非国有企业，这表明监管者和审计意见在盈余管理的治理上具有替代关系。最后，在对经济后果的考察上，审计意见与配股后的经营业绩具有相关性，即非标准审计意见与配股后的经营业绩显著负相关，但只在变迁后的国有企业得到体现，这表明我国的配股管制具有有效性。并且，审计意见与配股后的经营业绩的相关性会受到真实盈余管理的影响，表现为真实盈余管理降低了审计意见与配股后的经营业绩的相关性，但只在国有企业得到体现。导致这一情形的原因在于，真实盈余管理隐蔽性强，审计意见不能对其进行有效反映。

本章的研究结果表明，审计意见对盈余管理具有一定的治理效应，由于真实盈余管理具有隐蔽性，审计意见并不能对其有效反映。同时，审计意见的监管有用性仅在管制变迁前具有统计上的显著性，并且会受到盈余管理的影响，但仅受到非经营性盈余管理的影响，并且只体现在非国有企业。审计意见的治理作用会在国有企业的配股业绩上得到体现，但这会受到真实盈余管理的影响。

本章的结构安排如下：第一部分为引言，第二部分为理论分析与研究假设，第三部分为研究设计和数据样本，第四部分为实证结果及分析，第五部分为研究结论及启示。

6.1 引言

盈余管理一直以来都是备受理论界和实务界关注的焦点话题（Schipper，1989；DeFond，2010；Francis，2011）。如同对公司股东和经理人的决策有用性一样，审计意见对监管者同样也具有决策有用性，即监管有用性（王良成，等，2011）。然而，审计意见的监管有用性是否受到盈余管理的影响，至今仍未得到仔细考察。

由此，本章立足于中国特殊的配股管制环境，考察审计意见监管有用性受盈余管理的影响及其经济后果。这对推动和深化审计理论的研究有着极其重要的理论意义和现实意义。

审计意见的决策有用性，体现着审计意见的治理作用和信息功能，是维系证券市场健康发展的重要微观基础（Ball，2001；Wallace，2004；Francis，2011）。这对新兴市场国家尤为重要，其原因在于：相比于发达市场国家，新兴市场国家的投资者保护环境差，更需要审计意见的治理作用和信息功能来支撑和推动市场的运行和发展（Fan & Wong，2005；Choi & Wong，2007；Gul，等，2009）。因此，加强新兴市场国家的审计意见决策有用性的研究，有着极其重要的意义。

审计意见决策有用性的高低，关键在于审计意见是否很好地对公司的会计信息质量进行鉴证和反映，而会计信息质量最容易受到盈余管理的影响。关于盈余管理是否通过影响会计信息质量来影响审计意见的签发，现有研究存在较多争论。并且，现有的文献多从应计盈余管理研究审计意见的治理作用，而鲜有文献从非经营性盈余管理和真实盈余管理考察审计意见的治理作用，更缺乏文献从非经营性盈余管理、应计盈余管理与真实盈余管理系统考察审计意见监管有用性受盈余管理的影响及其经济后果。

因此，本章着眼于我国的制度特征，研究非经营性盈余管理、应计盈余管理与真实盈余管理对审计意见监管有用性的影响及其经济后果，为该领域的研究增添新的知识，为中国及其他新兴市场国家证券市场的建设提供科学依据，有着极其重要的理论价值和现实意义。

中国的资本市场具有转型经济的特征，制度变迁比较快。在对上市公司配股管制上，也是如此。明确强调将审计意见纳入配股管制的制度变迁，是2001年中国证监会颁布的配股政策。[①] 在这之前，审计意见还没有明确纳入配股管制的内容，而在2001年管制变迁之后，审计意见正式作为证监会对上市公司配股申请进行审核的一个基本条件。因此，将这一管制变迁纳入分析，考察审计意见受盈余管理的影响及其经济后果是否在不同的管制环境具有差异。不可否认，这将为深入理解管制与审计的治理作用提供新的视角和经验知识，具有重要的理论意义和现实意义。

由此，本章选择2001年配股管制变迁前后三年的数据，考察应计盈余管理与真实盈余管理对审计意见监管有用性的影响及其经济后果。而在这之前，需要明确一个理论假定，即非经营性盈余管理、应计盈余管理与真实盈余管理是否被审计意见揭示和反映。

本章的经验数据显示，非经营性盈余管理和应计盈余管理，在审计意见纳入管制时期和未纳入管制时期都被审计意见反映，并且反映的程度有上升的趋势，这表明我国证券市场上的审计意见的治理功能在逐渐提高。但是，真实盈余管理在变迁前和变迁后两个时期都没有被审计意见反映，印证了真实盈余管理具有较强的隐蔽性。进一步发现，审计意见的监管有用性仅在管制变迁前具有统计上的显著性，并且会受到非经营性盈余管理的影响，表现为非经营性盈余管理削弱了审计意见的监管有用性，但这仅体现在非国有企业，这表明监管者和审计意见在盈余管理的治理上具有替代关系。最后，在对经济后果的考察上，审计意见与配股后的经营业绩具有相关性，即非标准审计意见与配股后的经营业绩显著负相关，但只在变迁后的国有企业得到体现，这表明我国的配股管制具有有效性。并且，审计意见与配股后的经营业绩的相关性会受到真实盈余管理的影响，表现为真实盈余管理降低了审计意见与配股后的经营业绩的相关性，但只在国有企业得到体现。导致这一情形的原因在于，真实盈余管理隐蔽性强，审计意见不能对其进行有效反映。

---

① 具体参见2001年证监会1号文件《上市公司新股发行管理办法》。

本章可能的贡献如下：

（1）本项目从非经营性盈余管理、应计盈余管理与真实盈余管理三个方面，系统考察盈余管理对审计意见的影响，进而考察对审计意见监管有用性的影响，具有理论上的原创性，极大丰富了会计和审计理论方面的研究。

（2）从会计业绩考察应计盈余管理与真实盈余管理对审计意见监管有用性的影响产生的经济后果，对比其差异，探讨其深刻的制度原因和理论基础，推进审计工作对会计信息质量和资本市场建设的治理效应方面的研究。

（3）将管制变迁纳入分析框架，考察审计意见受盈余管理的影响及其经济后果是否在不同的管制环境具有差异，并分析其差异产生的原因，为深入理解管制与审计的治理作用提供新的视角和经验知识。

6.2 理论分析与研究假设

审计意见的监管有用性彰显着审计的治理作用和信息功能，对证券市场的健康发展具有重要的支撑作用。尤其对新兴市场来说，审计意见的监管有用性更为重要。因为新兴市场监管比较盛行，监管者是证券市场建设的参与方，监管者是否发挥有效的治理作用，将会对证券市场的健康发展产生重大影响（Frye & Shleifer，1997；Glaeser，等，2001；Pistor & Xu，2005）。

显然，审计意见的监管有用性是否得到有效发挥，关键在于审计意见是否很好地对公司的会计信息质量进行鉴证和反映，而会计信息质量最容易受到盈余管理的影响。因此，在考察盈余管理对审计意见监管有用性的影响之前，需要明确审计意见是否对公司的盈余管理进行反映。

然而，关于盈余管理是否通过影响会计信息质量来影响审计意见的签发，现有研究存在较多争论。比如，Francis 和 Krishnan（1999）、Bartov 等（2001）、Ajona 等（2008）认为，尽管盈余管理会降低会计报表的信息质量，但是审计意见会对盈余管理进行反映而产生治理作用。然而，Bradshaw 等（2001）及 Rosner（2003）对此质疑，Butler 等（2004）提供的美国的经验证据显示，被出具非标准审计意见的公司，其盈余管理并不高于被出具标准审计意见的公司，表明盈余管理不能被审计意见有效反映而具有传导效应。

在中国市场上的研究，同样集中在对应计盈余管理与审计意见关系的考察，并且也存在争议。Chen 等（2001）研究中国的证券市场发现，审计意见对退市和配股公司的应计盈余管理行为具有治理作用。然而，王跃堂、陈世敏

(2001) 和夏立军、杨海斌 (2002) 的研究并不完全支持这一观点。后续的研究也存在争议。如章永奎和刘峰 (2002)、徐浩萍 (2004)、李春涛等 (2006) 的研究认为，审计意见能够揭示应计盈余管理而具有治理作用。但是，李东平等 (2001)、薄仙慧和吴联生 (2011) 的研究不支持这一观点。

那么，到底审计意见能否对盈余管理进行有效反映呢？这是需要进一步进行经验检验的问题。

更重要的是，盈余管理分为应计盈余管理和真实盈余管理两个方面 (Schipper，1989；Healy & Wahlen，1999)。而且，中国的上市公司还可以通过非经营性项目进行盈余管理，即非经营性盈余管理 (Chen & Yuan，2004；Haw，等，2005)。根据 Roychowdhury (2006) 的定义，应计盈余管理，是在财务报告过程中采取改变会计方法和会计估计来管理盈余，只影响公司的应计利润而不影响公司的现金流，而真实盈余管理，是采取偏离公司正常的业务活动来管理盈余，影响公司的现金流从而损害了公司长期价值。

就这三种盈余管理是否容易被识别和发现的程度而言，真实盈余管理的隐蔽性最强，应计盈余管理次之，非经营性盈余管理的隐蔽性最弱 (Haw，等，2005；Graham，等，2005)。因此，这三种盈余管理被审计意见反映的情形可能会有所差异。一种可能的情形是，非经营性盈余管理和应计盈余管理能被审计意见反映，而由于真实盈余管理的隐蔽性强，可能不能被审计意见反映。由此，提出本章的假设 H1。

假设 H1：非经营性盈余管理和应计盈余管理能被审计意见反映，而真实盈余管理不能被审计意见反映。

2001 年中国证监会颁布的配股政策，明确强调将审计意见纳入配股管制的内容。这一管制变迁，意味着审计意见正式作为证监会对上市公司配股申请进行审核的一个基本条件，也可能意味着审计意见的治理功能会受到影响。因此，本章将 2001 年的配股管制变迁纳入分析，比较在不同管制环境下审计意见对盈余管理的反映情况。

审计意见的监管有用性，指监管者依据审计意见的信息含量用于决策的使用程度。尽管王良成等 (2011) 指出了审计意见监管有用性的经验存在，发现监管者在审核上市公司股权再融资 (Seasoned Equity Offerings，SEO) 资格时，会依据审计意见的信息含量用于决策，但是，盈余管理是否影响审计意见的监管有用性，在理论和实证上仍是需要考察的问题。特别地，非经营性盈余管理、应计盈余管理与真实盈余管理三种盈余管理对审计意见监管有用性的影响是否有差异，更需要进一步的探讨。

在理论上而言，盈余管理对审计意见监管有用性的影响，可能存在以下两种情况：

一种情况是，盈余管理能够被审计意见反映，审计意见的监管有用性可能不会受到影响。但是也有可能提升审计意见的监管有用性，因为此时审计意见的信息功能可能更大，从而让审计意见更具有决策有用性，即监管者与审计意见之间在盈余管理的治理上存在互补效应。同时，也有可能降低审计意见的监管有用性，因为，既然盈余管理已被审计意见反映，监管者可能更关注没有被审计意见反映的盈余管理，即监管者与审计意见之间在盈余管理的治理上存在替代效应，从而削弱了审计意见的监管有用性。

另外一种情况是，盈余管理不能被审计意见反映，审计意见的监管有用性可能会受到影响而出现下降。

因此，盈余管理对审计意见监管有用性的影响是一个经验问题。并且，盈余管理有三种具体方式，即非经营性盈余管理、应计盈余管理与真实盈余管理。它们对审计意见监管有用性的影响可能会有所差异。因为盈余管理具有一定的隐蔽性，而在隐蔽性的表现上，三种盈余管理的隐蔽性又有所不同：真实盈余管理的隐蔽性最强，应计盈余管理次之，非经营性盈余管理的隐蔽性最弱。因此，三种盈余管理是否都会对审计意见监管有用性产生影响，以及影响的程度是否一致，这是一个需要进行经验检验的问题。鉴于上述分析，在此提出假设 H2。

假设 H2：非经营性盈余管理、应计盈余管理与真实盈余管理，都会影响审计意见的监管有用性。

国有企业的“预算软约束”和“政治庇护”，导致国有企业的公司治理水平不高（Shleifer & Vishny，1994；林毅夫，等，2004）。这可能会影响审计意见在国有企业的治理功能，进而影响到审计意见的监管有用性。Chen 等（2011）发现，我国国有企业先天的治理缺陷，会削弱独立审计的治理功能和产生的经济价值。因此，审计意见在国有企业的监管有用性可能会被削弱，同时，也会冲击到盈余管理对审计意见监管有用性的影响。由此，本章对国有企业和非国有企业进行对比分析，考察审计意见监管有用性在两者中的差异以及受盈余管理影响的差异。

审计意见监管有用性的经济后果，昭示着审计的治理功能在优化资源配置效率中的作用。如果审计意见体现了监管有用性，审计意见对公司的未来经营业绩就具有预测作用。也就是说，审计意见与公司未来的经营业绩具有相关性，即非标准审计意见与公司未来的经营业绩显著负相关。同时，盈余管理对审计意见与公司未来经营业绩的相关性可能会产生影响。

如前所述，由于盈余管理对审计意见监管有用性的影响，可能是提升或削弱审计意见的监管有用性，甚至可能不会对审计意见监管有用性产生影响，因此，盈余管理对审计意见与公司未来经营业绩的相关性产生的影响，同样可能是提升或削弱两者的相关性，也可能是不影响两者的相关性。由于这是一个经验问题，本章提出假设 H3。

假设 H3：审计意见与公司未来的经营业绩具有相关性，这种相关性会受到盈余管理的影响。

同时，本章也考察了国有企业和非国有企业在不同管制时期的审计意见与公司未来的经营业绩的相关性，发现这种相关性会受到盈余管理的影响。

6.3 研究设计和数据样本

6.3.1 盈余管理的计量

1. 非经营性盈余管理

借鉴 Chen 和 Yuan（2004）及 Haw 等（2005）的研究，用经行业调整的非经营性利润率衡量非经营性盈余管理（也称为线下真实盈余管理），具体如下：

$$\text{ENOI}=\text{NOI}-\text{NOI\_ind} \tag{6-1}$$

ENOI 为经行业调整的非经营性利润率，为了与下面两种盈余管理的计算一致，用上年的总资产进行标准化。NOI 为用上年的总资产进行标准化的非经营性利润率，NOI_ind 为非经营性利润率行业的中位数。

2. 应计盈余管理

采用 Jones 模型（Jones，1991）来估计操纵性应计，以此表征应计盈余管理。

$$\frac{TA_{i,\ t}}{A_{i,\ t-1}}=a_0\left(\frac{1}{A_{i,\ t-1}}\right)+a_1\left(\frac{\Delta REV_{i,\ t}}{A_{i,\ t-1}}\right)+a_2\left(\frac{PPE_{i,\ t}}{A_{i,\ t-1}}\right)+\varepsilon_{i,\ t} \tag{6-2}$$

参考 DeChow 等（1995）的做法，对模型（6-2）分年度分行业进行横截面回归，并且，要求每个行业的样本数不少于 10 个，如果少于 10 个，则将其归属于相近的行业。$TA_{i,t}$是公司总应计利润，为经营利润减去经营活动现金流之差；$\Delta REV_{i,t}$为公司主营业务收入的变化额；$PPE_{i,t}$是公司固定资产账面价值；$A_{i,t-1}$是公司的总资产。用模型（6-2）回归得到的回归系数计算正常性应计 $NDA_{i,t}$，从而计算操纵性应计 $DA_{i,t}=TA_{i,t}-NDA_{i,t}$。

3. 线上真实盈余管理

参照 Roychowdhury（2006）和 Cohen 等（2008）的模型来估计线上真实盈余管理，包括三个方面：异常经营现金流 AbCFO、异常生产成本 AbProd 和异常酌量性费用（如研发、销售及管理费用）AbDisx。①

其一，异常经营现金流 AbCFO。异常经营现金流 AbCFO，指公司经营活动产生的现金流的异常部分。公司通过促销增加销量进而抬高公司利润，会导致异常经营现金流 AbCFO 偏低。公司为了抬高会计利润，通过价格折扣和宽松的信用条款等促销方式来增加销量从而形成超常销售，产生“薄利多销”的账上利润放大效应。但是，促销形成的超常销售，会降低单位产品的现金流量，而且，在既定的销售收入现金实现水平下，还会增加公司的销售应收款，增大公司坏账产生的财务风险，同时，降低公司当期现金流。并且，超常销售实际上已经超过公司正常销售水平，会增加公司相关的销售费用，吞噬公司的现金流。然而，只要产品销售能带来正的边际利润，超常销售还是会抬高公司的会计利润。因而结果是，促销形成的超常销售，抬高了公司当年利润，却因单位产品现金流量的降低和销售费用的上升，出现异常经营现金流 AbCFO 偏低。

其二，异常生产成本 AbProd。异常生产成本 AbProd，被定义为销售成本与当年存货变动额之和的异常部分，换言之，生产成本为销售成本与当年存货变动额之和。公司通过超常产量抬高公司利润，会让异常生产成本 AbProd 偏高。公司为了抬高会计利润，通过超量生产来摊低单位产品承担的固定成本，但是，超量生产实际上已经超过公司正常生产水平，会增加单位产品的边际生产成本，然而，只要单位固定成本下降的幅度高于单位边际生产成本上升的幅度，单位销售成本上就会出现下降，从而达到提高公司业绩的目的。但是，超量生产会导致产品的大量积压，增加公司的存货成本。结果是，在既定的销量水平下，超量生产虽然通过降低单位销售成本抬高了公司业绩，反而由于边际生产成本的上升和存货成本的增加，出现生产成本偏高，即在会计上表现为销售成本与当年增加的存货成本之和的提升，也导致异常生产成本 AbProd 偏高。

其三，异常酌量性费用 AbDisx。异常酌量性费用 AbDisx，指公司研发、销售及管理费用等酌量性费用的异常部分。公司通过削减费用抬高利润，会让异常酌量性费用 AbDisx 偏低。公司为了抬高会计利润，通过削减研发、广告、维修和培训等销售和管理费用，造成公司当期的酌量性费用偏低，让公司异常

① 异常经营现金流 AbCFO、异常生产成本 AbProd 和异常酌量性费用 AbDisx，都用上一年的总资产进行标准化。

酌量性费用偏低。

（1）异常经营现金流 AbCFO

$$\frac{CFO_{jt}}{A_{j,\ t-1}} = a_1 \frac{1}{A_{j,\ t-1}} + a_2 \frac{Sales_{jt}}{A_{j,\ t-1}} + a_3 \frac{\Delta Sales_{jt}}{A_{j,\ t-1}} + \varepsilon_{jt} \tag{6-3}$$

首先，按模型（6-3）分年度分行业进行横截面回归，要求每个行业的样本数不少于 10 个，如果少于 10 个，则将其归属于相近的行业，下同。CFO_{jt}是公司的经营现金流，$Sales_{jt}$是公司的销售额，$\Delta Sales_{jt}$是公司销售变化额。其次，通过回归得到的系数估计出每个样本公司的正常经营现金流。最后，可算出异常经营现金流 AbCFO 为实际经营现金流与正常经营现金流的差值。

（2）异常生产成本 AbProd

$$\frac{Prod_{jt}}{A_{j,\ t-1}} = a_1 \frac{1}{A_{j,\ t-1}} + a_2 \frac{Sales_{jt}}{A_{j,\ t-1}} + a_3 \frac{\Delta Sales_{jt}}{A_{j,\ t-1}} + a_4 \frac{\Delta Sales_{j,\ t-1}}{A_{j,\ t-1}} + \varepsilon_{jt} \tag{6-4}$$

用模型（6-4）进行分年度分行业横截面回归得到估计参数来计算各个样本公司的正常生产成本，异常生产成本 AbProd 为实际生产成本与正常生产成本之差。$Prod_{jt}$是公司的生产成本，为销售成本与存货变动额之和；$Sales_{jt}$是公司当期的销售额；$\Delta Sales_{jt}$是公司当期的销售变化额；$\Delta Sales_{j,t-1}$是公司上期的销售变化额。

（3）异常酌量性费用 AbDisx

$$\frac{Disx_{jt}}{A_{j,\ t-1}} = a_1 \frac{1}{A_{j,\ t-1}} + a_2 \frac{Sales_{j,\ t-1}}{A_{j,\ t-1}} + \varepsilon_{jt} \tag{6-5}$$

依照模型（6-5）分年度分行业横截面回归得到估计参数并据此计算各个样本公司的正常酌量性费用。异常酌量性费用 AbDisx 为实际酌量性费用与正常酌量性费用之差。$Disx_{jt}$是公司的酌量性费用，为研发、销售及管理费用之和，考虑到中国财务报表把研发费用合并到了管理费用的情况，本章用销售和管理费用替代；$Sales_{j,t-1}$是公司上期的销售额。

以上三个指标，即异常经营现金流 AbCFO、异常生产成本 AbProd 和异常酌量性费用 AbDisx，体现了线上真实盈余管理的三种具体行为。公司向上操纵利润，可能采用线上真实盈余管理的一种行为或多种行为：低异常经营现金流 AbCFO，高异常生产成本 AbProd，抑或低异常酌量性费用 AbDisx。为了系统考量线上真实盈余管理的三种具体行为，仿照 Badertscher（2011）和 Zang（2012）的做法，将三个指标聚集成一个综合指标，综合线上真实盈余管理 RM=-AbCFO+AbProd-AbDisx。综合线上真实盈余管理指标 RM，表示其值越高，公司通过线上真实盈余管理向上操纵的利润越大。

6.3.2 回归模型

1. 假设 H1 的检验模型

为了考察审计意见对盈余管理的反映，本书参照 DeFond 等（2000）及 Chan 和 Wu（2010）的模型，构建如下检验模型：

$$Mao = \alpha + \beta_1 EM + \sum \gamma_i Control_i + \varepsilon \quad (6\text{-}6)$$

因变量：审计意见 Mao，为虚拟变量，如果公司被出具非标准审计意见，取值为 1，否则为 0。

解释变量：盈余管理 EM，具体以非经营性盈余管理 ENOI、应计盈余管理 DA 和真实盈余管理 RM 来衡量。

控制变量 Control，包括如下变量：

会计师事务所规模 Big，如果公司聘请的会计师事务所为前十大会计师事务所，取值为 1，否则为 0，会计师事务所规模以其客户公司总资产之和计算，放入该变量，是为了控制大规模会计师事务所和小规模会计师事务所在发表审计意见上的差异。

总资产周转率 Aturn，流动比率 CR，用以控制公司运营风险对审计意见的影响。

应收账款占总资产的比率 Rec，存货占总资产的比例 Inv，资产负债率 Lev，用以控制公司的财务风险对审计意见的影响。

总资产收益率 ROA，总资产的自然对数 Size，用以控制公司的业绩和资产规模对审计意见的影响。

同时，为了控制连续变量中的极端值的影响，本章对模型中的所有连续变量均进行 1%水平的 Winsorize 处理。

2. 假设 H2 的检验模型

为了考察盈余管理对审计意见监管有用性的影响，参照 Chen 和 Yuan（2004）的研究方法，构建如下检验模型：

$$Approve = \alpha + \beta_1 Mao + \beta_2 EM + \beta_3 EM \times Mao + \sum \gamma_i Control_i + \varepsilon \quad (6\text{-}7)$$

因变量：Approve，虚拟变量，如果上市公司的配股申请被证监会审核通过，取值为 1，否则取值为 0。

解释变量：审计意见 Mao，如果配股申请前三年被出具非标审计意见，取值为 1，否则为 0。

盈余管理 EM，具体以非经营性盈余管理 ENOI、应计盈余管理 DA 和真实盈余管理 RM 来衡量，采用的是配股申请前三年的平均值。

交乘项 EM×Mao，为盈余管理 EM 与审计意见 Mao 的交乘项，考察盈余管理对审计意见监管有用性的边际影响。

控制变量 Control，包括如下变量：

行业保护 Protect，虚拟变量，如果公司属于农业、能源、原材料、基础设施、高科技等国家重点保护性行业，取值为 1，否则为 0，是为了控制行业保护政策的影响。

流动比率 CR，资产负债率 Lev，这两个指标表示样本公司对权益融资的需求程度，是为了控制公司权益融资的需求程度的影响。

公司业绩 ROA，为公司配股申请前三年总资产收益率的平均值，用来控制公司业绩的影响。

公司成长性 Growth，用主营业务收入增长率来衡量，公司规模 Size，取其自然对数，以此控制公司成长性和规模的影响。

需要说明的是，考虑到证监会对配股申请的审核，故以公司最近年度的信息为依据进行决策，特别是审计意见 Mao、盈余管理 EM、公司业绩 ROA，证监会要求以其配股申请前最近三年的数据进行审核。因此，回归模型中的控制变量流动比率 CR、资产负债率 Lev、公司业绩 ROA、公司成长性 Growth、公司规模 Size，均以配股申请前最近三年的均值度量。

同时，为了控制连续变量中的极端值的影响，本章对模型中的所有连续变量均进行 1%水平的 Winsorize 处理。

3. 假设 H3 的检验模型

为了检验审计意见监管有用性的经济后果以及受盈余管理的影响，照 Chen 和 Yuan（2004）的研究方法，构建如下检验模型：

$$\text{IARoa} = \alpha + \beta_1 \text{Mao} + \beta_2 \text{EM} + \beta_3 \text{EM} \times \text{Mao} + \sum \gamma_i \text{Control}_i + \varepsilon \qquad (6-8)$$

因变量：IARoa，公司配股后业绩，采用公司配股后三年的经行业调整的总资产营业利润率的平均值衡量。

解释变量：审计意见 Mao，如果配股申请前三年被出具非标审计意见，取值为 1，否则为 0。

盈余管理 EM，具体以非经营性盈余管理 ENOI、应计盈余管理 DA 和真实盈余管理 RM 来衡量，采用的是配股申请前三年的平均值。

交乘项 EM×Mao，为盈余管理 EM 与审计意见 Mao 的交乘项，考察盈余管理对审计意见监管有用性的边际影响。

控制变量 Control，包括如下变量：

行业保护 Protect，虚拟变量，如果公司属于农业、能源、原材料、基础设施、高科技等国家重点保护性行业，取值为 1，否则为 0，是为了控制行业保护政策的影响。

公司成长性 Growth，用主营业务收入增长率来衡量，采取配股申请前一年的数值，控制公司成长性的影响。

资产负债率 Lev，采用负债与总资产的比率，采取配股申请前一年的数值，控制公司财务风险的影响。

公司规模 Size，取其自然对数，采取配股申请前一年的数值，控制公司成长性和规模的影响。

公司业绩 ROA，为公司配股申请前一年总资产收益率，控制公司配股前的业绩的影响。

此外，为了控制连续变量中的极端值的影响，本章对模型中的所有连续变量均进行 1%水平的 Winsorize 处理。

6.3.3 数据样本

本章通过上市公司的董事会决议报告、股东大会决议报告和年报[①]手工收集 1998—2003 年度进行配股申请的上市公司作为本章的研究样本，这样便于考察 2001 年配股管制环境变迁前后的情况。选取研究样本的依据如下：在观察期间，公司董事会决议报告及股东大会决议报告和年报披露了配股议案和事项的，被视为该上市公司进行了配股申请，并作为本研究的初选样本；由于金融行业的特殊性，从研究样本中剔除金融类公司。最后，得到研究样本 532 个，把配股申请获得核准通过的研究样本归为通过组，其他的样本归为拒绝组，研究样本在观察期间的分布情况见表 6.1。其他数据来自 CSMAR 数据库。

表 6.1　　研究样本的分布情况

配股管制时期	年 度	通过组	拒绝组	合 计
变迁前	1998	125	26	151
	1999	140	25	165
	2000	187	29	216
	小计	452	80	532

① 根据我国证监会的规定，公司配股申请的议案和事项需要在董事会公告、股东大会公告、年报里披露。

表6.1(续)

配股管制时期	年 度	通过组	拒绝组	合 计
变迁后	2001	43	52	95
	2002	20	46	66
	2003	32	58	90
	小计	95	156	251
	总计	547	236	783

注：根据 2001 年的配股管制政策，把本部分的研究窗口分为变迁前和变迁后管制时期。

从表 6.1 可以发现，在配股管制变迁前三年有 532 家上市公司申请了配股融资，其中有 452 家公司的配股申请获得证监会审核通过，审核通过率为 85.0%。在变迁后的 2001—2003 年，有 251 家上市公司提交了配股申请，其中有 95 家公司的配股申请获得证监会审核通过，审核通过率为 37.8%。可见，由于 2001 年配股管制趋严，变迁后进行配股申请的公司数少于变迁前的公司数。并且，证监会对配股申请的审核通过率，在变迁后要低于在变迁前的审核通过率。导致这样的结果，可能与监管者的监管能力和管制环境趋严有关。

6.4 实证结果及分析

6.4.1 假设 H1 的检验

1. 描述性统计分析

表 6.2 是回归模型（6-6）中各变量的描述性统计分析结果。可以发现，2001 年的配股管制变迁前的审计意见 Mao，在配股申请前三年签发非标准审计意见的概率的均值为 0.083 2，高于 2001 年变迁后的非标准审计意见概率的均值 0.048 3，并在统计上显著，表明 2001 年将审计意见纳入管制对上市公司有一定的威慑作用，导致变迁后的非标准审计意见的概率显著下降。非经营性盈余管理 ENOI，在变迁前的均值为 0.010 3，高于变迁后的均值 0.007 2，在均值检验上统计显著。同样，应计盈余管理 DA，在变迁前的均值为 0.037 7，高于变迁后的均值 0.019 4，在均值检验和 Wilcoxon 秩检验上统计显著。数据表明，变迁前非经营性盈余管理和应计盈余管理，都要高于变迁后。而真实盈余管理 RM，在变迁前和变迁后没有显著差异。应收账款的比率 Rec，在变迁前的均值为 0.224，统计上显著高于变迁后的均值 0.163 8。公司业绩 ROA，在

变迁前的均值为 0.073 5，统计上显著高于变迁后的均值 0.058 7。但是，公司规模 Size，在变迁前的均值低于变迁后的均值。

表 6.2　　描述性统计分析结果

	变迁前	变迁后	t	z
	均值	均值		
Mao	0.083 2	0.048 3	2.59***	2.51**
ENOI	0.010 3	0.007 2	2.55**	1.10
DA	0.037 7	0.019 4	3.13***	2.41**
RM	-0.018 2	-0.029 2	1.06	1.25
Big	0.338 2	0.329 3	0.34	0.34
Aturn	0.602 1	0.563 9	1.68*	1.13
Cr	1.793 3	1.754 2	0.55	0.27
Rec	0.224	0.163 8	9.56***	9.15***
Inv	0.147 9	0.142 1	0.89	0.70
Lev	0.422 1	0.416	0.74	1.21
ROA	0.073 5	0.058 7	8.00***	9.30***
Size	20.526 1	20.861 3	-7.94***	-8.33***

注：

① t 值是均值检验得到的统计值，z 值是 Wilcoxon 秩检验得到统计值。

② “*”“**”和“***”分别表示在 10%、5%和 1%水平下统计显著（双尾检验），下同。

2. 回归分析

表 6.3 报告了回归模型（6-6）审计意见与盈余管理的回归结果。可以发现，非经营性盈余管理 ENOI 对审计意见 Mao 的回归系数，在 2001 年管制变迁前和变迁后都在统计上显著为正，并且变迁后的回归系数偏大。结果表明，非经营性盈余管理在 2001 年管制变迁前和变迁后都被审计意见进行了反映，并且在变迁后有上升的趋势。类似地，应计盈余管理 DA 对审计意见 Mao 的回归系数，在 2001 年管制变迁前和变迁后都在统计上显著为正，并且变迁后的回归系数偏大。这意味着，应计盈余管理在 2001 年管制变迁前和变迁后都被审计意见进行了反映，并且在变迁后有上升的趋势。真实盈余管理 RM 对审计意见 Mao 的回归系数，在 2001 年管制变迁前和变迁后都不在统计上显著，表明真实盈余管理在 2001 年管制变迁前和变迁后都没有被审计意见反映，从而印证了真实盈余的隐蔽性较强。回归结果支持了本章的研究假设 H1，即非经营性盈余管理和应计盈余管理被审计意见反映，而真实盈余管理不能被审计意

见反映。

在控制变量方面，大型规模会计师事务所 Big，在对审计意见的影响上，与小型规模会计师事务所没有显著差异。总资产周转率 Aturn 的回归系数为负，但仅在变迁前在统计上显著，表明公司的经营风险会影响到审计意见的签发。应收账款比率 Rec 的回归系数，在变迁前和变迁后都在统计上显著为正，表明公司的财务风险会影响到审计意见的签发。公司的存货比例 Inv 的回归系数为负，但仅在变迁前在统计上显著，表明公司的存货管理风险会影响到审计意见的签发。公司业绩 ROA 的回归系数为负，但仅在变迁前在统计上显著，表明公司的业绩会影响到审计意见的签发。而其他控制变量的回归结果表明，流动比率 CR、资产负债率 Lev、公司规模 Size 没有明显对审计意见的签发产生显著影响。

表 6.3　　审计意见与盈余管理的回归结果

	因变量：Mao					
	变迁前	变迁后	变迁前	变迁后	变迁前	变迁后
ENOI	14.991 3	18.515 4				
	(3.11)***	(1.93)*				
DA			4.195 8	4.484 1		
			(3.59)***	(1.89)*		
RM					0.910 0	0.526 1
					(1.60)	(0.89)
Big	0.254 1	−0.103 3	0.341 9	−0.039 7	0.008 5	−0.022 1
	(0.89)	(−0.24)	(1.17)	(−0.09)	(0.05)	(−0.11)
Aturn	−1.237 0	−0.339 0	−1.336 6	−0.358 0	−0.734 9	−0.170 3
	(−2.13)**	(−0.53)	(−2.25)**	(−0.59)	(−2.33)**	(−0.52)
CR	−0.013 8	0.218 7	−0.133 9	0.143 0	−0.030 4	0.087 9
	(−0.15)	(1.72)*	(−1.26)	(1.19)	(−0.58)	(1.36)
Rec	2.136 9	3.524 6	0.876 2	2.800 8	1.639 8	1.636 8
	(1.83)*	(2.13)**	(0.75)	(1.86)*	(2.55)**	(1.94)*
Inv	−2.603 3	2.355 6	−3.175 4	1.629 5	−1.673 3	0.698 7
	(−1.75)*	(1.20)	(−2.38)**	(0.82)	(−2.00)**	(0.77)
Lev	−1.845 2	3.257 1	−1.790 6	3.597 2	−1.253 9	0.900 2
	(−1.40)	(1.09)	(−1.38)	(1.25)	(−1.81)*	(0.81)
ROA	−21.671 5	−10.327 6	−19.593 0	−4.855 7	−10.529 4	−5.168 2
	(−2.69)***	(−0.91)	(−2.25)**	(−0.54)	(−2.44)**	(−1.03)

表6.3(续)

	因变量：Mao					
	变迁前	变迁后	变迁前	变迁后	变迁前	变迁后
Size	-0.147 9	-0.368 1	-0.286 1	-0.377 4	-0.009 3	-0.062 8
	(-0.77)	(-1.10)	(-1.40)	(-1.16)	(-0.08)	(-0.45)
Constant	3.021 4	2.443 1	6.252 0	2.575 7	0.357 9	-0.882 6
	(0.73)	(0.40)	(1.44)	(0.43)	(0.15)	(-0.32)
N	745	580	745	580	492	525
pseudo R^2	0.107	0.078	0.117	0.076	0.116	0.057
Chi^2	32.879 4***	11.758 4	39.274 8***	18.573 4**	33.168 0***	10.072 7

注：

①因变量审计意见 Mao，如果为非标准审计意见，取值为 1，否则为 0；解释变量，ENOI 为非经营性盈余管理，DA 为应计盈余管理，RM 为真实盈余管理。

②“变迁前”为 2001 年配股管制变迁之前，“变迁后”为 2001 年配股管制变迁之后。

③括号里的为 t 值，经过了 White 异方差矫正。“*”“**”和“***”分别表示在 10%、5%和 1%水平下统计显著，下同。

6.4.2 假设 H2 的检验

1. 描述性统计分析

表 6.4 是回归模型（6-7）中各变量的描述性统计分析结果。可以发现，2001 年配股管制变迁前，上市公司的配股申请通过率 Approve 的均值为 0.849 6，显著高于 2001 年变迁后的 Approve 的均值 0.378 5，这可能与配股管制趋严有关。审计意见 Mao，在配股申请前三年被出示过非标准审计意见的概率，在变迁前后没有显著差异。非经营性盈余管理 ENOI，在配股申请前三年的均值，尽管在变迁前后都为正，但是在变迁前后有显著差异，变迁前的非经营性管理显著高于变迁后。同样，应计盈余管理 DA，在配股申请前三年的均值，尽管在变迁前后都为正，但是在变迁前后有显著差异，变迁前的应计盈余管理显著高于变迁后。这表明，尽管在变迁前后配股申请公司都通过非经营性盈余管理和应计盈余管理来调增公司业绩，但是由于管制加强的原因，非经营性盈余管理 ENOI 和应计盈余管理 DA，在变迁后出现了显著的下降。真实盈余管理 RM，在配股申请前三年的均值，在变迁前后有显著差异，并且，在变迁前后都为负数。这表明，配股申请公司在变迁前后没有采用真实盈余管理来调增利润。

配股申请前三年公司的流动比率 CR，变迁前显著高于变迁后。配股申请前三年的公司业绩 ROA，变迁前显著高于变迁后，这主要是由配股管制对业绩要求降低的原因引起的。配股申请前三年的公司规模 Size 均值，变迁前低于变迁后。公司成长性 Growth，Wilcoxon 秩检验的统计值显示，变迁前显著低于变迁后。

表 6.4　　　　描述性统计分析结果

	变迁前	变迁后	t	z
	均值	均值		
Approve	0.849 6	0.378 5	13.71***	13.4***
Mao	0.107 1	0.095 6	0.5	0.49
ENOI	0.012 1	0.007 9	3.25***	2.34**
DA	0.026 3	0.014 8	2.19**	1.94*
RM	−0.005 4	−0.023 7	1.7*	1.51
Protect	0.468	0.482 1	−0.37	−0.37
CR	2.134 2	1.869 2	2.73***	1.69*
Lev	0.394 2	0.403 5	−0.87	−0.39
ROA	0.079 5	0.059 5	9.09***	9.38***
Growth	0.297 5	0.293 6	0.13	−2.72***
Size	20.423 7	20.808 5	−6.9***	−7.21***

注：

① t 值是均值检验得到的统计值，z 值是 Wilcoxon 秩检验得到的统计值。

② “*”“**”和“***”分别表示在 10%、5%和 1%水平下统计显著（双尾检验），下同。

2. 回归分析

（1）非经营性盈余管理与审计意见监管有用性

表 6.5 是非经营性盈余管理与审计意见监管有用性的回归结果。可以发现，审计意见 Mao 对证监会审核通过 Approve 的回归系数，仅在变迁前显著为负，表明审计意见仅在变迁前具有监管有用性，即审计意见显著影响证监会对配股申请的审核结果，非标准审计意见显著降低了公司的配股申请被证监会审核通过的可能性。在变迁后，审计意见 Mao 对证监会审核通过 Approve 的回归系数，在统计上不显著，这可能由于审计意见被纳入管制，监管者在管制变迁后对审计意见不合格者要求其进行调整，使得非标意见被调整后向标准意见趋同，导致两者没有实质性差异，因而在统计上对监管者的审核决策没有表现出显著差异。

非经营性盈余管理 ENOI 对审核通过 Approve 的回归系数，在变迁前在统计上显著为负，表明非经营性盈余管理不利于公司的配股申请被证监会审核通过。但是，非经营性盈余管理 ENOI 与审计意见 Mao 的交乘项 ENOI×Mao，其回归系数在统计上不显著，表明非经营性盈余管理对审计意见的监管有用性没有产生显著影响，即非经营性盈余管理没有提升也没有降低审计意见的监管有用性。

在控制变量方面，公司业绩 ROA 的回归系数显著为正，表明业绩好的公司其配股申请通过证监会审核的可能性更高。公司规模 Size 的回归系数显著为正，表明规模大的公司有利于其配股申请获得证监会的审核通过。

表 6.5　　非经营性盈余管理与审计意见监管有用性的回归结果

	因变量：Approve					
	变迁前			变迁后		
	(1)	(2)	(3)	(1)	(2)	(3)
Mao	-0.581 9	-0.503 9	-0.540 2	-0.246 4	-0.241 5	-0.287 4
	(-3.11) ***	(-2.65) ***	(-2.32) **	(-0.84)	(-0.83)	(-0.80)
ENOI		-7.791 0	-8.198 2		-1.294 6	-1.791 7
		(-2.43) **	(-2.26) **		(-0.22)	(-0.29)
ENOI×Mao			1.783 4			3.964 0
			(0.25)			(0.22)
Protect	0.061 8	0.038 3	0.039 9	-0.017 3	-0.018 2	-0.018 5
	(0.45)	(0.28)	(0.29)	(-0.10)	(-0.11)	(-0.11)
CR	-0.046 6	-0.054 3	-0.054 1	-0.038 3	-0.038 3	-0.039 1
	(-1.07)	(-1.22)	(-1.22)	(-0.34)	(-0.34)	(-0.35)
Lev	0.079 6	0.041 6	0.046 1	-0.651 8	-0.627 3	-0.645 8
	(0.10)	(0.05)	(0.06)	(-0.69)	(-0.66)	(-0.68)
ROA	8.163 3	9.302 2	9.291 7	7.251 9	7.393 9	7.452 9
	(2.26) **	(2.40) **	(2.41) **	(1.74) *	(1.71) *	(1.71) *
Growth	0.293 5	0.325 5	0.326 6	-0.418 1	-0.415 3	-0.418 9
	(1.45)	(1.61)	(1.62)	(-1.49)	(-1.48)	(-1.49)
Size	0.266 2	0.246 1	0.247 4	0.235 8	0.234 3	0.237 1
	(2.73) ***	(2.48) **	(2.50) **	(1.91) *	(1.89) *	(1.91) *
Constant	-4.959 3	-4.502 9	-4.526 5	-5.172 3	-5.149 5	-5.198 8
	(-2.42) **	(-2.17) **	(-2.19) **	(-1.99) **	(-1.98) **	(-1.99) **
N	532	532	532	251	251	251

表6.5(续)

	因变量：Approve					
	变迁前			变迁后		
	(1)	(2)	(3)	(1)	(2)	(3)
Pseudo R^2	0.064	0.078	0.078	0.036	0.036	0.036
Chi^2	27.736 2***	33.090 6***	33.234 0***	10.481 8	10.356 0	10.449 9

注：

①因变量 Approve，虚拟变量，如果公司的配股申请被证监会审核通过，取值为 1，否则为 0。解释变量 Mao，虚拟变量，如果公司配股申请前三年被出具非标准审计意见，取值为 1，否则为 0；ENOI 为非经营性盈余管理，采用公司配股申请前三年的均值衡量。

②“变迁前”为 2001 年配股管制变迁之前，“变迁后”为 2001 年配股管制变迁之后。

③括号里的为 z 值，经过了 White 异方差矫正。“*”“**”和“***”分别表示在 10%、5%和 1%水平下统计显著，下同。

表 6.6 是国有企业样本的非经营性盈余管理与审计意见监管有用性的回归结果。可以发现，在国有企业样本的回归结果里，审计意见 Mao 对证监会审核通过 Approve 的回归系数，在管制变迁前和变迁后两个时期，在统计上都不显著。这表明审计意见在国有企业里不具有监管有用性。

非经营性盈余管理 ENOI 与审计意见 Mao 的交乘项 ENOI×Mao，回归系数也在统计上不显著。这表明在国有企业里，盈余管理对审计意见监管有用性没有显著影响。

表 6.6　非经营性盈余管理与审计意见监管有用性的回归结果：国有企业

	因变量：Approve					
	变迁前			变迁后		
	(1)	(2)	(3)	(1)	(2)	(3)
Mao	-0.354 8	-0.320 3	-0.157 0	-0.553 7	-0.547 5	-0.799 5
	(-1.60)	(-1.45)	(-0.49)	(-1.55)	(-1.51)	(-1.79)*
ENOI		-7.313 3	-6.342 0		-4.404 0	-7.366 1
		(-1.89)*	(-1.56)		(-0.65)	(-1.07)
ENOI×Mao			-10.281 9			20.184 8
			(-0.79)			(0.96)
Protect	0.082 8	0.072 0	0.070 5	-0.023 6	-0.023 6	-0.024 8
	(0.54)	(0.47)	(0.46)	(-0.12)	(-0.12)	(-0.13)
CR	-0.046 9	-0.051 7	-0.054 8	-0.115 3	-0.114 2	-0.122 4
	(-1.00)	(-1.08)	(-1.14)	(-0.76)	(-0.75)	(-0.79)

表6.6(续)

	因变量：Approve					
	变迁前			变迁后		
	(1)	(2)	(3)	(1)	(2)	(3)
Lev	0.286 7	0.223 7	0.171 8	-0.050 1	0.081 3	-0.002 2
	(0.34)	(0.26)	(0.20)	(-0.04)	(0.07)	(-0.00)
ROA	8.504 8	8.964 9	8.965 8	16.075 7	17.019 6	17.966 7
	(2.06)**	(2.10)**	(2.11)**	(3.04)***	(3.02)***	(3.19)***
Growth	0.456 6	0.482 8	0.476 5	-0.298 2	-0.288 9	-0.322 7
	(1.67)*	(1.83)*	(1.81)*	(-0.86)	(-0.84)	(-0.92)
Size	0.249 6	0.233 4	0.226 0	0.262 1	0.256 7	0.276 3
	(2.34)**	(2.15)**	(2.09)**	(1.74)*	(1.70)*	(1.81)*
Constant	-4.764 6	-4.349 2	-4.180 6	-6.308 9	-6.272 7	-6.656 3
	(-2.11)**	(-1.91)*	(-1.83)*	(-1.98)**	(-1.96)**	(-2.07)**
N	448	448	448	199	199	199
Pseudo R^2	0.054	0.064	0.066	0.061	0.063	0.067
Chi^2	19.368 6***	21.472 0***	22.942 3***	15.726 4**	15.270 3*	17.160 7**

注：

①回归样本是国有企业样本。因变量 Approve，虚拟变量，如果公司的配股申请被证监会审核通过，取值为1，否则为0。解释变量 Mao，虚拟变量，如果公司配股申请前三年被出具非标准审计意见，取值为1，否则为0；ENOI 为非经营性盈余管理，采用公司配股申请前三年的均值衡量。

②"变迁前"为2001年配股管制变迁之前，"变迁后"为2001年配股管制变迁之后。

③括号里的为 *z* 值，经过了 White 异方差矫正。"*""**"和"***"分别表示在10%、5%和1%水平下统计显著，下同。

表6.7是非国有企业样本的非经营性盈余管理与审计意见监管有用性的回归结果。可以发现，在非国有企业样本的回归结果里，审计意见 Mao 对证监会审核通过 Approve 的回归系数，仅在变迁前在统计上显著，并且回归系数为负。这表明非国有企业的审计意见具有监管有用性，非标审计意见会降低非国有企业配股申请获得证监会审核通过的可能性。

非经营性盈余管理 ENOI 与审计意见 Mao 的交乘项 ENOI×Mao，回归系数在变迁前统计上显著为正。这表明在非国有企业里，非经营性盈余管理对审计意见监管有用性产生显著影响，表现为非经营性盈余管理降低了审计意见的监管有用性。尽管在变迁后，交乘项 ENOI×Mao 的回归系数在统计上显著，但由于在变迁后审计意见不具有监管有用性，因而也不存在审计意见监管有用性是否受盈余管理的影响。

表 6.7　非经营性盈余管理与审计意见监管有用性的回归结果：非国有企业

	因变量：Approve					
	变迁前			变迁后		
	(1)	(2)	(3)	(1)	(2)	(3)
Mao	-1.299 5	-1.136 0	-1.863 4	0.543 2	0.560 3	4.707 7
	(-3.21)***	(-2.48)**	(-3.37)***	(0.79)	(0.82)	(2.45)**
ENOI		-5.726 6	-14.311 1		-2.008 2	4.125 3
		(-0.84)	(-2.07)**		(-0.14)	(0.29)
ENOI×Mao			21.348 5			-229.928 9
			(2.19)**			(-3.16)***
Protect	0.037 2	-0.027 7	0.078 2	-0.050 4	-0.057 9	-0.051 4
	(0.11)	(-0.08)	(0.22)	(-0.12)	(-0.14)	(-0.12)
CR	0.002 6	-0.016 5	-0.042 3	0.113 8	0.112 4	0.095 8
	(0.02)	(-0.10)	(-0.23)	(0.68)	(0.67)	(0.57)
Lev	0.375 2	0.161 5	0.432 4	-1.861 3	-1.872 7	-2.283 8
	(0.17)	(0.07)	(0.18)	(-1.00)	(-1.01)	(-1.20)
ROA	9.712 6	11.020 5	13.162 4	-0.937 8	-0.856 6	-1.662 4
	(1.19)	(1.22)	(1.54)	(-0.16)	(-0.15)	(-0.28)
Growth	0.000 8	0.045 0	0.092 1	-0.423 5	-0.406 7	-0.479 6
	(0.00)	(0.23)	(0.49)	(-0.82)	(-0.76)	(-0.84)
Size	0.401 1	0.378 7	0.481 7	0.074 8	0.074 9	0.064 6
	(1.62)	(1.44)	(1.83)*	(0.32)	(0.32)	(0.27)
Constant	-7.934 2	-7.346 7	-9.539 9	-1.357 5	-1.347 8	-0.918 4
	(-1.64)	(-1.45)	(-1.94)*	(-0.28)	(-0.28)	(-0.19)
N	84	84	84	52	52	52
Pseudo R^2	0.176	0.190	0.234	0.077	0.077	0.121
Chi^2	14.789 0**	16.822 6**	20.376 7**	6.730 8	7.014 1	18.825 8**

注：

①回归样本是非国有企业样本。因变量 Approve，虚拟变量，如果公司的配股申请被证监会审核通过，取值为 1，否则为 0。解释变量 Mao，虚拟变量，如果公司配股申请前三年被出具非标准审计意见，取值为 1，否则为 0；ENOI 为非经营性盈余管理，采用公司配股申请前三年的均值衡量。

②“变迁前”为 2001 年配股管制变迁之前，“变迁后”为 2001 年配股管制变迁之后。

③括号里的为 *z* 值，经过了 White 异方差矫正。“*”“**”和“***”分别表示在 10%、5%和 1%水平下统计显著，下同。

（2）应计盈余管理与审计意见监管有用性

表6.8是应计盈余管理与审计意见监管有用性的回归结果。可以发现，应计盈余管理DA与审计意见Mao的交乘项DA×Mao的回归系数，在变迁前和变迁后两个时期，在统计上都不显著。这表明应计盈余管理对审计意见的监管有用性没有产生显著影响，即应计盈余管理既没有提升也没有降低审计意见的监管有用性。

表6.8　应计盈余管理与审计意见监管有用性的回归结果

	因变量：Approve					
	变迁前			变迁后		
	（1）	（2）	（3）	（1）	（2）	（3）
Mao	−0.5819	−0.6003	−0.5703	−0.2464	−0.1324	−0.1754
	(−3.11)***	(−3.16)***	(−2.59)***	(−0.84)	(−0.45)	(−0.51)
DA		0.5106	0.6057		−3.8821	−4.0382
		(0.61)	(0.65)		(−2.59)***	(−2.53)**
DA×Mao			−0.5904			1.1838
			(−0.27)			(0.26)
Protect	0.0618	0.0593	0.0590	−0.0173	−0.0006	0.0014
	(0.45)	(0.43)	(0.43)	(−0.10)	(−0.00)	(0.01)
CR	−0.0466	−0.0518	−0.0523	−0.0383	−0.0441	−0.0409
	(−1.07)	(−1.18)	(−1.19)	(−0.34)	(−0.39)	(−0.36)
Lev	0.0796	0.0640	0.0593	−0.6518	−0.7740	−0.7233
	(0.10)	(0.08)	(0.08)	(−0.69)	(−0.78)	(−0.74)
ROA	8.1633	8.1186	8.1258	7.2519	7.5588	7.5425
	(2.26)**	(2.25)**	(2.24)**	(1.74)*	(1.70)*	(1.69)*
Growth	0.2935	0.3055	0.3095	−0.4181	−0.4839	−0.4906
	(1.45)	(1.49)	(1.49)	(−1.49)	(−1.67)*	(−1.69)*
Size	0.2662	0.2572	0.2567	0.2358	0.2350	0.2295
	(2.73)***	(2.69)***	(2.68)***	(1.91)*	(1.87)*	(1.82)*
Constant	−4.9593	−4.7695	−4.7581	−5.1723	−5.0611	−4.9692
	(−2.42)**	(−2.37)**	(−2.36)**	(−1.99)**	(−1.92)*	(−1.88)*
N	532	532	532	251	251	251
Pseudo R^2	0.064	0.064	0.065	0.036	0.056	0.056

表6.8(续)

	因变量：Approve					
	变迁前			变迁后		
	(1)	(2)	(3)	(1)	(2)	(3)
Chi^2	27.736 2***	27.698 2***	27.636 1***	10.481 8	15.455 7*	15.522 1*

注：

①因变量 Approve，虚拟变量，如果公司的配股申请被证监会审核通过，取值为1，否则为0。解释变量 Mao，虚拟变量，如果公司配股申请前三年被出具非标准审计意见，取值为1，否则为0；DA 为应计盈余管理，采用公司配股申请前三年的均值衡量。

②“变迁前”为2001年配股管制变迁之前，“变迁后”为2001年配股管制变迁之后。

③括号里的为z值，经过了White异方差矫正。“*”“**”和“***”分别表示在10%、5%和1%水平下统计显著，下同。

表6.9是国有企业样本的应计盈余管理与审计意见监管有用性的回归结果。可以发现，在国有企业样本的回归结果里，应计盈余管理 DA 与审计意见 Mao 的交乘项 DA×Mao 的回归系数，在变迁前和变迁后两个时期，在统计上都不显著。这表明国有企业的应计盈余管理对审计意见的监管有用性没有产生显著影响，即国有企业的应计盈余管理既没有提升也没有降低审计意见的监管有用性。

表6.9　应计盈余管理与审计意见监管有用性的回归结果：国有企业

	因变量：Approve					
	变迁前			变迁后		
	(1)	(2)	(3)	(1)	(2)	(3)
Mao	-0.354 8	-0.369 0	-0.295 4	-0.553 7	-0.428 6	-0.395 3
	(-1.60)	(-1.65)*	(-1.11)	(-1.55)	(-1.19)	(-0.99)
DA		0.464 8	0.673 1		-3.993 0	-3.835 8
		(0.48)	(0.64)		(-2.16)**	(-1.94)*
DA×Mao			-1.528 2			-1.070 6
			(-0.56)			(-0.20)
Protect	0.082 8	0.081 0	0.078 9	-0.023 6	0.019 3	0.017 0
	(0.54)	(0.53)	(0.52)	(-0.12)	(0.10)	(0.09)
CR	-0.046 9	-0.051 6	-0.053 0	-0.115 3	-0.164 7	-0.167 2
	(-1.00)	(-1.09)	(-1.12)	(-0.76)	(-1.11)	(-1.13)
Lev	0.286 7	0.286 6	0.273 6	-0.050 1	-0.436 9	-0.473 6
	(0.34)	(0.34)	(0.33)	(-0.04)	(-0.37)	(-0.40)

表6.9(续)

	因变量：Approve					
	变迁前			变迁后		
	(1)	(2)	(3)	(1)	(2)	(3)
ROA	8.504 8	8.544 6	8.590 3	16.075 7	16.884 5	16.993 6
	(2.06) **	(2.07) **	(2.07) **	(3.04) ***	(3.18) ***	(3.19) ***
Growth	0.456 6	0.472 6	0.478 4	-0.298 2	-0.434 0	-0.422 7
	(1.67) *	(1.72) *	(1.73) *	(-0.86)	(-1.19)	(-1.15)
Size	0.249 6	0.240 5	0.239 8	0.262 1	0.279 3	0.284 9
	(2.34) **	(2.29) **	(2.28) **	(1.74) *	(1.79) *	(1.84) *
Constant	-4.764 6	-4.585 1	-4.569 6	-6.308 9	-6.423 6	-6.532 2
	(-2.11) **	(-2.05) **	(-2.04) **	(-1.98) **	(-1.95) *	(-1.99) **
N	448	448	448	199	199	199
Pseudo R^2	0.054	0.055	0.056	0.061	0.080	0.080
Chi^2	19.368 6 ***	19.316 2 **	19.432 8 **	15.726 4 **	22.570 2 ***	22.848 6 ***

注：

①回归样本是国有企业样本。因变量 Approve，虚拟变量，如果公司的配股申请被证监会审核通过，取值为 1，否则为 0。解释变量 Mao，虚拟变量，如果公司配股申请前三年被出具非标准审计意见，取值为 1，否则为 0；DA 为应计盈余管理，采用公司配股申请前三年的均值衡量。

②“变迁前”为 2001 年配股管制变迁之前，“变迁后”为 2001 年配股管制变迁之后。

③括号里的为 z 值，经过了 White 异方差矫正。“ * ”“ ** ”和“ *** ”分别表示在 10%、5%和 1%水平下统计显著，下同。

表 6.10 是非国有企业样本的应计盈余管理与审计意见监管有用性的回归结果。可以发现，在非国有企业样本的回归结果里，应计盈余管理 DA 与审计意见 Mao 的交乘项 DA×Mao 的回归系数，在变迁前和变迁后两个时期，在统计上都不显著。这表明非国有企业的应计盈余管理对审计意见的监管有用性没有产生显著影响，即非国有企业的应计盈余管理既没有提升也没有降低审计意见的监管有用性。

表 6.10　应计盈余管理与审计意见监管有用性的回归结果：非国有企业

	因变量：Approve					
	变迁前			变迁后		
	(1)	(2)	(3)	(1)	(2)	(3)
Mao	-1.299 5	-1.407 9	-1.695 2	0.543 2	0.646 4	0.578 4
	(-3.21) ***	(-3.43) ***	(-3.64) ***	(0.79)	(1.02)	(0.75)

表6.10(续)

	因变量：Approve					
	变迁前			变迁后		
	(1)	(2)	(3)	(1)	(2)	(3)
DA		1.957 7	0.786 7		-6.174 0	-6.343 7
		(1.12)	(0.40)		(-1.79)*	(-1.68)*
DA×Mao			4.469 1			1.409 4
			(1.15)			(0.14)
Protect	0.037 2	0.028 8	0.025 8	-0.050 4	-0.256 3	-0.253 7
	(0.11)	(0.08)	(0.07)	(-0.12)	(-0.55)	(-0.54)
CR	0.002 6	-0.011 1	-0.003 4	0.113 8	0.221 2	0.224 4
	(0.02)	(-0.07)	(-0.02)	(0.68)	(1.23)	(1.23)
Lev	0.375 2	0.248 2	0.432 8	-1.861 3	-0.795 6	-0.711 8
	(0.17)	(0.11)	(0.20)	(-1.00)	(-0.39)	(-0.33)
ROA	9.712 6	9.373 2	10.342 2	-0.937 8	0.233 9	0.316 8
	(1.19)	(1.24)	(1.35)	(-0.16)	(0.04)	(0.05)
Growth	0.000 8	0.015 1	-0.011 1	-0.423 5	-0.535 2	-0.530 9
	(0.00)	(0.08)	(-0.06)	(-0.82)	(-0.96)	(-0.96)
Size	0.401 1	0.390 4	0.405 9	0.074 8	0.032 1	0.025 2
	(1.62)	(1.58)	(1.66)*	(0.32)	(0.14)	(0.11)
Constant	-7.934 2	-7.654 3	-8.100 3	-1.357 5	-0.880 1	-0.777 3
	(-1.64)	(-1.59)	(-1.71)*	(-0.28)	(-0.20)	(-0.17)
N	84	84	84	52	52	52
Pseudo R^2	0.176	0.187	0.197	0.077	0.126	0.127
Chi^2	14.789 0**	15.945 2**	19.128 1**	6.730 8	10.727 7	10.764 7

注：

①回归样本是非国有企业样本。因变量 Approve，虚拟变量，如果公司的配股申请被证监会审核通过，取值为 1，否则为 0。解释变量 Mao，虚拟变量，如果公司配股申请前三年被出具非标准审计意见，取值为 1，否则为 0；DA 为应计盈余管理，采用公司配股申请前三年的均值衡量。

②“变迁前”为 2001 年配股管制变迁之前，“变迁后”为 2001 年配股管制变迁之后。

③括号里的为 z 值，经过了 White 异方差矫正。“*”“**”和“***”分别表示在 10%、5%和 1%水平下统计显著，下同。

（3）真实盈余管理与审计意见监管有用性

表 6.11 是真实盈余管理与审计意见监管有用性的回归结果。可以发现，真实盈余管理 RM 与审计意见 Mao 的交乘项 RM×Mao 的回归系数，在变迁前和

变迁后两个时期，在统计上都不显著。这表明真实盈余管理对审计意见的监管有用性没有产生显著影响，即真实盈余管理既没有提升也没有降低审计意见的监管有用性。

表 6.11　　真实盈余管理与审计意见监管有用性的回归结果

	因变量：Approve					
	变迁前			变迁后		
	(1)	(2)	(3)	(1)	(2)	(3)
Mao	−0.581 9	−0.582 0	−0.581 7	−0.246 4	−0.220 8	−0.221 7
	(−3.11)***	(−3.11)***	(−3.11)***	(−0.84)	(−0.75)	(−0.75)
RM		−0.014 0	−0.033 2		−1.008 7	−0.901 7
		(−0.03)	(−0.07)		(−1.53)	(−1.31)
RM×Mao			0.171 2			−1.138 2
			(0.13)			(−0.50)
Protect	0.061 8	0.061 7	0.061 3	−0.017 3	−0.003 2	−0.008 9
	(0.45)	(0.45)	(0.44)	(−0.10)	(−0.02)	(−0.05)
CR	−0.046 6	−0.046 4	−0.046 4	−0.038 3	−0.035 1	−0.041 6
	(−1.07)	(−1.06)	(−1.06)	(−0.34)	(−0.31)	(−0.37)
Lev	0.079 6	0.081 7	0.085 7	−0.651 8	−0.452 3	−0.516 9
	(0.10)	(0.11)	(0.11)	(−0.69)	(−0.47)	(−0.53)
ROA	8.163 3	8.152 2	8.145 7	7.251 9	7.533 6	7.641 8
	(2.26)**	(2.24)**	(2.24)**	(1.74)*	(1.78)*	(1.79)*
Growth	0.293 5	0.293 5	0.291 4	−0.418 1	−0.410 0	−0.385 9
	(1.45)	(1.44)	(1.43)	(−1.49)	(−1.46)	(−1.35)
Size	0.266 2	0.265 9	0.266 1	0.235 8	0.214 6	0.218 6
	(2.73)***	(2.70)***	(2.71)***	(1.91)*	(1.73)*	(1.76)*
Constant	−4.959 3	−4.953 5	−4.957 8	−5.172 3	−4.873 5	−4.926 1
	(−2.42)**	(−2.40)**	(−2.40)**	(−1.99)**	(−1.88)*	(−1.90)*
N	532	532	532	251	251	251
Pseudo R^2	0.064	0.064	0.064	0.036	0.043	0.044
Chi^2	27.736 2***	27.741 4***	27.767 8***	10.481 8	12.876 6	13.255 3

注：

①因变量 Approve，虚拟变量，如果公司的配股申请被证监会审核通过，取值为 1，否则为 0。解释变量 Mao，虚拟变量，如果公司配股申请前三年被出具非标准审计意见，取值为 1，否则为 0；RM 为真实盈余管理，采用公司配股申请前三年的均值衡量。

②“变迁前”为 2001 年配股管制变迁之前，“变迁后”为 2001 年配股管制变迁之后。

③括号里的为 z 值，经过了 White 异方差矫正。“*”“**”和“***”分别表示在 10%、5%和 1%水平下统计显著，下同。

表 6.12 是国有企业的真实盈余管理与审计意见监管有用性的回归结果。可以发现，在国有企业样本的回归结果里，真实盈余管理 RM 与审计意见 Mao 的交乘项 RM×Mao 的回归系数，在变迁前统计上不显著，在变迁后统计上显著，但由于在变迁后审计意见不具有监管有用性，因而也不存在审计意见监管有用性是否受真实盈余管理的影响。所以，经验结果表明，国有企业的真实盈余管理对审计意见的监管有用性没有产生显著影响，即国有企业的真实盈余管理既没有提升也没有降低审计意见的监管有用性。

表 6.12　真实盈余管理与审计意见监管有用性的回归结果：国有企业

	因变量：Approve					
	变迁前			变迁后		
	(1)	(2)	(3)	(1)	(2)	(3)
Mao	-0.354 8	-0.362 1	-0.340 5	-0.553 7	-0.544 7	-0.659 9
	(-1.60)	(-1.63)	(-1.52)	(-1.55)	(-1.54)	(-1.81)*
RM		-0.253 7	-0.354 4		-0.566 4	-0.022 1
		(-0.52)	(-0.69)		(-0.78)	(-0.03)
RM×Mao			0.965 0			-4.898 5
			(0.64)			(-1.77)*
Protect	0.082 8	0.083 2	0.082 0	-0.023 6	-0.014 1	-0.036 7
	(0.54)	(0.55)	(0.54)	(-0.12)	(-0.07)	(-0.19)
CR	-0.046 9	-0.043 2	-0.042 8	-0.115 3	-0.111 1	-0.156 3
	(-1.00)	(-0.91)	(-0.91)	(-0.76)	(-0.73)	(-1.00)
Lev	0.286 7	0.332 3	0.374 1	-0.050 1	0.052 8	-0.185 0
	(0.34)	(0.40)	(0.45)	(-0.04)	(0.05)	(-0.15)
ROA	8.504 8	8.363 1	8.398 6	16.075 7	16.164 1	18.116 7
	(2.06)**	(2.01)**	(2.02)**	(3.04)***	(3.08)***	(3.29)***
Growth	0.456 6	0.459 6	0.450 4	-0.298 2	-0.310 5	-0.133 7
	(1.67)*	(1.66)*	(1.64)	(-0.86)	(-0.89)	(-0.37)
Size	0.249 6	0.245 6	0.246 9	0.262 1	0.251 7	0.274 4
	(2.34)**	(2.29)**	(2.29)**	(1.74)*	(1.66)*	(1.80)*
Constant	-4.764 6	-4.698 4	-4.741 0	-6.308 9	-6.163 6	-6.590 2
	(-2.11)**	(-2.07)**	(-2.08)**	(-1.98)**	(-1.94)*	(-2.07)**
N	448	448	448	199	199	199

表6.12(续)

	因变量：Approve					
	变迁前			变迁后		
	(1)	(2)	(3)	(1)	(2)	(3)
Pseudo R^2	0.054	0.055	0.056	0.061	0.064	0.076
Chi^2	19.368 6***	19.575 7**	19.816 7**	15.726 4**	16.994 1**	20.893 2**

注：

①回归样本是国有企业样本。因变量 Approve，虚拟变量，如果公司的配股申请被证监会审核通过，取值为1，否则为0。解释变量 Mao，虚拟变量，如果公司配股申请前三年被出具非标准审计意见，取值为1，否则为0；RM 为真实盈余管理，采用公司配股申请前三年的均值衡量。

②“变迁前”为2001年配股管制变迁之前，“变迁后”为2001年配股管制变迁之后。

③括号里的为z值，经过了 White 异方差矫正。“*”“**”和“***”分别表示在10%、5%和1%水平下统计显著，下同。

表6.13是非国有企业的真实盈余管理与审计意见监管有用性的回归结果。可以发现，在非国有企业样本的回归结果里，真实盈余管理 RM 与审计意见 Mao 的交乘项 RM×Mao 的回归系数，在变迁前统计上不显著，在变迁后统计上显著，但由于在变迁后审计意见不具有监管有用性，因而也不存在审计意见监管有用性是否受真实盈余管理的影响。所以，经验结果表明，非国有企业的真实盈余管理对审计意见的监管有用性没有产生显著影响，即非国有企业的真实盈余管理既没有提升也没有降低审计意见的监管有用性。

表6.13　真实盈余管理与审计意见监管有用性的回归结果：非国有企业

	因变量：Approve					
	变迁前			变迁后		
	(1)	(2)	(3)	(1)	(2)	(3)
Mao	-1.299 5	-1.498 7	-1.731 3	0.543 2	0.836 6	-0.492 8
	(-3.21)***	(-3.58)***	(-3.79)***	(0.79)	(1.20)	(-0.48)
RM		1.519 3	1.240 4		-3.093 9	-3.550 9
		(1.45)	(1.16)		(-1.90)*	(-2.10)**
RM×Mao			3.364 4			25.398 4
			(1.12)			(2.65)***
Protect	0.037 2	0.033 4	0.024 8	-0.050 4	-0.062 1	0.050 1
	(0.11)	(0.09)	(0.07)	(-0.12)	(-0.14)	(0.11)
CR	0.002 6	0.013 0	0.018 8	0.113 8	0.102 7	0.062 2
	(0.02)	(0.09)	(0.12)	(0.68)	(0.61)	(0.37)

表6.13(续)

	因变量：Approve					
	变迁前			变迁后		
	(1)	(2)	(3)	(1)	(2)	(3)
Lev	0.375 2	0.555 8	0.715 8	−1.861 3	−1.214 6	−1.688 8
	(0.17)	(0.24)	(0.31)	(−1.00)	(−0.61)	(−0.85)
ROA	9.712 6	11.319 8	11.598 0	−0.937 8	0.512 9	−0.407 5
	(1.19)	(1.29)	(1.37)	(−0.16)	(0.09)	(−0.07)
Growth	0.000 8	−0.000 6	−0.020 0	−0.423 5	−0.292 3	−0.165 4
	(0.00)	(−0.00)	(−0.11)	(−0.82)	(−0.51)	(−0.28)
Size	0.401 1	0.502 5	0.515 9	0.074 8	0.015 7	−0.069 2
	(1.62)	(2.03)**	(2.10)**	(0.32)	(0.07)	(−0.28)
Constant	−7.934 2	−10.136 5	−10.503 3	−1.357 5	−0.618 8	1.329 6
	(−1.64)	(−2.08)**	(−2.17)**	(−0.28)	(−0.13)	(0.27)
N	84	84	84	52	52	52
Pseudo R^2	0.176	0.199	0.208	0.077	0.132	0.169
Chi^2	14.789 0**	20.050 4**	22.902 4***	6.730 8	11.656 7	20.024 8**

注：

①回归样本是非国有企业样本。因变量 Approve，虚拟变量，如果公司的配股申请被证监会审核通过，取值为 1，否则为 0。解释变量 Mao，虚拟变量，如果公司配股申请前三年被出具非标准审计意见，取值为 1，否则为 0；RM 为真实盈余管理，采用公司配股申请前三年的均值衡量。

②“变迁前”为 2001 年配股管制变迁之前，“变迁后”为 2001 年配股管制变迁之后。

③括号里的为 *z* 值，经过了 White 异方差矫正。“*”“**”和“***”分别表示在 10%、5%和 1%水平下统计显著，下同。

综合对本章研究假设 H2 的检验结果可知，非国有企业的非经营性盈余管理对审计意见的监管有用性有显著影响，表现为非经营性盈余管理降低了审计意见的监管有用性，而应计盈余管理和真实盈余管理对审计意见的监管有用性不产生影响，本章的假设 H2 得到部分支持。

需要说明的是，之所以非经营性盈余管理降低了审计意见的监管有用性，可能是监管者和审计意见对盈余管理的治理存在替代关系，从而削弱了审计意见的监管有用性。这种替代关系表现为：既然审计意见反映了盈余管理，监管者可能更关注没有被审计意见反映的盈余管理，导致审计意见的监管有用性在盈余管理的影响下有所下降。

6.4.3 假设 H3 的检验

1. 描述性统计分析

表6.14是回归模型（6-8）中各变量的描述性统计分析结果。可以发现，2001年配股管制变迁前，上市公司配股后的经营业绩 IARoa 为-0.008 8，低于2001年配股管制变迁后的上市公司配股业绩 0.004 0，并在均值检验和 Wilcoxon 秩检验上统计显著。数据表明，配股管制变迁后公司的配股业绩更好，这可能与我国的配股管制变迁有效有关。成功进行配股的公司，其配股前三年被出示过非标审计意见的情形 Mao，在变迁前和变迁后没有显著差异。配股公司配股申请前的非经营性盈余管理 ENOI，变迁前显著高于变迁后。同样，配股公司配股申请前的应计盈余管理 DA 和真实盈余管理 RM，变迁前显著高于变迁后。这表明，管制变迁后的配股公司的盈余管理相对管制变迁前出现了下降，这可能与配股管制趋严有关，也说明了我国的配股管制具有一定的有效性。配股公司在配股前的公司规模 Size，变迁前显著低于变迁后。这表明管制变迁后，证监会更看重公司的规模对配股申请审核的影响。配股公司在配股前的业绩 ROA，变迁前显著高于变迁后。这是与我国的配股管制变迁有关，2001年配股管制的变迁对配股申请的业绩要求降低，从原来的配股申请近三年的 Roe 平均 10%降低到 6%。

表 6.14　　描述性统计分析结果

	变迁前	变迁后	t	z
	均值	均值		
IARoa	-0.008 8	0.004 0	-2.20**	-1.79*
Mao	0.086 3	0.073 7	0.42	0.40
ENOI	0.011 0	0.007 6	1.93*	1.46
DA	0.026 6	0.003 4	3.13***	2.62***
RM	-0.007 4	-0.043 6	2.27**	1.98**
Protect	0.473 5	0.505 3	-0.56	-0.56
Growth	0.325 8	0.271 9	0.91	-1.30
Lev	0.402 1	0.420 5	-1.18	-0.91
Size	20.592 1	21.054 1	-5.69***	-5.63***
ROA	0.078 7	0.059 7	5.94***	5.05***

注：

①IARoa，为配股后三年经行业调整的总资产营业利润率的均值。

②t 值是均值检验得到的统计值，z 值是 Wilcoxon 秩检验得到统计值。

③“*”“**”和“***”分别表示在10%、5%和1%水平下统计显著（双尾检验），下同。

2. 回归分析

（1）非经营性盈余管理与审计意见监管有用性的经济后果

表 6. 15 是非经营性盈余管理与审计意见监管有用性经济后果的回归结果。可以发现，审计意见 Mao 对公司配股后的经营业绩 IARoa 的回归系数，在变迁前和变迁后两个时期都为负，但仅在变迁后统计上显著。这表明审计意见与公司配股后的经营业绩具有相关性，即配股申请前非标准审计意见与公司配股后经营业绩负相关，体现了审计意见的治理功能和信息作用。而之所以审计意见与公司配股后的经营业绩的相关性在变迁后统计上显著，可能与我国配股管制变迁的有效性有关，也可能是 2001 年的管制变迁将审计意见纳入管制内容有关，强化了审计意见的治理效应和经济后果。

非经营性盈余管理 ENOI 对公司配股后的经营业绩 IARoa 的回归系数，在变迁前和变迁后两个时期在统计上都不显著，表明非经营性盈余管理对公司配股后的经营业绩没有显著影响。同时，非经营性盈余管理 ENOI 与审计意见 Mao 的交乘项 ENOI×Mao，其回归系数在变迁前和变迁后两个时期在统计上都不显著。这表明非经营性盈余管理对审计意见与公司配股后的经营业绩的相关性没有产生显著影响，即非经营性盈余管理没有提升也没有降低审计意见与公司配股后的经营业绩的相关性。

在控制变量方面，行业保护 Protect 的回归系数，在变迁前显著为正，表明受行业保护的公司，其配股后的经营业绩更好，但仅在变迁前得到体现。资产负债率 Lev 的回归系数，在变迁后显著为正，表明资产负债率高的公司其配股后的经营业绩更好，但仅在变迁后体现。公司规模 Size 的回归系数为正，仅在变迁后统计上显著，表明规模大的公司，其配股后的经营业绩更好，但仅在变迁后体现。公司配股前的业绩 ROA，回归系数在变迁前和变迁后两个时期在统计上都显著为正，表明公司配股前的业绩越好，其配股后的经营业绩也越好。

表 6. 15　非经营性盈余管理与审计意见监管有用性的经济结果

	因变量：IARoa					
	变迁前			变迁后		
	(1)	(2)	(3)	(1)	(2)	(3)
Mao	−0. 001 2	−0. 002 0	−0. 003 4	−0. 024 8	−0. 024 6	−0. 021 5
	(−0. 14)	(−0. 24)	(−0. 35)	(−1. 88)*	(−1. 79)*	(−1. 08)
ENOI		0. 103 7	0. 086 9		−0. 046 2	−0. 014 4
		(0. 67)	(0. 47)		(−0. 16)	(−0. 05)

表6.15(续)

	因变量：IARoa					
	变迁前			变迁后		
	(1)	(2)	(3)	(1)	(2)	(3)
ENOI×Mao			0.087 2			-0.298 0
			(0.30)			(-0.39)
Protect	0.013 1	0.013 1	0.013 2	-0.012 3	-0.012 3	-0.012 3
	(2.18)**	(2.18)**	(2.20)**	(-1.39)	(-1.35)	(-1.34)
Growth	0.001 1	0.000 8	0.000 8	-0.033 5	-0.033 0	-0.032 9
	(0.59)	(0.43)	(0.43)	(-1.49)	(-1.40)	(-1.39)
Lev	-0.035 7	-0.036 7	-0.036 3	0.066 7	0.067 5	0.070 6
	(-0.94)	(-0.95)	(-0.93)	(1.83)*	(1.85)*	(1.83)*
Size	0.004 0	0.004 2	0.004 2	0.010 7	0.010 7	0.010 4
	(1.05)	(1.10)	(1.09)	(2.02)**	(2.02)**	(1.87)*
ROA	0.273 0	0.266 9	0.267 9	1.072 9	1.079 3	1.083 5
	(2.83)***	(2.72)***	(2.69)***	(6.36)***	(6.06)***	(6.07)***
Constant	-0.104 0	-0.108 8	-0.108 6	-0.296 4	-0.297 4	-0.291 6
	(-1.33)	(-1.39)	(-1.39)	(-2.61)**	(-2.62)**	(-2.49)**
N	452	452	452	95	95	95
Adj. R^2	0.041	0.039	0.037	0.256	0.248	0.240
F	4.224 1***	3.701 9***	3.270 7***	9.399 0***	8.290 5***	9.221 6***

注：

①因变量 IARoa，公司配股后的经营业绩，采用公司配股后三年经行业调整的总资产营业利润率的均值衡量。解释变量 Mao，虚拟变量，如果公司配股申请前三年被出具非标准审计意见，取值为 1，否则为 0；ENOI 为非经营性盈余管理，采用公司配股申请前三年的均值衡量。

②“变迁前”为 2001 年配股管制变迁之前，“变迁后”为 2001 年配股管制变迁之后。

③括号里的为 *t* 值，经过了 White 异方差矫正。“*”“**”和“***”分别表示在 10%、5%和 1%水平下统计显著，下同。

表 6.16 是国有企业样本的非经营性盈余管理与审计意见监管有用性经济后果的回归结果。可以发现，在国有企业样本的回归结果里，审计意见 Mao 对公司配股后的经营业绩 IARoa 的回归系数，在变迁前和变迁后两个时期都为负，但仅在变迁后统计上显著。这表明国有企业的审计意见与配股后的经营业绩具有相关性，即国有企业配股申请前非标准审计意见与配股后经营业绩负相关，体现了审计意见的治理功能和信息作用。而之所以国有企业的审计意见与

公司配股后的经营业绩的相关性在变迁后统计上显著，可能与我国配股管制变迁的有效性有关，也可能是2001年的管制变迁将审计意见纳入管制内容有关，并且，国有企业受政府直接控制，配股管制的有效性可能在国有企业里得到加强，从而强化了国有企业的审计意见的治理效应和经济后果。

非经营性盈余管理ENOI与审计意见Mao的交乘项ENOI×Mao，回归系数在变迁前和变迁后两个时期在统计上都不显著。这表明在国有企业里，非经营性盈余管理对审计意见与公司配股后的经营业绩的相关性没有产生显著影响，即国有企业的非经营性盈余管理没有提升也没有降低审计意见与公司配股后的经营业绩的相关性。

表6.16　非经营性盈余管理与审计意见监管有用性的经济结果：国有企业

	因变量：IARoa					
	变迁前			变迁后		
	(1)	(2)	(3)	(1)	(2)	(3)
Mao	-0.001 9	-0.002 4	-0.011 8	-0.042 5	-0.041 4	-0.047 1
	(-0.19)	(-0.24)	(-0.89)	(-2.63)**	(-2.41)**	(-1.75)*
ENOI		0.153 8	0.118 1		-0.152 2	-0.188 3
		(0.78)	(0.57)		(-0.49)	(-0.56)
ENOI×Mao			0.760 3			0.412 0
			(1.43)			(0.43)
Protect	0.012 4	0.012 3	0.012 3	-0.007 1	-0.006 9	-0.006 6
	(1.82)*	(1.81)*	(1.81)*	(-0.92)	(-0.87)	(-0.82)
Growth	0.014 7	0.015 5	0.015 6	-0.005 0	-0.003 6	-0.003 7
	(1.55)	(1.61)	(1.61)	(-0.38)	(-0.27)	(-0.27)
Lev	-0.039 8	-0.041 8	-0.040 7	0.038 6	0.041 5	0.037 1
	(-0.93)	(-0.96)	(-0.93)	(1.53)	(1.60)	(1.33)
Size	0.005 7	0.006 0	0.006 2	0.003 3	0.003 1	0.003 6
	(1.25)	(1.30)	(1.33)	(0.61)	(0.57)	(0.64)
ROA	0.274 3	0.260 9	0.263 5	0.924 9	0.946 2	0.939 6
	(2.42)**	(2.22)**	(2.23)**	(6.65)***	(5.98)***	(5.90)***
Constant	-0.142 2	-0.148 9	-0.151 9	-0.123 5	-0.120 7	-0.129 6
	(-1.51)	(-1.57)	(-1.59)	(-1.09)	(-1.07)	(-1.11)
N	384	384	384	78	78	78

表6.16(续)

	因变量：IARoa					
	变迁前			变迁后		
	(1)	(2)	(3)	(1)	(2)	(3)
Adj. R^2	0.044	0.043	0.042	0.304	0.297	0.289
F	3.527 1***	3.147 0***	2.977 8***	8.271 1***	6.595 5***	6.342 8***

注：

①回归样本是国有企业样本。因变量 IARoa，公司配股后的经营业绩，采用公司配股后三年经行业调整的总资产营业利润率的均值衡量。解释变量 Mao，虚拟变量，如果公司配股申请前三年被出具非标准审计意见，取值为 1，否则为 0；ENOI 为非经营性盈余管理，采用公司配股申请前三年的均值衡量。

②“变迁前”为 2001 年配股管制变迁之前，“变迁后”为 2001 年配股管制变迁之后。

③括号里的为 t 值，经过了 White 异方差矫正。“*”“**”和“***”分别表示在 10%、5%和 1%水平下统计显著，下同。

表 6.17 是非国有企业样本的非经营性盈余管理与审计意见监管有用性经济后果的回归结果。可以发现，在非国有企业样本的回归结果里，审计意见 Mao 对公司配股后的经营业绩 IARoa 的回归系数，在变迁前和变迁后两个时期在统计上都不显著。这表明非国有企业的审计意见与公司配股后的经营业绩不具有相关性，意味着审计意见的治理功能和信息作用没有在非国有企业里得到体现。

非经营性盈余管理 ENOI 与审计意见 Mao 的交乘项 ENOI×Mao，回归系数在变迁前和变迁后两个时期统计上都不显著。这表明在非国有企业里，非经营性盈余管理对审计意见与公司配股后的经营业绩的相关性没有产生显著影响，即非国有企业的非经营性盈余管理没有提升也没有降低审计意见与公司配股后的经营业绩的相关性。

表 6.17　非经营性盈余管理与审计意见监管有用性的经济结果：非国有企业

	因变量：IARoa					
	变迁前			变迁后		
	(1)	(2)	(3)	(1)	(2)	(3)
Mao	0.012 0	0.012 3	0.021 9	-0.005 8	-0.004 7	-0.006 3
	(0.82)	(0.99)	(1.65)	(-0.09)	(-0.07)	(-0.13)
ENOI		-0.009 9	0.198 1		0.190 3	0.979 5
		(-0.05)	(0.73)		(0.14)	(0.67)
ENOI×Mao			-0.343 6			-4.712 7
			(-0.88)			(-1.50)

表6.17(续)

	因变量：IARoa					
	变迁前			变迁后		
	(1)	(2)	(3)	(1)	(2)	(3)
Protect	0.012 8	0.012 7	0.011 2	0.016 7	0.016 8	0.029 1
	(1.36)	(1.34)	(1.18)	(0.55)	(0.54)	(0.83)
Growth	0.000 1	0.000 1	-0.000 4	-0.096 6	-0.098 4	-0.120 1
	(0.07)	(0.10)	(-0.40)	(-1.39)	(-1.32)	(-1.60)
Lev	-0.079 8	-0.079 9	-0.087 7	0.312 2	0.311 3	0.489 8
	(-1.65)	(-1.64)	(-1.69)*	(0.92)	(0.87)	(1.20)
Size	-0.001 2	-0.001 3	-0.000 9	0.035 1	0.033 4	0.027 9
	(-0.19)	(-0.19)	(-0.13)	(1.66)	(1.32)	(0.95)
ROA	-0.031 7	-0.032 4	-0.052 8	2.648 4	2.629 8	3.180 8
	(-0.19)	(-0.19)	(-0.30)	(1.80)	(1.68)	(1.82)
Constant	0.048 8	0.050 3	0.045 6	-0.996 0	-0.960 3	-0.949 1
	(0.38)	(0.37)	(0.33)	(-2.04)*	(-1.65)	(-1.40)
N	68	68	68	17	17	17
Adj. R^2	0.040	0.024	0.018	0.186	0.097	0.125
F	3.294 0***	2.860 3**	2.470 6**	0.985 9	0.815 5	1.28

注：

①回归样本是非国有企业样本。因变量 IARoa，公司配股后的经营业绩，采用公司配股后三年经行业调整的总资产营业利润率的均值衡量。解释变量 Mao，虚拟变量，如果公司配股申请前三年被出具非标准审计意见，取值为 1，否则为 0；ENOI 为非经营性盈余管理，采用公司配股申请前三年的均值衡量。

②"变迁前"为 2001 年配股管制变迁之前，"变迁后"为 2001 年配股管制变迁之后。

③括号里的为 *t* 值，经过了 White 异方差矫正。"*""**"和"***"分别表示在 10%、5%和 1%水平下统计显著，下同。

（2）应计盈余管理与审计意见监管有用性的经济后果

表 6.18 是应计盈余管理与审计意见监管有用性经济后果的回归结果。可以发现，应计盈余管理 DA 对公司配股后的经营业绩 IARoa 的回归系数，在变迁前统计上显著为负。这表明公司配股前的应计盈余管理水平越高，配股后的经营业绩越差。

应计盈余管理 DA 与审计意见 Mao 的交乘项 DA×Mao 的回归系数，在变迁前和变迁后两个时期，在统计上都不显著。这表明应计盈余管理对审计意见与公司配股后的经营业绩的相关性没有产生显著影响，即应计盈余管理没有提升也没有降低审计意见与公司配股后的经营业绩的相关性。

表 6.18　　应计盈余管理与审计意见监管有用性的经济结果

	因变量：IARoa					
	变迁前			变迁后		
	(1)	(2)	(3)	(1)	(2)	(3)
Mao	-0.001 2	0.002 8	0.003 7	-0.024 8	-0.025 2	-0.029 4
	(-0.14)	(0.33)	(0.55)	(-1.88)*	(-1.83)*	(-2.23)**
DA		-0.112 5	-0.110 8		0.010 7	-0.000 4
		(-2.40)**	(-2.19)**		(0.16)	(-0.01)
DA×Mao			-0.017 6			0.119 2
			(-0.17)			(0.93)
Protect	0.013 1	0.013 1	0.013 1	-0.012 3	-0.012 4	-0.012 5
	(2.18)**	(2.19)**	(2.20)**	(-1.39)	(-1.39)	(-1.39)
Growth	0.001 1	0.000 4	0.000 5	-0.033 5	-0.033 5	-0.032 9
	(0.59)	(0.26)	(0.28)	(-1.49)	(-1.48)	(-1.46)
Lev	-0.035 7	-0.038 1	-0.038 3	0.066 7	0.067 9	0.074 6
	(-0.94)	(-0.99)	(-1.00)	(1.83)*	(1.84)*	(1.84)*
Size	0.004 0	0.004 9	0.004 9	0.010 7	0.010 6	0.009 7
	(1.05)	(1.29)	(1.28)	(2.02)**	(1.98)*	(1.67)*
ROA	0.273 0	0.271 1	0.270 3	1.072 9	1.078 9	1.087 4
	(2.83)***	(2.80)***	(2.80)***	(6.36)***	(6.19)***	(6.19)***
Constant	-0.104 0	-0.119 4	-0.119 1	-0.296 4	-0.295 1	-0.278 5
	(-1.33)	(-1.55)	(-1.54)	(-2.61)**	(-2.58)**	(-2.30)**
N	452	452	452	95	95	95
Adj. R^2	0.041	0.059	0.057	0.256	0.248	0.241
F	4.224 1***	3.701 9***	3.394 2***	9.399 0***	8.002 1***	8.243 7***

注：

①因变量 IARoa，公司配股后的经营业绩，采用公司配股后三年经行业调整的总资产营业利润率的均值衡量。解释变量 Mao，虚拟变量，如果公司配股申请前三年被出具非标准审计意见，取值为 1，否则为 0；DA 为应计盈余管理，采用公司配股申请前三年的均值衡量。

②“变迁前”为 2001 年配股管制变迁之前，“变迁后”为 2001 年配股管制变迁之后。

③括号里的为 *t* 值，经过了 White 异方差矫正。“*”“**”和“***”分别表示在 10%、5%和 1%水平下统计显著，下同。

表 6. 19 是国有企业样本的应计盈余管理与审计意见监管有用性经济后果的回归结果。可以发现，在国有企业样本的回归结果里，应计盈余管理 DA 对公司配股后的经营业绩 IARoa 的回归系数，在变迁前统计上显著为负。这表明国有企业配股前的应计盈余管理水平越高，配股后的经营业绩越差。

在国有企业样本里，应计盈余管理 DA 与审计意见 Mao 的交乘项 DA×Mao 的回归系数，在变迁前和变迁后两个时期，在统计上都不显著。这表明国有企业的应计盈余管理对审计意见与公司配股后的经营业绩的相关性没有产生显著影响，即国有企业的应计盈余管理没有提升也没有降低审计意见与公司配股后的经营业绩的相关性。

表 6. 19　应计盈余管理与审计意见监管有用性的经济结果：国有企业

	因变量：IARoa					
	变迁前			变迁后		
	(1)	(2)	(3)	(1)	(2)	(3)
Mao	-0. 001 9	0. 001 9	0. 005 0	-0. 042 5	-0. 042 0	-0. 046 0
	(-0. 19)	(0. 20)	(0. 64)	(-2. 63) **	(-2. 51) **	(-2. 90) ***
DA		-0. 126 2	-0. 120 6		-0. 014 3	-0. 030 6
		(-2. 30) **	(-2. 06) **		(-0. 21)	(-0. 40)
DA×Mao			-0. 065 1			0. 141 9
			(-0. 55)			(1. 21)
Protect	0. 012 4	0. 011 8	0. 011 9	-0. 007 1	-0. 007 0	-0. 007 3
	(1. 82) *	(1. 77) *	(1. 79) *	(-0. 92)	(-0. 91)	(-0. 93)
Growth	0. 014 7	0. 011 7	0. 012 0	-0. 005 0	-0. 005 0	-0. 004 5
	(1. 55)	(1. 23)	(1. 26)	(-0. 38)	(-0. 37)	(-0. 33)
Lev	-0. 039 8	-0. 038 9	-0. 039 7	0. 038 6	0. 037 2	0. 046 2
	(-0. 93)	(-0. 92)	(-0. 94)	(1. 53)	(1. 38)	(1. 63)
Size	0. 005 7	0. 006 8	0. 006 8	0. 003 3	0. 003 4	0. 002 1
	(1. 25)	(1. 48)	(1. 47)	(0. 61)	(0. 62)	(0. 37)
ROA	0. 274 3	0. 288 1	0. 285 3	0. 924 9	0. 914 7	0. 921 7
	(2. 42) **	(2. 57) **	(2. 55) **	(6. 65) ***	(6. 11) ***	(6. 06) ***
Constant	-0. 142 2	-0. 163 2	-0. 162 5	-0. 123 5	-0. 125 5	-0. 102 5
	(-1. 51)	(-1. 74) *	(-1. 73) *	(-1. 09)	(-1. 08)	(-0. 85)
N	384	384	384	78	78	78

表6.19(续)

	因变量：IARoa					
	变迁前			变迁后		
	(1)	(2)	(3)	(1)	(2)	(3)
Adj. R^2	0.044	0.063	0.061	0.304	0.294	0.289
F	3.527 1***	3.062 5***	2.803 9***	8.271 1***	6.972 8***	6.157 7***

注：

①回归样本为国有企业样本。因变量 IARoa，公司配股后的经营业绩，采用公司配股后三年经行业调整的总资产营业利润率的均值衡量。解释变量 Mao，虚拟变量，如果公司配股申请前三年被出具非标准审计意见，取值为 1，否则为 0；DA 为应计盈余管理，采用公司配股申请前三年的均值衡量。

②"变迁前"为 2001 年配股管制变迁之前，"变迁后"为 2001 年配股管制变迁之后。

③括号里的为 t 值，经过了 White 异方差矫正。"*""**"和"***"分别表示在 10%、5%和 1%水平下统计显著，下同。

表 6.20 是非国有企业样本的应计盈余管理与审计意见监管有用性经济后果的回归结果。可以发现，在非国有企业样本的回归结果里，应计盈余管理 DA 对公司配股后的经营业绩 IARoa 的回归系数，在变迁前和变迁后两个时期在统计上都不显著。这表明非国有企业配股前的应计盈余管理对配股后的经营业绩没有影响。

在非国有企业样本里，应计盈余管理 DA 与审计意见 Mao 的交乘项 DA×Mao 的回归系数，在变迁前和变迁后两个时期，在统计上都不显著。这表明非国有企业的应计盈余管理对审计意见与公司配股后的经营业绩的相关性没有产生显著影响，即非国有企业的应计盈余管理没有提升也没有降低审计意见与公司配股后的经营业绩的相关性。

表 6.20 应计盈余管理与审计意见监管有用性的经济结果：非国有企业

	因变量：IARoa					
	变迁前			变迁后		
	(1)	(2)	(3)	(1)	(2)	(3)
Mao	0.012 0	0.017 9	0.022 0	-0.005 8	-0.018 1	-1.897 8
	(0.82)	(1.32)	(1.78)*	(-0.09)	(-0.27)	(-1.57)
DA		-0.070 0	-0.065 1		0.181 0	0.236 2
		(-1.34)	(-1.11)		(0.80)	(0.94)
DA×Mao			-0.042 7			36.133 9
			(-0.28)			(1.59)

表6.20(续)

	因变量：IARoa					
	变迁前			变迁后		
	(1)	(2)	(3)	(1)	(2)	(3)
Protect	0.012 8	0.014 6	0.014 3	0.016 7	0.017 6	0.028 2
	(1.36)	(1.62)	(1.61)	(0.55)	(0.55)	(0.75)
Growth	0.000 1	−0.000 0	0.000 0	−0.096 6	−0.097 5	−0.110 5
	(0.07)	(−0.02)	(0.06)	(−1.39)	(−1.33)	(−1.46)
Lev	−0.079 8	−0.096 1	−0.097 2	0.312 2	0.354 9	0.527 2
	(−1.65)	(−2.14)**	(−2.10)**	(0.92)	(0.99)	(1.26)
Size	−0.001 2	−0.001 4	−0.001 5	0.035 1	0.031 8	0.032 1
	(−0.19)	(−0.24)	(−0.25)	(1.66)	(1.37)	(1.22)
ROA	−0.031 7	−0.088 7	−0.097 7	2.648 4	2.614 1	3.153 0
	(−0.19)	(−0.58)	(−0.59)	(1.80)	(1.63)	(1.66)
Constant	0.048 8	0.065 9	0.069 1	−0.996 0	−0.943 6	−1.047 1
	(0.38)	(0.53)	(0.55)	(−2.04)*	(−1.75)	(−1.59)
N	68	68	68	17	17	17
Adj. R^2	0.040	0.053	0.038	0.186	0.124	0.142
F	3.294 0***	3.943 4***	4.628 0***	0.985 9	1.449 3	1.33

注：

①回归样本为非国有企业样本。因变量 IARoa，公司配股后的经营业绩，采用公司配股后三年经行业调整的总资产营业利润率的均值衡量。解释变量 Mao，虚拟变量，如果公司配股申请前三年被出具非标准审计意见，取值为 1，否则为 0；DA 为应计盈余管理，采用公司配股申请前三年的均值衡量。

②“变迁前”为 2001 年配股管制变迁之前，“变迁后”为 2001 年配股管制变迁之后。

③括号里的为 t 值，经过了 White 异方差矫正。“*”“**”和“***”分别表示在 10%、5%和 1%水平下统计显著，下同。

(3) 真实盈余管理与审计意见监管有用性的经济后果

表 6.21 是真实盈余管理与审计意见监管有用性经济后果的回归结果。可以发现，真实盈余管理 RM 对公司配股后的经营业绩 IARoa 的回归系数，在变迁前统计上显著为负。这表明公司配股前的真实盈余管理水平越高，配股后的经营业绩越差。

真实盈余管理 RM 与审计意见 Mao 的交乘项 RM×Mao 的回归系数，在变迁后统计上显著为正。这表明真实盈余管理对审计意见与公司配股后的经营业绩的相关性会产生显著影响，即真实盈余管理降低了审计意见与公司配股后的经营业绩的相关性。

表 6.21　　真实盈余管理与审计意见监管有用性的经济结果

	因变量：IARoa					
	变迁前			变迁后		
	(1)	(2)	(3)	(1)	(2)	(3)
Mao	-0.001 2	-0.001 2	-0.001 1	-0.024 8	-0.025 6	-0.021 9
	(-0.14)	(-0.14)	(-0.13)	(-1.88)*	(-2.12)**	(-2.21)**
RM		-0.048 2	-0.049 4		0.039 1	0.025 8
		(-3.63)***	(-3.56)***		(1.38)	(0.83)
RM×Mao			0.018 5			0.155 3
			(0.43)			(1.75)*
Protect	0.013 1	0.013 9	0.013 8	-0.012 3	-0.014 0	-0.012 2
	(2.18)**	(2.31)**	(2.30)**	(-1.39)	(-1.47)	(-1.25)
Growth	0.001 1	0.000 9	0.000 8	-0.033 5	-0.031 5	-0.030 7
	(0.59)	(0.46)	(0.44)	(-1.49)	(-1.48)	(-1.41)
Lev	-0.035 7	-0.030 2	-0.029 9	0.066 7	0.061 2	0.071 4
	(-0.94)	(-0.79)	(-0.79)	(1.83)*	(1.77)*	(2.03)**
Size	0.004 0	0.002 4	0.002 4	0.010 7	0.011 8	0.009 5
	(1.05)	(0.62)	(0.62)	(2.02)**	(2.10)**	(1.52)
ROA	0.273 0	0.233 4	0.233 7	1.072 9	1.079 4	1.083 5
	(2.83)***	(2.50)**	(2.50)**	(6.36)***	(6.44)***	(6.43)***
Constant	-0.104 0	-0.070 8	-0.070 9	-0.296 4	-0.315 2	-0.273 0
	(-1.33)	(-0.91)	(-0.91)	(-2.61)**	(-2.64)***	(-2.08)**
N	452	452	452	95	95	95
Adj. R^2	0.041	0.052	0.050	0.256	0.260	0.264
F	4.224 1***	5.861 8***	5.149 1***	9.399 0***	8.756 9***	9.511 2***

注：

①因变量 IARoa，公司配股后的经营业绩，采用公司配股后三年经行业调整的总资产营业利润率的均值衡量。解释变量 Mao，虚拟变量，如果公司配股申请前三年被出具非标准审计意见，取值为 1，否则为 0；RM 为真实盈余管理，采用公司配股申请前三年的均值衡量。

②“变迁前”为 2001 年配股管制变迁之前，“变迁后”为 2001 年配股管制变迁之后。

③括号里的为 t 值，经过了 White 异方差矫正。“*”“**”和“***”分别表示在 10%、5%和 1%水平下统计显著，下同。

表 6.22 是国有企业的真实盈余管理与审计意见监管有用性经济后果的回归结果。可以发现，在国有企业样本的回归结果里，真实盈余管理 RM 对公司配股后的经营业绩 IARoa 的回归系数，在变迁前统计上显著为负。这表明国有企业配股前的真实盈余管理水平越高，配股后的经营业绩越差。

真实盈余管理 RM 与审计意见 Mao 的交乘项 RM×Mao 的回归系数，在变迁后统计上显著为正。这表明国有企业的真实盈余管理对审计意见与公司配股后的经营业绩的相关性会产生显著影响，即国有企业的真实盈余管理降低了审计意见与公司配股后的经营业绩的相关性。

表 6.22　真实盈余管理与审计意见监管有用性的经济结果：国有企业

	因变量：IARoa					
	变迁前			变迁后		
	(1)	(2)	(3)	(1)	(2)	(3)
Mao	-0.001 9	-0.003 2	-0.003 2	-0.042 5	-0.042 5	-0.029 0
	(-0.19)	(-0.33)	(-0.32)	(-2.63)**	(-2.64)**	(-2.33)**
RM		-0.060 8	-0.060 6		0.000 2	-0.017 3
		(-3.73)***	(-3.57)***		(0.01)	(-0.70)
RM×Mao			-0.002 7			0.223 8
			(-0.05)			(2.36)**
Protect	0.012 4	0.013 8	0.013 8	-0.007 1	-0.007 2	-0.005 6
	(1.82)*	(2.02)**	(2.02)**	(-0.92)	(-0.86)	(-0.68)
Growth	0.014 7	0.016 6	0.016 6	-0.005 0	-0.005 0	-0.004 4
	(1.55)	(1.79)*	(1.77)*	(-0.38)	(-0.38)	(-0.32)
Lev	-0.039 8	-0.033 1	-0.033 1	0.038 6	0.038 6	0.058 2
	(-0.93)	(-0.78)	(-0.77)	(1.53)	(1.50)	(2.05)**
Size	0.005 7	0.004 1	0.004 1	0.003 3	0.003 3	-0.000 5
	(1.25)	(0.89)	(0.89)	(0.61)	(0.59)	(-0.08)
ROA	0.274 3	0.216 4	0.216 3	0.924 9	0.924 9	0.928 9
	(2.42)**	(1.98)**	(1.97)**	(6.65)***	(6.52)***	(6.29)***
Constant	-0.142 2	-0.107 8	-0.107 8	-0.123 5	-0.123 6	-0.054 7
	(-1.51)	(-1.16)	(-1.16)	(-1.09)	(-1.05)	(-0.44)
N	384	384	384	78	78	78
Adj. R^2	0.044	0.058	0.056	0.304	0.294	0.314

	因变量：IARoa					
	变迁前			变迁后		
	(1)	(2)	(3)	(1)	(2)	(3)
F	3.527 1***	5.697 8***	4.999 2***	8.271 1***	7.548 8***	7.689 3***

注：

①回归样本是国有企业样本。因变量 IARoa，公司配股后的经营业绩，采用公司配股后三年经行业调整的总资产营业利润率的均值衡量。解释变量 Mao，虚拟变量，如果公司配股申请前三年被出具非标准审计意见，取值为 1，否则为 0；RM 为真实盈余管理，采用公司配股申请前三年的均值衡量。

②“变迁前”为 2001 年配股管制变迁之前，“变迁后”为 2001 年配股管制变迁之后。

③括号里的为 t 值，经过了 White 异方差矫正。“*”“**”和“***”分别表示在 10%、5%和 1%水平下统计显著，下同。

表 6.23 是非国有企业的真实盈余管理与审计意见监管有用性经济后果的回归结果。可以发现，在非国有企业样本的回归结果里，真实盈余管理 RM 对公司配股后的经营业绩 IARoa 的回归系数，在变迁前和变迁后两个时期，在统计上都不显著。这表明非国有企业配股前的真实盈余管理对配股后的经营业绩没有影响。

真实盈余管理 RM 与审计意见 Mao 的交乘项 RM×Mao 的回归系数，在变迁前统计上不显著，在变迁后统计上显著为负。但由于在变迁后审计意见对配股后的经营业绩没有影响，因而也不存在审计意见与公司配股后经营业绩的相关性是否受真实盈余管理的影响。所以，数据表明非国有企业的真实盈余管理对审计意见与公司配股后的经营业绩的相关性不会产生显著影响，即非国有企业的真实盈余管理没有提升也没有降低审计意见与公司配股后的经营业绩的相关性。

表 6.23 真实盈余管理与审计意见监管有用性的经济结果：非国有企业

	因变量：IARoa					
	变迁前			变迁后		
	(1)	(2)	(3)	(1)	(2)	(3)
Mao	0.012 0	0.015 8	0.019 5	−0.005 8	−0.034 1	0.053 0
	(0.82)	(1.03)	(1.16)	(−0.09)	(−0.42)	(1.05)
RM		−0.025 6	−0.024 8		0.152 5	0.202 3
		(−1.24)	(−1.19)		(0.93)	(1.30)
RM×Mao			−0.039 1			−1.393 6
			(−0.61)			(−1.97)*

表6.23(续)

	因变量：IARoa					
	变迁前			变迁后		
	(1)	(2)	(3)	(1)	(2)	(3)
Protect	0.012 8	0.012 0	0.012 1	0.016 7	0.009 0	0.018 7
	(1.36)	(1.29)	(1.29)	(0.55)	(0.24)	(0.45)
Growth	0.000 1	−0.000 1	−0.000 1	−0.096 6	−0.085 1	−0.096 4
	(0.07)	(−0.14)	(−0.09)	(−1.39)	(−1.59)	(−1.94)*
Lev	−0.079 8	−0.081 1	−0.082 6	0.312 2	0.330 6	0.524 2
	(−1.65)	(−1.67)*	(−1.67)*	(0.92)	(0.98)	(1.48)
Size	−0.001 2	−0.003 0	−0.003 1	0.035 1	0.033 9	0.035 2
	(−0.19)	(−0.46)	(−0.47)	(1.66)	(1.61)	(1.41)
ROA	−0.031 7	−0.064 9	−0.072 9	2.648 4	2.624 2	3.263 3
	(−0.19)	(−0.37)	(−0.40)	(1.80)	(1.93)*	(2.10)*
Constant	0.048 8	0.089 3	0.093 1	−0.996 0	−0.965 3	−1.096 0
	(0.38)	(0.65)	(0.66)	(−2.04)*	(−2.00)*	(−1.81)
N	68	68	68	17	17	17
Adj. R^2	0.040	0.041	0.026	0.186	0.182	0.250
F	3.294 0***	2.863 6**	2.663 5**	0.985 9	1.029 0	1.67

注：

①回归样本是非国有企业样本。因变量 IARoa，公司配股后的经营业绩，采用公司配股后三年经行业调整的总资产营业利润率的均值衡量。解释变量 Mao，虚拟变量，如果公司配股申请前三年被出具非标准审计意见，取值为 1，否则为 0；RM 为真实盈余管理，采用公司配股申请前三年的均值衡量。

②“变迁前”为 2001 年配股管制变迁之前，“变迁后”为 2001 年配股管制变迁之后。

③括号里的为 t 值，经过了 White 异方差矫正。“*”“**”和“***”分别表示在 10%、5%和 1%水平下统计显著，下同。

综合对本章研究假设 H3 的检验结果可知，审计意见与公司配股后的经营业绩具有相关性，即非标准审计意见与公司配股后的经营业绩显著负相关，但仅体现在变迁后的国有企业里。并且，审计意见与公司配股后的经营业绩的相关性，会受到真实盈余管理的影响，即真实盈余管理降低了审计意见与公司配股后的经营业绩的相关性，但仅体现在变迁后的国有企业里，而非经营性管理和应计盈余管理对审计意见与公司配股后的经营业绩的相关性没有产生影响，本章的假设 H3 得到部分支持。

需要说明的是，之所以真实盈余管理降低了审计意见与公司配股后的经营业绩的相关性，可能是真实盈余管理和审计意见对公司配股后的经营业绩的影响存在替代关系，从而削弱了审计意见与公司配股后的经营业绩的相关性。这种替代关系可能源于审计意见不能反映真实盈余管理。

6.4.4 稳健性测试

为了进一步考察结果的稳健性，本章进行了如下稳健性分析。

其一，应计盈余管理 DA，采用修正的 Jones（DeChow，等，1995）来估计衡量。放入回归模型重新检验本章的研究假设，回归结果显示，本章的研究结论依然稳健。

其二，参照 Zang（2012）的方法，采用 RM=-AbDisx+AbProd 来衡量真实盈余管理，即真实盈余为异常酌量性费用的相反数与异常生产成本之和。放入回归模型重新检验本章的研究假设，回归结果显示，本章的研究结论依然稳健。

其三，公司配股后的经营业绩，采用配股后三年经行业调整的总资产净利润率的均值衡量，以 IARoa1 表示。将之放入回归模型重新检验本章的研究假设，表 6.24 的回归结果显示，本章的研究结论依然稳健。

表 6.24 是采用 IARoa1 衡量公司配股业绩的非经营性盈余管理与审计意见监管有用性经济后果的回归结果。可以发现，审计意见 Mao 对公司配股后的经营业绩 IARoa1 的回归系数，在变迁前和变迁后两个时期都为负，但仅在变迁后统计上显著。这表明审计意见与公司配股后的经营业绩具有相关性，即配股申请前非标准审计意见与公司配股后经营业绩负相关，体现了审计意见的治理功能和信息作用。而之所以审计意见与公司配股后的经营业绩的相关性在变迁后统计上显著，可能与我国配股管制变迁的有效性有关，也可能是 2001 年的管制变迁将审计意见纳入管制内容有关，强化了审计意见的治理效应和经济后果。

非经营性盈余管理 ENOI 对公司配股后的经营业绩 IARoa1 的回归系数，在变迁前和变迁后两个时期在统计上都不显著，表明非经营性盈余管理对公司配股后的经营业绩没有显著影响。同时，非经营性盈余管理 ENOI 与审计意见 Mao 的交乘项 ENOI×Mao，其回归系数在变迁前和变迁后两个时期在统计上都不显著，表明非经营性盈余管理对审计意见与公司配股后的经营业绩的相关性没有产生显著影响，即非经营性盈余管理没有提升也没有降低审计意见与公司配股后的经营业绩的相关性。

表 6.24　非经营性盈余管理与审计意见监管有用性的经济结果

	因变量：IARoa1					
	变迁前			变迁后		
	（1）	（2）	（3）	（1）	（2）	（3）
Mao	0.001 5	−0.000 1	0.000 4	−0.019 4	−0.019 5	−0.018 6
	（0.18）	（−0.01）	（0.04）	（−1.69）*	（−1.61）	（−1.04）
ENOI		0.199 4	0.204 2		0.010 2	0.019 6
		（1.14）	（0.95）		（0.04）	（0.06）
ENOI×Mao			−0.024 9			−0.087 8
			（−0.09）			（−0.13）
Protect	0.013 1	0.013 2	0.013 1	−0.011 7	−0.011 8	−0.011 8
	（2.04）**	（2.04）**	（2.05）**	（−1.39）	（−1.36）	（−1.35）
Growth	0.001 5	0.001 0	0.001 0	−0.035 2	−0.035 3	−0.035 3
	（0.66）	（0.43）	（0.43）	（−1.50）	（−1.43）	（−1.42）
Lev	−0.047 8	−0.049 6	−0.049 7	0.046 2	0.046 0	0.046 9
	（−1.23）	（−1.26）	（−1.24）	（1.25）	（1.26）	（1.21）
Size	0.005 6	0.006 0	0.006 1	0.011 3	0.011 3	0.011 2
	（1.34）	（1.40）	（1.39）	（2.48）**	（2.48）**	（2.34）**
ROA	0.237 3	0.225 6	0.225 3	0.856 6	0.855 2	0.856 4
	（2.66）***	（2.50）**	（2.47）**	（5.35）***	（5.07）***	（5.05）***
Constant	−0.133 6	−0.142 8	−0.142 8	−0.291 5	−0.291 3	−0.289 5
	（−1.57）	（−1.63）	（−1.63）	（−2.91）***	（−2.91）***	（−2.81）***
N	452	452	452	95	95	95
Adj. R^2	0.032	0.032	0.030	0.208	0.199	0.190
F	3.759 2***	3.321 2***	2.997 4***	8.495 3***	7.616 9***	8.706 5***

注：

①因变量 IARoa1，公司配股后的经营业绩，采用公司配股后三年经行业调整的总资产净利润率的均值衡量。解释变量 Mao，虚拟变量，如果公司配股申请前三年被出具非标准审计意见，取值为 1，否则为 0；ENOI 为非经营性盈余管理，采用公司配股申请前三年的均值衡量。

②“变迁前”为 2001 年配股管制变迁之前，“变迁后”为 2001 年配股管制变迁之后。

③括号里的为 t 值，经过了 White 异方差矫正。“*”“**”和“***”分别表示在 10%、5%和 1%水平下统计显著，下同。

表 6.25 是采用 IARoa1 衡量公司配股业绩的国有企业样本非经营性盈余管理与审计意见监管有用性经济后果的回归结果。可以发现，在国有企业样本的回归结果里，审计意见 Mao 对公司配股后的经营业绩 IARoa1 的回归系数，在变

迁前和变迁后两个时期都为负，但仅在变迁后统计上显著。这表明国有企业的审计意见与配股后的经营业绩具有相关性，即国有企业配股申请前非标准审计意见与配股后经营业绩负相关，体现了审计意见的治理功能和信息作用。而之所以国有企业的审计意见与公司配股后的经营业绩的相关性在变迁后统计上显著，可能与我国配股管制变迁的有效性有关，也可能是2001年的管制变迁将审计意见纳入管制内容有关，并且，国有企业受政府直接控制，配股管制的有效性可能在国有企业里得到加强，从而强化了国有企业的审计意见的治理效应和经济后果。

在国有企业样本里，非经营性盈余管理ENOI与审计意见Mao的交乘项ENOI×Mao，回归系数在变迁前和变迁后两个时期在统计上都不显著。这表明在国有企业里，非经营性盈余管理对审计意见与公司配股后的经营业绩的相关性没有产生显著影响，即国有企业的非经营性盈余管理没有提升也没有降低审计意见与公司配股后的经营业绩的相关性。

表6.25 非经营性盈余管理与审计意见监管有用性的经济结果：国有企业

	因变量：IARoa1					
	变迁前			变迁后		
	(1)	(2)	(3)	(1)	(2)	(3)
Mao	0.000 8	−0.000 1	−0.007 5	−0.034 0	−0.033 2	−0.042 2
	(0.08)	(−0.01)	(−0.55)	(−2.30)**	(−2.10)**	(−1.76)*
ENOI		0.273 1	0.245 1		−0.102 2	−0.159 3
		(1.15)	(1.00)		(−0.34)	(−0.48)
ENOI×Mao			0.595 0			0.651 1
			(1.08)			(0.77)
Protect	0.012 7	0.012 5	0.012 5	−0.005 4	−0.005 3	−0.004 8
	(1.77)*	(1.76)*	(1.76)*	(−0.80)	(−0.76)	(−0.69)
Growth	0.018 2	0.019 6	0.019 6	−0.002 8	−0.001 8	−0.002 0
	(1.75)*	(1.80)*	(1.81)*	(−0.23)	(−0.15)	(−0.16)
Lev	−0.052 7	−0.056 1	−0.055 3	0.015 9	0.017 8	0.010 9
	(−1.18)	(−1.22)	(−1.19)	(0.77)	(0.83)	(0.48)
Size	0.007 1	0.007 7	0.007 8	0.004 7	0.004 6	0.005 4
	(1.37)	(1.42)	(1.44)	(1.13)	(1.09)	(1.23)
ROA	0.221 2	0.197 5	0.199 5	0.681 5	0.695 8	0.685 5
	(2.10)**	(1.79)*	(1.80)*	(6.01)***	(5.20)***	(5.08)***
Constant	−0.166 3	−0.178 2	−0.180 5	−0.135 3	−0.133 5	−0.147 6
	(−1.58)	(−1.63)	(−1.66)*	(−1.50)	(−1.48)	(−1.58)

表6.25(续)

	因变量：IARoa1					
	变迁前			变迁后		
	(1)	(2)	(3)	(1)	(2)	(3)
N	384	384	384	78	78	78
Adj. R^2	0.034	0.036	0.034	0.244	0.235	0.231
F	2.982 4***	2.678 1**	2.553 8**	6.805 3***	5.537 2***	5.273 1***

注：

①回归样本是国有企业样本。因变量 IARoa1，公司配股后的经营业绩，采用公司配股后三年经行业调整的总资产净利润率的均值衡量。解释变量 Mao，虚拟变量，如果公司配股申请前三年被出具非标准审计意见，取值为 1，否则为 0；ENOI 为非经营性盈余管理，采用公司配股申请前三年的均值衡量。

②"变迁前"为 2001 年配股管制变迁之前，"变迁后"为 2001 年配股管制变迁之后。

③括号里的为 *t* 值，经过了 White 异方差矫正。"*""**"和"***"分别表示在 10%、5%和 1%水平下统计显著，下同。

表 6.26 是采用 IARoa1 衡量公司配股业绩的非国有企业样本的非经营性盈余管理与审计意见监管有用性经济后果的回归结果。可以发现，在非国有企业样本的回归结果里，审计意见 Mao 对公司配股后的经营业绩 IARoa1 的回归系数，在变迁前和变迁后两个时期在统计上都不显著。这表明非国有企业的审计意见与公司配股后的经营业绩不具有相关性，意味着审计意见的治理功能和信息作用没有在非国有企业里得到体现。

在非国有企业样本里，非经营性盈余管理 ENOI 与审计意见 Mao 的交乘项 ENOI×Mao，回归系数在变迁前和变迁后两个时期统计上都不显著。这表明在非国有企业里，非经营性盈余管理对审计意见与公司配股后的经营业绩的相关性没有产生显著影响，即非国有企业的非经营性盈余管理没有提升也没有降低审计意见与公司配股后的经营业绩的相关性。

表 6.26　非经营性盈余管理与审计意见监管有用性的经济结果：非国有企业

	因变量：IARoa1					
	变迁前			变迁后		
	(1)	(2)	(3)	(1)	(2)	(3)
Mao	0.013 4	0.010 5	0.024 4	−0.014 3	−0.012 1	−0.013 9
	(1.20)	(0.97)	(1.95)*	(−0.22)	(−0.17)	(−0.27)
ENOI		0.083 0	0.383 3		0.403 5	1.299 7
		(0.57)	(1.39)		(0.30)	(0.86)

表6.26(续)

	因变量：IARoa1					
	变迁前			变迁后		
	(1)	(2)	(3)	(1)	(2)	(3)
ENOI×Mao			-0.496 1			-5.351 1
			(-1.44)			(-1.56)
Protect	0.011 6	0.011 8	0.009 7	0.015 8	0.016 1	0.030 0
	(1.17)	(1.18)	(0.96)	(0.50)	(0.50)	(0.83)
Growth	-0.000 1	-0.000 4	-0.001 1	-0.109 0	-0.112 6	-0.137 3
	(-0.11)	(-0.43)	(-1.00)	(-1.46)	(-1.43)	(-1.73)
Lev	-0.092 0	-0.091 3	-0.102 5	0.331 7	0.329 9	0.532 5
	(-1.76)*	(-1.75)*	(-1.84)*	(0.93)	(0.88)	(1.24)
Size	0.003 2	0.003 7	0.004 3	0.033 1	0.029 5	0.023 3
	(0.48)	(0.53)	(0.60)	(1.61)	(1.20)	(0.80)
ROA	-0.026 3	-0.019 7	-0.049 0	2.642 9	2.603 6	3.229 2
	(-0.15)	(-0.11)	(-0.26)	(1.66)	(1.57)	(1.74)
Constant	-0.039 0	-0.051 5	-0.058 3	-0.959 2	-0.883 7	-0.870 9
	(-0.29)	(-0.35)	(-0.39)	(-1.92)*	(-1.52)	(-1.25)
N	68	68	68	17	17	17
Adj. R^2	0.047	0.033	0.037	0.172	0.087	0.144
F	3.130 7***	2.695 9**	2.086 1*	1.026 7	0.899 6	1.34

注：

①回归样本是非国有企业样本。因变量 IARoa1，公司配股后的经营业绩，采用公司配股后三年经行业调整的总资产净利润率的均值衡量。解释变量 Mao，虚拟变量，如果公司配股申请前三年被出具非标准审计意见，取值为 1，否则为 0；ENOI 为非经营性盈余管理，采用公司配股申请前三年的均值衡量。

②“变迁前”为 2001 年配股管制变迁之前，“变迁后”为 2001 年配股管制变迁之后。

③括号里的为 t 值，经过了 White 异方差矫正。“*”“**”和“***”分别表示在 10%、5%和 1%水平下统计显著，下同。

表 6.27 是采用 IARoa1 衡量公司配股业绩的应计盈余管理与审计意见监管有用性经济后果的回归结果。可以发现，应计盈余管理 DA 对公司配股后的经营业绩 IARoa1 的回归系数，在变迁前统计上显著为负。这表明公司配股前的应计盈余管理水平越高，配股后的经营业绩越差。

应计盈余管理 DA 与审计意见 Mao 的交乘项 DA×Mao 的回归系数，在变迁前和变迁后两个时期，在统计上都不显著。这表明应计盈余管理对审计意见与公司配股后的经营业绩的相关性没有产生显著影响，即应计盈余管理没有提升也没有降低审计意见与公司配股后的经营业绩的相关性。

表 6.27　　应计盈余管理与审计意见监管有用性的经济结果

	因变量：IARoa1					
	变迁前			变迁后		
	（1）	（2）	（3）	（1）	（2）	（3）
Mao	0.001 5	0.006 1	0.005 4	−0.019 4	−0.019 7	−0.021 3
	（0.18）	（0.68）	（0.79）	（−1.69）*	（−1.64）	（−1.80）*
DA		−0.130 1	−0.131 2		0.006 5	0.002 3
		（−1.94）*	（−1.79）*		（0.11）	（0.03）
DA×Mao			0.011 8			0.045 0
			（0.11）			（0.40）
Protect	0.013 1	0.013 1	0.013 1	−0.011 7	−0.011 8	−0.011 8
	（2.04）**	（2.05）**	（2.06）**	（−1.39）	（−1.39）	（−1.38）
Growth	0.001 5	0.000 8	0.000 7	−0.035 2	−0.035 2	−0.035 0
	（0.66）	（0.39）	（0.38）	（−1.50）	（−1.49）	（−1.48）
Lev	−0.047 8	−0.050 5	−0.050 4	0.046 2	0.046 9	0.049 5
	（−1.23）	（−1.28）	（−1.28）	（1.25）	（1.28）	（1.23）
Size	0.005 6	0.006 7	0.006 7	0.011 3	0.011 3	0.010 9
	（1.34）	（1.52）	（1.51）	（2.48）**	（2.41）**	（2.19）**
ROA	0.237 3	0.235 1	0.235 6	0.856 6	0.860 2	0.863 5
	（2.66）***	（2.60）***	（2.61）***	（5.35）***	（5.32）***	（5.26）***
Constant	−0.133 6	−0.151 4	−0.151 6	−0.291 5	−0.290 7	−0.284 4
	（−1.57）	（−1.73）*	（−1.72）*	（−2.91）***	（−2.86）***	（−2.69）***
N	452	452	452	95	95	95
Adj. R^2	0.032	0.052	0.050	0.208	0.199	0.190
F	3.759 2***	3.350 2***	3.137 3***	8.495 3***	7.213 5***	7.999 5***

注：

①因变量 IARoa1，公司配股后的经营业绩，采用公司配股后三年经行业调整的总资产净利润率的均值衡量。解释变量 Mao，虚拟变量，如果公司配股申请前三年被出具非标准审计意见，取值为 1，否则为 0；DA 为应计盈余管理，采用公司配股申请前三年的均值衡量。

②“变迁前”为 2001 年配股管制变迁之前，“变迁后”为 2001 年配股管制变迁之后。

③括号里的为 *t* 值，经过了 White 异方差矫正。“*”“**”和“***”分别表示在 10%、5%和 1%水平下统计显著，下同。

表 6. 28 是采用 IARoa1 衡量公司配股业绩的国有企业样本的应计盈余管理与审计意见监管有用性经济后果的回归结果。可以发现，在国有企业样本的回归结果里，应计盈余管理 DA 对公司配股后的经营业绩 IARoa1 的回归系数，在变迁前统计上显著为负。这表明国有企业配股前的应计盈余管理水平越高，配股后的经营业绩越差。

在国有企业样本里，应计盈余管理 DA 与审计意见 Mao 的交乘项 DA×Mao 的回归系数，在变迁前和变迁后两个时期，在统计上都不显著。这表明国有企业的应计盈余管理对审计意见与公司配股后的经营业绩的相关性没有产生显著影响，即国有企业的应计盈余管理没有提升也没有降低审计意见与公司配股后的经营业绩的相关性。

表 6. 28　应计盈余管理与审计意见监管有用性的经济结果：国有企业

	因变量：IARoa1					
	变迁前			变迁后		
	(1)	(2)	(3)	(1)	(2)	(3)
Mao	0. 000 8	0. 005 1	0. 007 0	-0. 034 0	-0. 033 7	-0. 035 1
	(0. 08)	(0. 49)	(0. 88)	(-2. 30)**	(-2. 21)**	(-2. 38)**
DA		-0. 143 4	-0. 139 9		-0. 006 0	-0. 011 6
		(-1. 82)*	(-1. 65)*		(-0. 10)	(-0. 17)
DA×Mao			-0. 039 9			0. 049 3
			(-0. 31)			(0. 47)
Protect	0. 012 7	0. 012 0	0. 012 1	-0. 005 4	-0. 005 4	-0. 005 5
	(1. 77)*	(1. 73)*	(1. 75)*	(-0. 80)	(-0. 81)	(-0. 81)
Growth	0. 018 2	0. 014 8	0. 015 0	-0. 002 8	-0. 002 7	-0. 002 5
	(1. 75)*	(1. 51)	(1. 54)	(-0. 23)	(-0. 23)	(-0. 21)
Lev	-0. 052 7	-0. 051 6	-0. 052 1	0. 015 9	0. 015 3	0. 018 4
	(-1. 18)	(-1. 17)	(-1. 19)	(0. 77)	(0. 69)	(0. 80)
Size	0. 007 1	0. 008 4	0. 008 4	0. 004 7	0. 004 8	0. 004 3
	(1. 37)	(1. 53)	(1. 52)	(1. 13)	(1. 10)	(0. 97)
ROA	0. 221 2	0. 236 9	0. 235 2	0. 681 5	0. 677 3	0. 679 7
	(2. 10)**	(2. 26)**	(2. 25)**	(6. 01)***	(5. 53)***	(5. 51)***
Constant	-0. 166 3	-0. 190 1	-0. 189 7	-0. 135 3	-0. 136 2	-0. 128 2
	(-1. 58)	(-1. 73)*	(-1. 72)*	(-1. 50)	(-1. 47)	(-1. 35)

表6.28(续)

	因变量：IARoa1					
	变迁前			变迁后		
	(1)	(2)	(3)	(1)	(2)	(3)
N	384	384	384	78	78	78
Adj. R^2	0.034	0.055	0.052	0.244	0.233	0.223
F	2.982 4***	2.622 7**	2.457 7**	6.805 3***	5.729 3***	4.991 6***

注：

①回归样本是国有企业样本。因变量 IARoa1，公司配股后的经营业绩，采用公司配股后三年经行业调整的总资产净利润率的均值衡量。解释变量 Mao，虚拟变量，如果公司配股申请前三年被出具非标准审计意见，取值为 1，否则为 0；DA 为应计盈余管理，采用公司配股申请前三年的均值衡量。

②"变迁前"为 2001 年配股管制变迁之前，"变迁后"为 2001 年配股管制变迁之后。

③括号里的为 t 值，经过了 White 异方差矫正。"*""**"和"***"分别表示在 10%、5%和 1%水平下统计显著，下同。

表 6.29 是采用 IARoa1 衡量公司配股业绩的非国有企业样本的应计盈余管理与审计意见监管有用性经济后果的回归结果。可以发现，在非国有企业样本的回归结果里，应计盈余管理 DA 对公司配股后的经营业绩 IARoa1 的回归系数，在变迁前和变迁后两个时期在统计上都不显著。这表明非国有企业配股前的应计盈余管理对配股后的经营业绩没有影响。

在非国有企业样本里，应计盈余管理 DA 与审计意见 Mao 的交乘项 DA×Mao 的回归系数，在变迁前和变迁后两个时期，在统计上都不显著。这表明非国有企业的应计盈余管理对审计意见与公司配股后的经营业绩的相关性没有产生显著影响，即非国有企业的应计盈余管理没有提升也没有降低审计意见与公司配股后的经营业绩的相关性。

表 6.29　应计盈余管理与审计意见监管有用性的经济结果：非国有企业

	因变量：IARoa1					
	变迁前			变迁后		
	(1)	(2)	(3)	(1)	(2)	(3)
Mao	0.013 4	0.020 5	0.020 3	−0.014 3	−0.018 9	−1.952 5
	(1.20)	(1.91)*	(1.72)*	(−0.22)	(−0.27)	(−1.50)
DA		−0.082 8	−0.082 9		0.068 2	0.125 0
		(−1.47)	(−1.27)		(0.29)	(0.49)
DA×Mao			0.001 3			37.170 0
			(0.01)			(1.52)

表6.29(续)

	因变量：IARoa1					
	变迁前			变迁后		
	(1)	(2)	(3)	(1)	(2)	(3)
Protect	0.011 6	0.013 8	0.013 8	0.015 8	0.016 1	0.027 0
	(1.17)	(1.47)	(1.48)	(0.50)	(0.48)	(0.69)
Growth	-0.000 1	-0.000 2	-0.000 2	-0.109 0	-0.109 3	-0.122 7
	(-0.11)	(-0.20)	(-0.18)	(-1.46)	(-1.39)	(-1.50)
Lev	-0.092 0	-0.111 2	-0.111 2	0.331 7	0.347 8	0.525 1
	(-1.76)*	(-2.27)**	(-2.21)**	(0.93)	(0.91)	(1.16)
Size	0.003 2	0.002 9	0.002 9	0.033 1	0.031 9	0.032 2
	(0.48)	(0.46)	(0.46)	(1.61)	(1.35)	(1.20)
ROA	-0.026 3	-0.093 8	-0.093 5	2.642 9	2.630 0	3.184 4
	(-0.15)	(-0.58)	(-0.53)	(1.66)	(1.54)	(1.57)
Constant	-0.039 0	-0.018 8	-0.018 9	-0.959 2	-0.939 5	-1.045 9
	(-0.29)	(-0.15)	(-0.15)	(-1.92)*	(-1.68)	(-1.54)
N	68	68	68	17	17	17
Adj. R^2	0.047	0.068	0.052	0.172	0.084	0.097
F	3.130 7***	3.826 2***	4.495 7***	1.026 7	1.322 3	1.21

注：

①回归样本是非国有企业样本。因变量IARoa1，公司配股后的经营业绩，采用公司配股后三年经行业调整的总资产净利润率的均值衡量。解释变量Mao，虚拟变量，如果公司配股申请前三年被出具非标准审计意见，取值为1，否则为0；DA为应计盈余管理，采用公司配股申请前三年的均值衡量。

②“变迁前”为2001年配股管制变迁之前，“变迁后”为2001年配股管制变迁之后。

③括号里的为t值，经过了White异方差矫正。“*”“**”和“***”分别表示在10%、5%和1%水平下统计显著，下同。

表6.30是采用IARoa1衡量公司配股业绩的真实盈余管理与审计意见监管有用性经济后果的回归结果。可以发现，真实盈余管理RM对公司配股后的经营业绩IARoa1的回归系数，在变迁前统计上显著为负。这表明公司配股前的真实盈余管理水平越高，配股后的经营业绩越差。

真实盈余管理RM与审计意见Mao的交乘项RM×Mao的回归系数，在变迁前和变迁后两个时期都为正，但在统计上不显著。这表明真实盈余管理对审计意见与公司配股后的经营业绩的相关性不会产生显著影响，即真实盈余管理没有提升也没有降低审计意见与公司配股后的经营业绩的相关性。

表 6.30　　真实盈余管理与审计意见监管有用性的经济结果

	因变量：IARoa1					
	变迁前			变迁后		
	(1)	(2)	(3)	(1)	(2)	(3)
Mao	0.001 5	0.001 5	0.001 5	-0.019 4	-0.020 1	-0.017 2
	(0.18)	(0.18)	(0.19)	(-1.69)*	(-1.86)*	(-1.85)*
RM		-0.044 7	-0.046 0		0.030 5	0.020 2
		(-3.36)***	(-3.30)***		(1.04)	(0.62)
RM×Mao			0.019 1			0.121 8
			(0.45)			(1.35)
Protect	0.013 1	0.013 9	0.013 8	-0.011 7	-0.013 0	-0.011 6
	(2.04)**	(2.16)**	(2.14)**	(-1.39)	(-1.43)	(-1.23)
Growth	0.001 5	0.001 3	0.001 3	-0.035 2	-0.033 6	-0.033 0
	(0.66)	(0.56)	(0.54)	(-1.50)	(-1.51)	(-1.45)
Lev	-0.047 8	-0.042 6	-0.042 3	0.046 2	0.041 9	0.049 9
	(-1.23)	(-1.10)	(-1.09)	(1.25)	(1.21)	(1.44)
Size	0.005 6	0.004 1	0.004 1	0.011 3	0.012 2	0.010 4
	(1.34)	(0.97)	(0.97)	(2.48)**	(2.47)**	(1.86)*
ROA	0.237 3	0.200 6	0.200 9	0.856 6	0.861 7	0.865 0
	(2.66)***	(2.31)**	(2.31)**	(5.35)***	(5.37)***	(5.36)***
Constant	-0.133 6	-0.102 8	-0.102 9	-0.291 5	-0.306 1	-0.273 1
	(-1.57)	(-1.19)	(-1.19)	(-2.91)***	(-2.85)***	(-2.30)**
N	452	452	452	95	95	95
Adj. R^2	0.032	0.039	0.037	0.208	0.208	0.208
F	3.759 2***	5.905 1***	5.195 3***	8.495 3***	7.654 1***	7.650 0***

注：

①因变量 IARoa1，公司配股后的经营业绩，采用公司配股后三年经行业调整的总资产净利润率的均值衡量。解释变量 Mao，虚拟变量，如果公司配股申请前三年被出具非标准审计意见，取值为 1，否则为 0；RM 为真实盈余管理，采用公司配股申请前三年的均值衡量。

②“变迁前”为 2001 年配股管制变迁之前，“变迁后”为 2001 年配股管制变迁之后。

③括号里的为 t 值，经过了 White 异方差矫正。“*”“**”和“***”分别表示在 10%、5%和 1%水平下统计显著，下同。

表 6.31 是采用 IARoa1 衡量公司配股业绩的国有企业的真实盈余管理与审计意见监管有用性经济后果的回归结果。可以发现，在国有企业样本的回归结果里，真实盈余管理 RM 对公司配股后的经营业绩 IARoa1 的回归系数，在变迁前统计上显著为负。这表明国有企业配股前的真实盈余管理水平越高，配股后的经营业绩越差。

在国有企业样本里，真实盈余管理 RM 与审计意见 Mao 的交乘项 RM×Mao 的回归系数，在变迁后统计上显著为正。这表明国有企业的真实盈余管理对审计意见与公司配股后的经营业绩的相关性会产生显著影响，即国有企业的真实盈余管理降低了审计意见与公司配股后的经营业绩的相关性。

表 6.31　真实盈余管理与审计意见监管有用性的经济结果：国有企业

	因变量：IARoa1					
	变迁前			变迁后		
	(1)	(2)	(3)	(1)	(2)	(3)
Mao	0.000 8	-0.000 4	-0.000 5	-0.034 0	-0.034 2	-0.022 0
	(0.08)	(-0.04)	(-0.05)	(-2.30)**	(-2.27)**	(-1.87)*
RM		-0.055 3	-0.054 8		-0.009 4	-0.025 3
		(-3.54)***	(-3.36)***		(-0.41)	(-1.05)
RM×Mao			-0.007 3			0.203 0
			(-0.13)			(2.05)**
Protect	0.012 7	0.014 0	0.014 0	-0.005 4	-0.005 0	-0.003 5
	(1.77)*	(1.95)*	(1.94)*	(-0.80)	(-0.68)	(-0.50)
Growth	0.018 2	0.019 9	0.020 0	-0.002 8	-0.002 9	-0.002 3
	(1.75)*	(1.95)*	(1.93)*	(-0.23)	(-0.24)	(-0.19)
Lev	-0.052 7	-0.046 6	-0.046 7	0.015 9	0.017 1	0.034 9
	(-1.18)	(-1.04)	(-1.04)	(0.77)	(0.81)	(1.44)
Size	0.007 1	0.005 6	0.005 6	0.004 7	0.004 4	0.001 0
	(1.37)	(1.07)	(1.07)	(1.13)	(0.98)	(0.20)
ROA	0.221 2	0.168 6	0.168 1	0.681 5	0.678 3	0.681 8
	(2.10)**	(1.65)*	(1.64)	(6.01)***	(5.81)***	(5.55)***
Constant	-0.166 3	-0.135 0	-0.134 9	-0.135 3	-0.128 6	-0.066 0
	(-1.58)	(-1.28)	(-1.28)	(-1.50)	(-1.35)	(-0.65)
N	384	384	384	78	78	78
Adj. R^2	0.034	0.044	0.041	0.244	0.234	0.259
F	2.982 4***	5.442 7***	4.791 6***	6.805 3***	6.149 0***	5.820 6***

注：

①回归样本是国有企业样本。因变量 IARoa1，公司配股后的经营业绩，采用公司配股后三年经行业调整的总资产净利润率的均值衡量。解释变量 Mao，虚拟变量，如果公司配股申请前三年被出具非标准审计意见，取值为 1，否则为 0；RM 为真实盈余管理，采用公司配股申请前三年的均值衡量。

②“变迁前”为 2001 年配股管制变迁之前，“变迁后”为 2001 年配股管制变迁之后。

③括号里的为 t 值，经过了 White 异方差矫正。“*”“**”和“***”分别表示在 10%、5%和 1%水平下统计显著，下同。

表 6.32 是采用 IARoa1 衡量公司配股业绩的非国有企业的真实盈余管理与审计意见监管有用性经济后果的回归结果。可以发现，在非国有企业样本的回归结果里，真实盈余管理 RM 对公司配股后的经营业绩 IARoa1 的回归系数，在变迁前和变迁后两个时期，在统计上都不显著。这表明非国有企业配股前的真实盈余管理对配股后的经营业绩没有影响。

在非国有企业的样本里，真实盈余管理 RM 与审计意见 Mao 的交乘项 RM×Mao 的回归系数，在变迁前统计上不显著，在变迁后统计上显著为负。但由于在变迁后审计意见对配股后的经营业绩没有影响，因而也不存在审计意见与公司配股后经营业绩的相关性是否受真实盈余管理的影响。所以，数据表明，非国有企业的真实盈余管理对审计意见与公司配股后的经营业绩的相关性不会产生显著影响，即非国有企业的真实盈余管理没有提升也没有降低审计意见与公司配股后的经营业绩的相关性。

表 6.32 真实盈余管理与审计意见监管有用性的经济结果：非国有企业

	因变量：IARoa1					
	变迁前			变迁后		
	(1)	(2)	(3)	(1)	(2)	(3)
Mao	0.013 4	0.018 2	0.020 6	-0.014 3	-0.044 5	0.049 6
	(1.20)	(1.49)	(1.48)	(-0.22)	(-0.50)	(0.93)
RM		-0.031 7	-0.031 2		0.162 3	0.216 1
		(-1.19)	(-1.16)		(0.97)	(1.34)
RM×Mao			-0.025 2			-1.505 5
			(-0.50)			(-1.94)*
Protect	0.011 6	0.010 7	0.010 8	0.015 8	0.007 6	0.018 0
	(1.17)	(1.11)	(1.10)	(0.50)	(0.20)	(0.43)
Growth	-0.000 1	-0.000 3	-0.000 2	-0.109 0	-0.096 7	-0.108 9
	(-0.11)	(-0.37)	(-0.34)	(-1.46)	(-1.71)	(-2.08)*
Lev	-0.092 0	-0.093 6	-0.094 6	0.331 7	0.351 3	0.560 5
	(-1.76)*	(-1.80)*	(-1.79)*	(0.93)	(1.00)	(1.52)
Size	0.003 2	0.001 0	0.000 9	0.033 1	0.031 9	0.033 2
	(0.48)	(0.13)	(0.12)	(1.61)	(1.55)	(1.34)
ROA	-0.026 3	-0.067 4	-0.072 5	2.642 9	2.617 2	3.307 6
	(-0.15)	(-0.35)	(-0.36)	(1.66)	(1.77)	(1.95)*

表6.32(续)

	因变量：IARoa1					
	变迁前			变迁后		
	(1)	(2)	(3)	(1)	(2)	(3)
Constant	−0.039 0	0.011 1	0.013 5	−0.959 2	−0.926 6	−1.067 7
	(−0.29)	(0.07)	(0.09)	(−1.92)*	(−1.86)*	(−1.66)
N	68	68	68	17	17	17
Adj. R^2	0.047	0.054	0.039	0.172	0.174	0.258
F	3.130 7***	3.019 6***	2.807 6**	1.026 7	1.121 5	1.69

注：

①回归样本是非国有企业样本。因变量 IARoa1，公司配股后的经营业绩，采用公司配股后三年经行业调整的总资产净利润率的均值衡量。解释变量 Mao，虚拟变量，如果公司配股申请前三年被出具非标准审计意见，取值为 1，否则为 0；RM 为真实盈余管理，采用公司配股申请前三年的均值衡量。

②“变迁前”为 2001 年配股管制变迁之前，“变迁后”为 2001 年配股管制变迁之后。

③括号里的为 t 值，经过了 White 异方差矫正。“*”“**”和“***”分别表示在 10%、5%和 1%水平下统计显著，下同。

6.5 本章小结

审计意见的监管有用性是转型经济国家资本市场发展的重要支撑基础。而对于审计意见监管有用性是否受到盈余管理的影响以及产生的经济后果，学术界缺乏深入的考察。本章根据我国特殊的配股管制背景，考察盈余管理对审计意见监管有用性的影响及其经济后果，具有重要的理论意义和现实意义。

本章选取 2001 年配股管制变迁前后三年进行配股申请的上市公司进行考察。将 2001 年配股管制变迁前后三年作为研究窗口的原因在于，2001 年的配股管制政策明确强调将审计意见纳入配股管制的内容。这一管制变迁，意味着审计意见正式作为证监会对上市公司配股申请进行审核的一个基本条件，也可能意味着审计意见的治理功能会受到影响。因此，本章将 2001 年配股管制变迁前后三年作为研究窗口，可以比较审计意见纳入管制变迁前后的监管有用性以及受盈余管理的影响和经济后果。

本章的经验数据显示，非经营性盈余管理和应计盈余管理，在审计意见纳入管制时期和未纳入管制时期都被审计意见反映，并且反映的程度有上升的趋势。这表明我国证券市场上的审计意见的治理功能在逐渐提高。但是，真实盈余管理在变迁前和变迁后两个时期都没有被审计意见反映，印证了真实盈余管理具有较强的隐蔽性。进一步发现，审计意见的监管有用性仅在管制变迁前具有统计上的显著性，并且会受到非经营性盈余管理的影响，表现为非经营性盈余管理削弱了审计意见的监管有用性，但这仅体现在非国有企业，这表明监管者和审计意见在盈余管理的治理上具有替代关系。最后，在经济后果的考察上，审计意见与配股后的经营业绩具有相关性，即非标准审计意见与配股后的经营业绩显著负相关，但只在变迁后的国有企业得到体现，这表明我国的配股管制具有有效性。并且，审计意见与配股后的经营业绩的相关性会受到真实盈余管理的影响，表现为真实盈余管理降低了审计意见与配股后的经营业绩的相关性，但只在国有企业得到体现。导致这一情形的原因在于，由于真实盈余管理隐蔽性强，审计意见不能对其进行有效反映。

本章的启示如下：

（1）加强审计意见对盈余管理的治理功能，特别是加强审计意见对真实盈余管理的治理功能，有利于我国证券市场的健康发展。

（2）提高我国监管者的监管能力和制度变迁的有效性，有助于上市公司质量的提高和资源的优化配置。

（3）充分有效利用审计意见和监管的治理效力，有助于规范和提高上市公司的行为和治理水平，共同推动我国资本市场的健康发展。

7 盈余管理、法律变迁与审计定价

本章基于我国特有的法律变迁环境，考察盈余管理对审计定价的影响。盈余管理会提高审计风险，而在不同的法律变迁环境下，盈余管理带来的审计风险也会有所不同。审计风险可能会促使审计师加大投入来减少审计失败的概率，从而减少审计师的损失，而审计投入的增加会导致审计费用的上升。同时，为了补偿审计风险带来的损失，审计师也可能通过提高审计定价来获得一份风险补偿。因而，审计风险会推动审计定价的提升。那么，到底审计定价是否有效考虑了在不同的法律变迁环境下盈余管理所带来的风险？这是一个需要进行经验考察的问题。

2006年，中国实施新的《中华人民共和国公司法》（以下简称《公司法》）、《中华人民共和国证券法》（以下简称《证券法》），加大了对投资者的利益保护，提高了中国的法律水平，是中国一个重要的法律变迁。本章采用中国的资本市场数据，考察2006年法律变迁前后盈余管理对审计定价的影响。研究发现，在2006年法律变迁前后，应计盈余管理与真实盈余管理对审计定价都没有显著影响。经验结果表明，尽管2006年法律变迁后，会计师事务所面临的审计风险有所提高，但是应计盈余管理与真实盈余管理所带来的审计风险，并没有在审计定价中得到反映。这意味着我国的审计定价和法律水平在盈余管理的治理上还没有表现出应有的治理效应，还有待加强。

本章的结构安排如下：第一部分为引言，第二部分为理论分析和研究假设，第三部分为数据样本和研究方法，第四部分为实证结果及分析，第五部分为研究结论和启示。

7.1 引言

盈余管理会让审计师承受一定的审计风险，进而推动审计费用的提升。但是，现有的文献对盈余管理与审计定价关系的研究存在争议。因此，本章立足于中国的制度背景，考察盈余管理对审计定价的影响，以此为该领域的研究提供进一步的经验证据。

同时，在不同的法律变迁环境，审计师面临的审计风险可能有所不同。因此，在不同的法律变迁环境，盈余管理所带来的审计风险也可能会有所不同。Seetharaman 等（2002）和 Choi 等（2008）就发现，在法律水平高的国家，审计师面临的审计风险也高，导致其审计定价偏高。2006 年，中国执行新的《公司法》《证券法》，加大了对投资者的利益保护，提高了中国的法律水平，是中国一个重要的法律变迁。2006 年的法律变迁是否提高了审计师面临审计风险，特别是盈余管理带来的审计风险，进而影响到审计定价？这是需要学术界进行思考和回答的问题。

鉴于此，本章基于我国 2006 年法律变迁，考察其变迁前后盈余管理对审计定价的影响。采用 2001—2009 年的中国资本市场的数据研究发现，在 2006 年法律变迁前后，应计盈余管理与真实盈余管理对审计定价都没有显著影响。经验结果表明，尽管 2006 年法律变迁后，会计事务所面临的审计风险有所提高，但是应计盈余管理与真实盈余管理所带来的审计风险，并没有在审计定价中得到反映。

本章可能的贡献如下：

（1）从应计盈余管理和真实盈余管理考察审计定价的影响，为盈余管理与审计定价的关系的研究提供进一步的经验证据。

（2）将我国法律变迁纳入分析，在不同法律变迁环境下，比较分析应计盈余管理和真实盈余管理对审计定价的影响差异，拓展了法与公司治理的研究领领域。

（3）本章立足中国的制度背景进行考察，研究盈余管理、法律变迁对审计定价的影响，研究结论为其他转型经济国家提供一定的借鉴和启示。

7.2 理论分析和研究假设

盈余管理会提高审计师的审计风险，进而会影响审计师的行为。Lys 和

Watts（1994）、Heninger（2001）、蔡春等（2011）认为，盈余管理降低了会计信息质量，使得审计师在财务报表审计过程中承担一定的风险。

根据 Simunic（1980）的观点，审计师面临的审计风险加大，他们会采取相应的策略来应对风险。由于审计风险会给审计师带来损失，审计师要么加大审计投入来减少审计风险，从而尽量减少审计失败带来的损失，要么提高审计收费来补偿审计风险带来的损失，两者的结果都会使审计收费上升。因此，可以推论，盈余管理带来的审计风险会提高审计师的审计收费。

然而，现有的研究关于盈余管理与审计定价的关系的结论，却存在争议。Frankel 等（2002）、Abbott 等（2006）、Choi 等（2010）的研究发现，应计盈余管理与审计收费正相关，应计盈余管理，提高了审计定价。但是，Ashbaugh 等（2003）、Larcker 和 Richardson（2004）、Srinidhi 和 Gul（2007）的研究，却没有发现应计盈余管理对审计收费有显著影响。

那么，到底应计盈余管理是否可以推动审计定价的提升？这仍然是一个需要进行经验检验的问题。

根据 Schipper（1989）的理论，盈余管理在表现方式上，除了有应计盈余管理，还有真实盈余管理。并且，相对于应计盈余管理，真实盈余管理给审计师带来的审计风险更大（Kim & Park，2014）。因为，按照应计盈余管理与真实盈余管理的定义，应计盈余管理只是影响公司的应计利润而不影响公司的现金流，而真实盈余管理影响公司的现金流和当期利润从而损害公司的长期价值。因此，相对于应计盈余管理，真实盈余管理对审计定价的影响更大。

然而，现有的研究集中于应计盈余管理对审计定价影响的研究，并且研究结论存在争议。而关于真实盈余管理是否提高审计风险，进而提高审计收费，是需要进行实证检验的经验问题。基于上述分析，应计盈余管理与真实盈余管理，都可能对审计定价产生影响。由此，提出假设 H1。

假设 H1：应计盈余管理与真实盈余管理，都能提高审计定价。

Seetharaman 等（2002）及 Choi 等（2008）认为，审计师在不同的法律环境，意味着审计师面临不同的法律风险，因而其伴随的审计风险也不同。在法律水平高的环境，审计师的法律风险也高，从而增加了他们在审计工作中的审计风险，促使审计费用提高。

按照 Simunic（1980）的审计定价模型，证券市场上这种高的审计风险会体现在审计师的审计收费上。法律环境越完善，审计失败被发现的概率就越高，同时加上巨大的惩罚和损失赔偿，让审计师承担的法律成本也越大，使得审计师产生巨大的损失。审计师一方面可能为了避免或降低审计风险带来的这种损失而加大审计投入从而提高审计费用（Simunic，1980；Simunic & Stein，1996），另一方面可能为了抵销未来可能产生的巨大的法律成本损失而提高审计费用（Pratt & Stice，1994；Gramling，等，1998）。两者的作用都会提高审计师的审计收费。Simunic（1980）、Palmrose（1986）及 Simunic 和 Stein（1996）采用美国的数据研究发现，美国市场上高法律风险的公司审计收费也高，实证结果支持了上面的观点。

盈余管理是审计师面临的主要审计风险（Simunic & Stein，1990）。在不同的法律变迁环境下，盈余管理给审计师带来的审计风险也可能不同。

2006 年，我国执行新的《公司法》《证券法》，加大了对市场投资者的利益保护，提升了我国的法律水平，是中国的一个重要的法律变迁。根据上述的分析可知，在法律变迁后，我国的法律水平得到提高，审计师面临的法律风险也随之提高，从而加大了盈余管理给审计师带来的审计风险。而为了应对审计风险，审计师可能为了降低风险而增加审计投入从而提高审计费用，或者为了补偿审计风险带来的损失从而提高审计费用。也就是说，审计风险会增加审计师的审计收费。由于盈余管理会带来审计风险，并且在法律水平高的环境下，盈余管理的审计风险也会相应提高，所以，盈余管理对审计定价的影响，也会在法律水平高的环境下得到增强。

综上所述，2006 年的法律变迁，让我国的法律水平得到提高，这会增加盈余管理所带来的审计风险，进而加强盈余管理对审计定价的影响。由于盈余管理分为应计盈余管理和真实盈余管理，因此，应计盈余管理和真实盈余管理对审计定价的影响，在法律变迁后，同样会得到加强。由此，提出假设 H2。

假设 H2：应计盈余管理与真实盈余管理对审计定价的影响，在法律变迁后得到增强。

7.3 数据样本和研究方法

7.3.1 数据样本

为了考察 2006 年法律变迁前后的盈余管理对审计定价的影响，本章选取了 2001—2009 年我国证券市场的上市公司作为研究样本。所采用数据均来自国泰安数据库（CSMAR），并对所选样本按照以下条件进行筛选。考虑到金融行业的特殊性，故对金融行业样本予以剔除；对有数据缺失的样本，给以剔除。按照上述条件筛选后，最后得到 10 458 个研究样本。

由于新《公司法》和《证券法》从 2006 年 1 月 1 日正式施行，2005 年的年度报告会受到新法律的影响，故将 2001—2004 年作为法律变迁前，2005—2009 年作为法律法律变迁后。表 7.1 是研究样本按年度分布的情况。

表 7.1　　研究样本的年度分布情况

年度	公司数	比率（%）
2001	1 007	9.63
2002	1 085	10.37
2003	1 143	10.93
2004	1 148	10.98
2005	1 168	11.17
2006	1 093	10.45
2007	1 090	10.42
2008	1 308	12.51
2009	1 416	13.54
合计	10 458	100

注：比率为百分比，为当年的样本数占总样本的百分比率。

7.3.2　盈余管理的计量

1. 应计盈余管理

DeChow 等（1995）认为，非操纵性应计会随着经营环境的变化而变化，修正后的 Jones 模型在衡量经营环境变动情形下的操纵性应计的效果比较好。DeFond 和 Subramanyan（1998）发现经行业横截面修正的 Jones 模型比时间序列修正后的 Jones 模型效度要好。由于我国上市公司的上市时间普遍不长，由此，本章采用修正的 Jones 模型（DeChow，等，1995）来估计操纵性应计，以此表征应计盈余管理。

$$\frac{TA_{i,t}}{A_{i,t-1}} = a_0\left(\frac{1}{A_{i,t-1}}\right) + a_1\left(\frac{\Delta REV_{i,t}}{A_{i,t-1}}\right) + a_2\left(\frac{PPE_{i,t}}{A_{i,t-1}}\right) + \varepsilon_{i,t} \tag{7-1}$$

首先，依照模型（7-1）分年度分行业进行横截面回归。参考 DeChow 等（1995）的做法，要求每个行业的样本数不少于 10 个，如果少于 10 个，则将其归属于相近的行业。$TA_{i,t}$是公司总应计利润，为经营利润减去经营活动现金流之差；$\Delta REV_{i,t}$为公司主营业务收入的变化额；$PPE_{i,t}$是公司固定资产账面价值；$A_{i,t-1}$是公司的总资产。

其次，用模型（7-1）得到的回归系数代入模型（7-2）计算每个样本的正常性应计 $NDA_{i,t}$。

$$NDA_{i,\ t} = a_0\left(\frac{1}{A_{i,\ t-1}}\right) + a_1\left(\frac{\Delta REV_{i,\ t} - \Delta REC_{i,\ t}}{A_{i,\ t-1}}\right) + a_2\left(\frac{PPE_{i,\ t}}{A_{i,\ t-1}}\right) \tag{7-2}$$

在模型（7-2）里，$\Delta REC_{i,t}$是公司应收账款的变化额。操纵性应计 $DA_{i,t}$ = $TA_{i,t}$ -$NDA_{i,t}$。

2. 真实盈余管理

参照 Roychowdhury（2006）和 Cohen 等（2008）的模型来估计真实盈余管理，包括三个方面：异常经营现金流 AbCFO、异常生产成本 AbProd 和异常酌量性费用（如研发、销售及管理费用）AbDisx。①

异常经营现金流 AbCFO，指公司经营活动产生的现金流的异常部分。它是由公司通过价格折扣和宽松的信用条款来进行产品促销引起的，虽然，公司的促销提高了当期的利润，但是，降低了当期单位产品的现金流量，从而导致公司的异常经营现金流 AbCFO 下降。公司为了抬高会计利润，通过价格折扣和宽松的信用条款等促销方式来增加销量从而形成超常销售，产生“薄利多销”的账上利润放大效应。但是，促销形成的超常销售，会降低单位产品的现金流量，而且，在既定的销售收入现金实现水平下，还会增加公司的销售应收款，增大公司坏账产生的财务风险，进而降低公司的当期现金流。并且，超常销售实际上已经超过公司正常销售水平，会在一定程度上增加公司相关的销售费用，吞噬公司的部分现金流。然而，只要产品销售能带来正的边际利润，超常销售还是会抬高公司的会计利润。因而最终的结果是，促销形成的超常销售抬高了公司当年利润，却因单位产品现金流量的降低和销售费用的上升，出现异常经营现金流 AbCFO 偏低。

异常生产成本 AbProd，Roychowdhury（2006）和 Cohen 等（2008）将之定义为销售成本与当年存货变动额之和的异常部分。换言之，生产成本为销售成本与当年存货变动额之和。它是由公司超量产品生产引起的，虽然，公司的超量生产能降低单位产品的成本，提高产品的边际利润，从而提高公司的当期利润，但是，超量生产增加了其他生产成本和库存成本，最后导致异常生产成本 AbProd 偏高。公司为了抬高会计利润，通过超量生产来摊低单位产品承担的固定成本，但是，超量生产实际上已经超过公司正常生产水平，会增加单位产

① 异常经营现金流 AbCFO、异常生产成本 AbProd 和异常酌量性费用 AbDisx，都用上一年的总资产进行标准化。

品的边际生产成本，然而，只要单位固定成本下降的幅度高于单位边际生产成本上升的幅度，单位销售成本就会出现下降，从而达到提高公司业绩的目的。但是，超量生产会导致产品的大量积压，增加公司的存货成本，同时，也会增加其他生产成本。在既定的销量水平下，尽管超量生产通过降低单位销售成本抬高了公司业绩，但是边际生产成本的上升和存货成本的增加，最终导致生产成本偏高，即在会计上表现为销售成本与当年增加的存货成本之和的提升，也导致异常生产成本 AbProd 偏高。

异常酌量性费用 AbDisx，指公司研发、销售及管理费用等酌量性费用的异常部分。它是公司为了提高当期利润，削减研发、销售及管理费用引起的，同时也会导致当期的现金流上升。公司为了抬高会计利润，通过削减研发、广告、维修和培训等销售和管理费用，造成公司当期的酌量性费用偏低，从而也让公司的异常酌量性费用偏低。

（1）异常经营现金流 AbCFO

$$\frac{CFO_{jt}}{A_{j,\ t-1}} = a_1 \frac{1}{A_{j,\ t-1}} + a_2 \frac{Sales_{jt}}{A_{j,\ t-1}} + a_3 \frac{\Delta Sales_{jt}}{A_{j,\ t-1}} + \varepsilon_{jt} \qquad (7\text{-}3)$$

首先，按模型（7-3）分年度分行业进行横截面回归，要求每个行业的样本数不少于 10 个，如果少于 10 个，则将其归属于相近的行业，下同。CFO_{jt}是公司的经营现金流，$Sales_{jt}$是公司的销售额，$\Delta Sales_{jt}$是公司销售变化额。其次，通过回归得到的系数估计出每个样本公司的正常经营现金流。最后，可算出异常经营现金流 AbCFO 为实际经营现金流与正常经营现金流的差值。

（2）异常生产成本 AbProd

$$\frac{Prod_{jt}}{A_{j,\ t-1}} = a_1 \frac{1}{A_{j,\ t-1}} + a_2 \frac{Sales_{jt}}{A_{j,\ t-1}} + a_3 \frac{\Delta Sales_{jt}}{A_{j,\ t-1}} + a_4 \frac{\Delta Sales_{j,\ t-1}}{A_{j,\ t-1}} + \varepsilon_{jt} \qquad (7\text{-}4)$$

用模型（7-4）进行分年度分行业横截面回归得到估计参数并据此计算各个样本公司的正常生产成本，异常生产成本 AbProd 为实际生产成本与正常生产成本之差。$Prod_{jt}$是公司的生产成本，为销售成本与存货变动额之和；$Sales_{jt}$是公司当期的销售额；$\Delta Sales_{jt}$是公司当期的销售变化额；$\Delta Sales_{j,t-1}$是公司上期的销售变化额。

（3）异常酌量性费用 AbDisx

$$\frac{Disx_{jt}}{A_{j,\ t-1}} = a_1 \frac{1}{A_{j,\ t-1}} + a_2 \frac{Sales_{j,\ t-1}}{A_{j,\ t-1}} + \varepsilon_{jt} \qquad (7\text{-}5)$$

依照模型（7-5）分年度分行业横截面回归得到估计参数并据此计算各个样本公司的正常酌量性费用，异常酌量性费用 AbDisx 为实际酌量性费用与正常酌量性费用之差。$Disx_{jt}$是公司的酌量性费用，为研发、销售及管理费用之和，考虑到中国财务报表把研发费用合并到了管理费用的情况，本章用销售和管理费用替代；$Sales_{j,t-1}$是公司上期的销售额。

以上三个指标，即异常经营现金流 AbCFO、异常生产成本 AbProd 和异常酌量性费用 AbDisx，体现了真实盈余管理的三种具体行为。公司向上操纵利润，可能采用真实盈余管理的一种行为或多种行为：低异常经营现金流 AbCFO，高异常生产成本 AbProd，抑或低异常酌量性费用 AbDisx。为了系统考量真实盈余管理的三种具体行为，仿照 Cohen 等（2008）和 Badertscher（2011）的做法，将三个指标聚集成一个综合指标，综合真实盈余管理 RM=-AbCFO+AbProd-AbDisx。综合真实盈余管理指标 RM，表示其值越高，公司通过真实盈余管理向上操纵的利润越大。

7.3.3 回归模型

为了检验本章的研究假设，参考 Simunic（1980）的研究方法，构建如下回归模型进行检验。

$$Auditfee = \alpha_0 + \alpha_1 EM + \sum \beta_i Control_i + \varepsilon \qquad (7-6)$$

因变量：Auditfee，为审计定价，即会计师事务所收取的审计费，取自然对数。

解释变量：EM，为公司的盈余管理。本章以应计盈余管理 DA 与真实盈余管理 RM 来分别衡量。需要说明的是，真实盈余管理 RM=-AbCFO+AbProd-AbDisx，即真实盈余管理为异常经营现金流 AbCFO、异常生产成本 AbProd 和异常酌量性费用 AbDisx 三个指标的集合指标。

控制变量 Control，具体包括如下变量：

Big，衡量会计师事务所规模，如果会计师事务所为国内前十大会计师事务所，取值为 1，否则为 0。会计师事务所规模以客户公司总资产之和来计量。放入该变量，是为了控制会计师事务所规模的影响。

Mao，表示审计意见，如果审计意见为非标准审计意见，取值为 1，否则为 0。放入该变量，是为了控制审计意见的影响。

Rec，应收账款与总资产的比率。放入该变量，是为了控制公司财务风险的影响。

Inv，存货与总资产的比率，控制公司经营风险的影响。

Lev，资产负债率，控制公司财务风险的影响。

Ngs，为公司地区分部的数量。放入该变量，是为了控制公司地区复杂的影响。

Nis，为公司业务分部的数量。放入该变量，是为了控制公司业务复杂的影响。

Loss，如果公司出现亏损，取值为1，否则为0。放入该变量，是为了控制公司业绩亏损的影响。

ROA，总资产净利润率，衡量公司业绩。放入该变量，是为了控制公司业绩的影响。

Size，公司规模，以公司总资产的自然对数衡量。放入该变量，是为了控制公司规模的影响。

此外，我们对回归模型中的连续变量都进行了1%水平的Winsorize处理，以此来控制极值的影响。

同时，为了控制回归模型的估计偏差，采用了Hausman检验。结果显示，拒绝采用随机效应的*F*值在统计上显著，因此本章采用固定效应进行回归估计，以此增加回归结果的稳健性。

7.4 实证结果及分析

7.4.1 描述性统计分析

表7.2是回归模型中各变量的描述性统计分析结果。可以发现，审计定价Auditfee，在法律变迁前的自然对数均值为12.970 4，转换为自然数为42.95万元，显著低于法律变迁后的自然对数均值13.159 0，转换为自然数为51.87万元，这可能是由法律变迁后审计师面临的法律风险有所提高或者是公司规模变大等原因引起的。应计盈余管理DA，在法律变迁前的均值为0.001 1，与法律变迁后的均值0.002 4在统计上没有显著差异。真实盈余管理RM，在法律变迁前的均值为-0.024 5，在统计上显著高于法律变迁后的均值-0.043 3。这表明，在法律变迁前后，上市公司都采用了负向的真实盈余管理。但是，在法律变迁后，负向真实盈余管理的程度，即负向真实盈余管理的绝对值，出现显著的上升。

前十大会计师事务所Big，在法律变迁前的均值为0.257 4，在统计上显著低于法律变迁后的均值0.291 5，表明法律变迁后前十大会计师事务所的市场份额有所提高，可能是市场对大型会计师事务所的需求增大，也可能是近年来我国会计师事务所的合并引起大型会计师事务所的市场份额增加。审计意见Mao，在法律变迁前出具非标准审计意见概率的均值为0.117 3，在统计上显著高于法律变迁后的均值0.086 7。这可能表明，在法律变迁后，法律水平的提高，加大了上市公司面临的法律风险和法律成本，公司为了规避和降低公司的法律风险和法律成本，采取相对规范和严谨的会计行为，从而被出示非标准审计意见的概率较低。应收账款占总资产的比率 Rec，在法律变迁前的均值为 0.145 6，显著高于法律变迁后的均值 0.101 8，表明法律变迁后公司的应收账款占总资产的比率有下降的趋势。存货占总资产的比率 Inv，在法律变迁前的均值为 0.144 3，在统计上显著低于法律变迁后的均值 0.171 5，表明在法律变迁后，公司的存货在增加，导致存货占比提高。资产负债率 Lev，在法律变迁前的均值为 0.495 6，在统计上显著低于法律变迁后的均值 0.540 7，表明在法律变迁后，公司的负债增加，财务风险有所扩大。公司地区分部数 Ngs，在法律变迁前的均值为 2.317 4，在统计上显著低于法律变迁后的均值 3.292 0。公司业务分部数 Nis，在法律变迁前的均值为 2.384 4，在统计上显著低于法律变迁后的均值 2.472 4。公司业绩 ROA，在法律变迁前的均值为 0.013 9，在统计上显著低于法律变迁后的均值 0.024 2。公司规模 Size，在法律变迁前的自然对数均值为 21.109 3，在统计上显著低于法律变迁后的均值 21.448 9。这表明，在法律变迁后，公司的业绩和规模都有所增加。

表 7.2　　**描述性统计分析结果**

	法律变迁前	法律变迁后	*t*	*z*
	均值	均值		
Auditfee	12.970 4	13.159 0	−16.27***	−15.59***
DA	0.001 1	0.002 4	−0.66	0.06
RM	−0.024 5	−0.043 3	4.60***	4.52***
Big	0.257 4	0.291 5	−3.88***	−3.85***
Mao	0.117 3	0.086 7	5.04***	5.14***
Rec	0.145 6	0.101 8	20.70***	22.09***
Inv	0.144 3	0.171 5	−9.91***	−8.85***
Lev	0.495 6	0.540 7	−9.09***	−9.89***
Ngs	2.317 4	3.292 0	−20.35***	−27.92***
Nis	2.384 4	2.472 4	−2.56**	−1.58
Loss	0.143 9	0.141 1	0.42	0.42
ROA	0.013 9	0.024 2	−6.33***	−6.08***
Size	21.109 3	21.448 9	−16.34***	−14.72***

注：

① *t* 值是均值检验得到的统计值，*z* 值是 Wilcoxon 秩检验得到统计值。

② “*”“**”和“***”分别表示在 10%、5%和 1%水平下统计显著（双尾检验），下同。

7.4.2 回归分析

1. 相关性分析

表 7.3 为因变量与解释变量的 Pearson 相关性分析结果。可以发现，审计定价 Auditfee 与应计盈余管理 DA 负相关，在 10%的水平下统计显著。审计定价 Auditfee 与真实盈余管理 RM 负相关，在 1%的水平下统计显著。相关性分析的结果表明，应计盈余管理与真实盈余管理，并没有提高审计定价。进一步的分析有待于多元回归分析。

表 7.3　因变量与解释变量的相关性分析结果

	Auditfee	DA	RM
Auditfee	1		
DA	-0.017 2*	1	
RM	-0.089 5***	0.355 1***	1

注：相关性分析采用的是 Pearson 相关性分析。“*”表示在 10%水平下统计显著，“**”表示在 5%水平下统计显著，“***”表示在 1%水平下统计显著，下同。

2. 回归结果及分析

表 7.4 是采用固定效应模型对应计盈余管理与审计定价进行回归的结果。可以发现，在没有放入控制变量进行回归时，应计盈余管理 DA 对审计定价 Auditfee 的回归系数，在全样本的回归里统计上不显著，在变迁前和变迁后的回归里同样在统计上不显著。这表明，应计盈余管理没有显著增加审计师的审计定价。也就是说，尽管应计盈余管理提高了审计师面临的审计风险，但是应计盈余管理的审计风险并没有在审计定价上得到反映。可见，即使法律变迁后，我国的法律水平有所提高，应计盈余管理所蕴含的审计风险也仍然没有在审计定价上得到有效反映。

在控制了相关变量进行回归后，应计盈余管理 DA 对审计定价 Auditfee 的回归系数，在统计上尽管显著，但是符合为负。这表明应计盈余管理并没有提高审计定价，其蕴含的审计风险没有在审计定价上得到反映。

在控制变量的回归结果方面，前十大会计师事务所 Big 的回归系数，在统计上显著为正，表明前十大会计师事务所的审计收费偏高。审计意见 Mao，在全样本的回归系数显著为正，表明非标准审计意见会让审计定价偏高。应收账款占总资产的比率 Rec，其回归系数在统计上显著为负，表明应收账款占比高的公司，审计收费偏低。存货占总资产的比率 Inv，在变迁后的回归系数显著为负，表明存货占比高的公司，审计收费偏低。资产负债率 Lev 的回归系数，在变迁后的回归系数显著为正，表明资产负债率高的公司，审计收费也高。公司地区分部 Ngs 的回归系数，在变迁前的回归系数显著为正，表明地区分部多的公司，审计收费也高。公司业绩亏损 Loss 的回归系数，在统计上显著为正，表明业绩亏损的公司，审计收费偏高。公司业绩 ROA 的回归系数，在统计上显著为正，表明业绩好的公司，审计收费高。公司规模 Size 的回归系数，在统计上显著为正，表明资产规模大的公司，审计收费要高。

表 7.4　　应计盈余管理与审计定价的回归结果：固定效应

	因变量：Auditfee					
	全样本		变迁前		变迁后	
	（1）	（2）	（1）	（2）	（1）	（2）
DA	0.008 3	−0.095 7	0.044 6	−0.017 5	−0.032 1	−0.091 2
	（0.21）	（−2.71）***	（0.83）	（−0.32）	（−0.76）	（−2.33）**
Big		0.076 6		0.109 3		0.057 9
		（5.26）***		（2.97）***		（4.20）***
Mao		0.024 7		0.014 1		0.014 2
		（1.68）*		（0.67）		（0.70）
Rec		−0.296 0		−0.074 7		−0.396 5
		（−5.50）***		（−1.07）		（−4.80）***
Inv		−0.087 0		0.057 8		−0.138 5
		（−1.61）		（0.68）		（−2.06）**
Lev		0.137 8		0.094 8		0.117 1
		（4.20）***		（1.63）		（2.86）***
Ngs		0.008 1		0.009 0		−0.002 1
		（3.10）***		（2.68）***		（−0.71）
Nis		0.003 7		0.001 8		0.000 5
		（0.87）		（0.35）		（0.13）
Loss		0.038 2		−0.012 7		0.037 8
		（3.27）***		（−0.68）		（2.84）***
ROA		0.240 7		0.140 9		0.177 2
		（3.18）***		（1.20）		（1.84）*
Size		0.283 7		0.145 7		0.272 2
		（22.32）***		（5.54）***		（17.07）***
Constant	13.079 9	6.945 8	12.970 4	9.794 3	13.159 1	7.300 0
	（178 724.72）***	（25.87）***	（210 227.62）***	（17.90）***	（128 377.47）***	（21.40）***

表7.4(续)

	因变量：Auditfee					
	全样本		变迁前		变迁后	
	(1)	(2)	(1)	(2)	(1)	(2)
N	10 458	10 458	4 383	4 383	6 075	6 075
Adj. R^2	-0.000	0.249	0.000	0.043	-0.000	0.249
F	0.045 1	63.244 9***	0.691 3	7.566 0***	0.570 3	36.759 0***

注：

①回归方法采用的是固定效应模型。因变量 Auditfee，审计定价，采用其自然对数衡量。解释变量 DA 为应计盈余管理。

②"变迁前"为 2006 年法律变迁之前，"变迁后"为 2006 年法律变迁之后。

③括号里的为 t 值，经过了 Cluster 参差矫正。"*""**"和"***"分别表示在 10%、5%和 1%水平下统计显著，下同。

表 7.5 是采用固定效应模型对真实盈余管理与审计定价进行回归的结果。可以发现，在没有放入控制变量进行回归时，真实盈余管理 RM 对审计定价 Auditfee 的回归系数，在全样本的回归里统计上不显著，在变迁前和变迁后的回归里同样在统计上不显著。这表明，真实盈余管理没有显著增加审计师的审计定价。也就是说，尽管真实盈余管理提高了审计师面临的审计风险，但是真实盈余管理的审计风险并没有在审计定价上得到反映。并且，即使法律变迁后，我国的法律水平有所提高，真实盈余管理所蕴含的审计风险也仍然没有在审计定价上得到有效反映。

在控制了相关变量进行回归后，真实盈余管理 RM 对审计定价 Auditfee 的回归系数，在统计上尽管显著，但是符合为负。这表明真实盈余管理并没有提高审计定价，其蕴含的审计风险没有在审计定价上得到反映。

结合表 7.4 和表 7.5 的回归结果可知，本章的研究假设 H1 没有得到支持，即应计盈余管理与真实盈余管理没有提高审计师的审计定价。

表 7.5　　　　真实盈余管理与审计定价的回归结果：固定效应

	因变量：Auditfee					
	全样本		变迁前		变迁后	
	(1)	(2)	(1)	(2)	(1)	(2)
RM	-0.027 2	-0.044 9	-0.021 6	-0.065 2	-0.006 6	-0.035 3
	(-1.03)	(-2.00)**	(-0.59)	(-1.66)*	(-0.26)	(-1.55)

表7.5(续)

	因变量：Auditfee					
	全样本		变迁前		变迁后	
	(1)	(2)	(1)	(2)	(1)	(2)
Big		0.080 9		0.118 8		0.059 7
		(5.43)***		(3.19)***		(4.23)***
Mao		0.019 7		0.012 7		0.012 9
		(1.37)		(0.61)		(0.64)
Rec		−0.324 6		−0.086 8		−0.419 7
		(−6.04)***		(−1.28)		(−5.11)***
Inv		−0.084 9		0.103 5		−0.132 9
		(−1.52)		(1.21)		(−1.92)*
Lev		0.149 8		0.097 7		0.126 3
		(4.48)***		(1.65)*		(3.01)***
Ngs		0.008 8		0.011 5		−0.001 5
		(3.19)***		(3.10)***		(−0.49)
Nis		0.002 5		−0.000 6		−0.000 4
		(0.58)		(−0.11)		(−0.08)
Loss		0.034 6		−0.012 2		0.034 6
		(2.97)***		(−0.67)		(2.56)**
ROA		0.184 6		0.138 9		0.134 0
		(2.44)**		(1.23)		(1.39)
Size		0.274 8		0.135 5		0.263 5
		(20.82)***		(5.01)***		(16.17)***
Constant	13.085 7	7.132 9	12.971 9	10.000 4	13.166 5	7.482 7
	(13 930.07)***	(25.50)***	(14 392.50)***	(17.71)***	(11 971.26)***	(21.39)***
N	9 813	9 813	4 046	4 046	5 767	5 767
Adj. R^2	0.000	0.238	−0.000	0.043	−0.000	0.239
F	1.060 2	55.870 8***	0.343 8	7.067 4***	0.067 6	33.664 3***

注：

①回归方法采用的是固定效应模型。因变量 Auditfee，审计定价，采用其自然对数衡量。解释变量 RM，为真实盈余管理。

②“变迁前”为 2006 年法律变迁之前，“变迁后”为 2006 年法律变迁之后。

③括号里的为 t 值，经过了 Cluster 参差矫正。“*”“**”和“***”分别表示在 10%、5%和 1%水平下统计显著，下同。

表 7.6 是应计盈余管理与真实盈余管理、法律变迁与审计定价的固定效应回归结果。可以发现，在应计盈余管理 DA 的回归结果里，盈余管理 EM 与法律变迁 Law 的交乘项 EM×Law，回归系数在统计上不显著。

同样，在真实盈余管理 RM 的回归结果里，盈余管理 EM 与法律变迁 Law 的交乘项 EM×Law，回归系数在统计上也不显著。

经验数据表明，2006 年的法律变迁，并没有增强应计盈余管理与真实盈余管理对审计定价的影响。这意味着，尽管 2006 年的法律变迁让我国的法律水平有所提高，但是，并没有强化应计盈余管理与真实盈余管理对审计定价的影响。本章的研究假设 H2 没有得到支持。

表 7.6　应计盈余管理与真实盈余管理、法律变迁与审计定价的回归结果：固定效应

	因变量：Auditfee			
	EM＝DA		EM＝RM	
	（1）	（2）	（1）	（2）
EM	−0.018 2	−0.035 3	−0.009 3	−0.059 1
	（−0.31）	（−0.63）	（−0.25）	（−1.68）*
EM×Law	0.109 1	−0.086 6	0.005 0	0.039 9
	（1.39）	（−1.27）	（0.11）	（0.99）
Law	0.197 3	0.086 5	0.190 7	0.088 6
	（20.13）***	（9.52）***	（18.76）***	（9.32）***
Big		0.077 3		0.081 8
		（5.43）***		（5.62）***
Mao		0.023 1		0.017 4
		（1.59）		（1.24）
Rec		−0.151 3		−0.176 1
		（−2.80）***		（−3.27）***
Inv		−0.105 5		−0.111 2
		（−1.99）**		（−2.04）**
Lev		0.071 9		0.085 1
		（2.21）**		（2.56）**
Ngs		0.004 5		0.005 0
		（1.71）*		（1.84）*
Nis		0.004 4		0.003 4
		（1.08）		（0.80）

表7.6(续)

	因变量：Auditfee			
	EM＝DA		EM＝RM	
	(1)	(2)	(1)	(2)
Loss		0.027 2		0.024 9
		(2.38)**		(2.18)**
ROA		0.191 5		0.147 5
		(2.59)***		(2.00)**
Size		0.255 0		0.246 4
		(19.77)***		(18.56)***
Constant	12.965 2	7.539 4	12.974 4	7.719 9
	(2 276.68)***	(27.73)***	(2 186.53)***	(27.49)***
N	10 458	10 458	9 813	9 813
Adj. R^2	0.113	0.265	0.106	0.254
F	139.062 1***	60.163 4***	119.623 0***	53.627 7***

注：

①回归方法采用的是固定效应模型。因变量 Auditfee，审计定价，采用其自然对数衡量。解释变量 EM，为盈余管理变量，分别采用应计盈余管理 DA 和真实盈余管理 RM 衡量。Law，为衡量 2006 年的法律变迁变量，如果在 2006 年法律变迁之前，取值为 0，反之，如果在 2006 年法律变迁之后，取值为 1。EM×Law，为盈余管理 EM 与法律变迁 Law 的交乘项。

②括号里的为 *t* 值，经过了 Cluster 参差矫正。“*”“**”和“***”分别表示在 10%、5%和 1%水平下统计显著，下同。

7.4.3 稳健性测试

为了检验上述结论的稳健性，本章进行了如下敏感性测试。

（1）为了检验 2006 年新《公司法》和《证券法》实施前后盈余管理对审计定价的影响，本章选择了 2001—2009 年作为考察的研究窗口。根据我国上市公司信息披露的规定，2005 年的公司年报是在 2006 年的 1 月至 4 月披露，因而 2005 年的公司年报会受到新《公司法》和《证券法》实施的影响。因此，上述的分析将 2005 年的样本划分到法律变迁后。但是，2005 年的样本同样也会受到 2006 年法律变迁前的旧法律影响。为了避免 2005 年的样本受到法律变迁前后新旧法律的双重影响，本章将 2005 年的样本剔除出原来的研究样本。这样，法律变迁前的样本为 2001—2004 年的上市公司样本，法律变迁后的样本为 2006—2009 年的上市公司样本。将剔除后的样本用上述模型进行回归，回归结果报告于表 7.7 至表 7.9，经验结果表明本章的结论依然稳健。

表 7.7 是采用剔除后的样本对应计盈余管理与审计定价进行固定效应回归的结果。可以发现，在剔除掉 2005 年的样本后，在没有放入控制变量时，应计盈余管理 DA 对审计定价 Auditfee 的回归系数，在全样本的回归里统计上不显著，在变迁前和变迁后的回归里同样在统计上不显著。这表明，应计盈余管理没有显著增加审计师的审计定价。也就是说，尽管应计盈余管理提高了审计师面临的审计风险，但是应计盈余管理的审计风险并没有在审计定价上得到反映。并且，即使法律变迁后，我国的法律水平有所提高，应计盈余管理所蕴含的审计风险也仍然没有在审计定价上得到有效反映。

在剔除掉 2005 年的样本后，将控制变量放入模型进行回归，应计盈余管理 DA 对审计定价 Auditfee 的回归系数，在统计上尽管显著，但是符合为负。这表明应计盈余管理并没有提高审计定价，其蕴含的审计风险没有在审计定价上得到反映。这与前文的结论一致。

表 7.7　　应计盈余管理与审计定价的回归结果：固定效应

	因变量：Auditfee					
	全样本		变迁前		变迁后	
	（1）	（2）	（1）	（2）	（1）	（2）
DA	0.000 6	−0.100 3	0.044 6	−0.017 5	−0.058 3	−0.099 2
	（0.01）	（−2.66）***	（0.83）	（−0.32）	（−1.32）	（−2.41）**
Big		0.078 9		0.109 3		0.057 1
		（4.99）***		（2.97）***		（3.66）***
Mao		0.024 0		0.014 1		0.019 2
		（1.51）		（0.67）		（0.85）
Rec		−0.287 8		−0.074 7		−0.205 9
		（−5.00）***		（−1.07）		（−1.86）*
Inv		−0.087 8		0.057 8		−0.138 7
		（−1.54）		（0.68）		（−1.88）*
Lev		0.144 9		0.094 8		0.054 0
		（4.26）***		（1.63）		（1.24）
Ngs		0.009 1		0.009 0		−0.003 2
		（3.24）***		（2.68）***		（−1.00）
Nis		0.004 0		0.001 8		−0.002 7
		（0.87）		（0.35）		（−0.55）

表7.7(续)

	因变量：Auditfee					
	全样本		变迁前		变迁后	
	(1)	(2)	(1)	(2)	(1)	(2)
Loss		0.041 2		-0.012 7		0.033 6
		(3.13)***		(-0.68)		(2.12)**
ROA		0.246 7		0.140 9		0.082 0
		(3.16)***		(1.20)		(0.85)
Size		0.283 6		0.145 7		0.245 7
		(21.72)***		(5.54)***		(13.50)***
Constant	13.087 3	6.945 1	12.970 4	9.794 3	13.192 0	7.915 7
	(133 462.50)***	(25.20)***	(210 227.62)***	(17.90)***	(86 247.27)***	(20.31)***
N	9 290	9 290	4 383	4 383	4 907	4 907
Adj. R^2	-0.000	0.258	0.000	0.043	0.001	0.205
F	0.000 2	60.427 4***	0.691 3	7.566 0***	1.753 6	22.184 7***

注：

①回归样本是剔除了2005年样本的研究样本。回归方法采用的是固定效应模型。因变量Auditfee，审计定价，采用其自然对数衡量。解释变量DA，为应计盈余管理。

②“变迁前”为2006年法律变迁之前，“变迁后”为2006年法律变迁之后。

③括号里的为t值，经过了Cluster参差矫正。“*”“**”和“***”分别表示在10%、5%和1%水平下统计显著，下同。

表7.8是采用剔除后的样本对真实盈余管理与审计定价进行固定效应回归的结果。可以发现，在剔除掉2005年的样本后，在没有放入控制变量时，真实盈余管理RM对审计定价Auditfee的回归系数，在全样本的回归里统计上不显著，在变迁前和变迁后的回归里同样在统计上不显著。这表明，真实盈余管理没有显著增加审计师的审计定价。也就是说，尽管真实盈余管理提高了审计师面临的审计风险，但是真实盈余管理的审计风险并没有在审计定价上得到反映。并且，即使法律变迁后，我国的法律水平有所提高，真实盈余管理所蕴含的审计风险也仍然没有在审计定价上得到有效反映。

在剔除掉2005年的样本后，将控制变量放入模型进行回归，真实盈余管理RM对审计定价Auditfee的回归系数，在统计上尽管显著，但是符合为负。这表明真实盈余管理并没有提高审计定价，其蕴含的审计风险没有在审计定价上得到反映。这与前文的结论一致。

表 7.8　　真实盈余管理与审计定价的回归结果：固定效应

	因变量：Auditfee					
	全样本		变迁前		变迁后	
	(1)	(2)	(1)	(2)	(1)	(2)
RM	-0.037 6	-0.052 1	-0.021 6	-0.065 2	-0.010 6	-0.038 4
	(-1.33)	(-2.19)**	(-0.59)	(-1.66)*	(-0.40)	(-1.61)
Big		0.084 6		0.118 8		0.058 1
		(5.25)***		(3.19)***		(3.67)***
Mao		0.017 4		0.012 7		0.017 5
		(1.11)		(0.61)		(0.77)
Rec		-0.316 1		-0.086 8		-0.230 7
		(-5.48)***		(-1.28)		(-2.08)**
Inv		-0.084 4		0.103 5		-0.129 7
		(-1.43)		(1.21)		(-1.70)*
Lev		0.157 1		0.097 7		0.062 4
		(4.53)***		(1.65)*		(1.40)
Ngs		0.009 5		0.011 5		-0.003 0
		(3.24)***		(3.10)***		(-0.89)
Nis		0.003 2		-0.000 6		-0.002 8
		(0.66)		(-0.11)		(-0.54)
Loss		0.038 2		-0.012 2		0.034 3
		(2.90)***		(-0.67)		(2.14)**
ROA		0.183 8		0.138 9		0.048 3
		(2.35)**		(1.23)		(0.49)
Size		0.276 2		0.135 5		0.242 1
		(20.39)***		(5.01)***		(13.04)***
Constant	13.090 7	7.098 0	12.971 9	10.000 4	13.194 8	7.986 6
	(12 959.95)***	(24.73)***	(14 392.50)***	(17.71)***	(10 979.77)***	(20.06)***
N	8 728	8 728	4 046	4 046	4 682	4 682
Adj. R^2	0.000	0.249	-0.000	0.043	-0.000	0.203
F	1.778 8	53.776 9***	0.343 8	7.067 4***	0.162 7	20.624 2***

注：

①回归样本是剔除了 2005 年样本的研究样本。回归方法采用的是固定效应模型。因变量 Auditfee，审计定价，采用其自然对数衡量。解释变量 RM，为真实盈余管理。

②“变迁前”为 2006 年法律变迁之前，“变迁后”为 2006 年法律变迁之后。

③括号里的为 t 值，经过了 Cluster 参差矫正。“*”“**”和“***”分别表示在 10%、5%和 1%水平下统计显著，下同。

表 7.9 是采用剔除后的样本对应计盈余管理与真实盈余管理、法律变迁与审计定价进行固定效应回归的结果。可以发现，在应计盈余管理 DA 的回归结果里，盈余管理 EM 与法律变迁 Law 的交乘项 EM×Law，回归系数在统计上不显著。

同样，在真实盈余管理 RM 的回归结果里，盈余管理 EM 与法律变迁 Law 的交乘项 EM×Law，回归系数在统计上也不显著。

经验数据表明，2006 年的法律变迁，并没有增强应计盈余管理与真实盈余管理对审计定价的影响。这意味着，尽管 2006 年的法律变迁让我国的法律水平有所提高，但是，并没有强化应计盈余管理与真实盈余管理对审计定价的影响。这与前文的结论一致。

表 7.9　应计盈余管理与真实盈余管理、法律变迁与审计定价的回归结果：固定效应

	因变量：Auditfee			
	EM＝DA		EM＝RM	
	(1)	(2)	(1)	(2)
EM	-0.009 8	-0.030 4	-0.010 2	-0.061 5
	(-0.16)	(-0.53)	(-0.26)	(-1.68)*
EM×Law	0.091 7	-0.100 1	-0.000 6	0.038 1
	(1.08)	(-1.35)	(-0.01)	(0.87)
Law	0.233 4	0.118 9	0.226 3	0.120 0
	(21.07)***	(10.90)***	(19.61)***	(10.53)***
Big		0.079 3		0.085 1
		(5.15)***		(5.43)***
Mao		0.022 7		0.015 7
		(1.47)		(1.03)
Rec		-0.033 3		-0.057 2
		(-0.56)		(-0.95)
Inv		-0.102 8		-0.106 9
		(-1.85)*		(-1.87)*
Lev		0.056 3		0.070 4
		(1.68)*		(2.06)**
Ngs		0.004 6		0.004 9
		(1.66)*		(1.69)*
Nis		0.005 3		0.004 4
		(1.20)		(0.97)

表7.9(续)

	因变量：Auditfee			
	EM=DA		EM=RM	
	(1)	(2)	(1)	(2)
Loss		0.025 7		0.024 6
		(2.00) **		(1.93) *
ROA		0.157 5		0.112 9
		(2.08) **		(1.50)
Size		0.240 7		0.234 5
		(18.01) ***		(17.06) ***
Constant	12.963 9	7.829 3	12.970 3	7.955 8
	(2 216.65) ***	(27.86) ***	(2 112.62) ***	(27.45) ***
N	9 290	9 290	8 728	8 728
Adj. R^2	0.151	0.283	0.143	0.274
F	152.577 6 ***	60.693 9 ***	131.731 4 ***	54.368 2 ***

注：

①回归样本是剔除了2005年样本的研究样本。回归方法采用的是固定效应模型。因变量Auditfee，审计定价，采用其自然对数衡量。解释变量EM，为盈余管理变量，分别采用应计盈余管理DA和真实盈余管理RM衡量。Law，为衡量2006年的法律变迁变量，如果在2006年法律变迁之前，取值为0；反之，如果在2006年法律变迁之后，取值为1。EM×Law，为盈余管理EM与法律变迁Law的交乘项。

②括号里的为t值，经过了Cluster参差矫正。“*”“**”和“***”分别表示在10%、5%和1%水平下统计显著，下同。

（2）Francis和Krishnan（1999）认为，正向的应计盈余比负向的应计盈余的风险更大。这意味着，正向盈余管理与审计定价的正相关性可能更强。在此，本章采用正向的盈余管理来检验上述结论的稳健性。采用正向盈余管理进行回归的结果报告于表7.10至表7.12，经验结果表明上述的结论依然稳健。

表7.10是正向应计盈余管理与审计定价进行固定效应回归的结果。可以发现，在没有放入控制变量时，正向应计盈余管理DA对审计定价Auditfee的回归系数，在全样本的回归里在统计上显著为正。在进行细分样本回归后，正向应计盈余管理DA的回归系数，在变迁前和变迁后的样本回归里在统计上不显著。这表明，正向应计盈余管理在变迁前和变迁后没有显著增加审计师的审计定价。也就是说，尽管正向应计盈余管理提高了审计师面临的审计风险，但是正向应计盈余管理的审计风险并没有在审计定价上得到反映。并且，即使法

律变迁后，我国的法律水平有所提高，正向应计盈余管理所蕴含的审计风险也仍然没有在审计定价上得到有效反映。

在将控制变量放入模型进行回归后，应计盈余管理 DA 对审计定价 Auditfee 的回归系数，在全样本的回归里在统计上显著，但是符合为负。同样，在进行细分样本回归后，应计盈余管理 DA 的回归系数，仅在变迁后的样本回归里在统计上显著为负，而在变迁前的样本回归里在统计上不显著。这表明应计盈余管理并没有提高审计定价，其蕴含的审计风险没有在审计定价上得到反映。这与前文的结论一致。

表 7.10　正向应计盈余管理与审计定价的回归结果：固定效应

	因变量：Auditfee					
	全样本		变迁前		变迁后	
	(1)	(2)	(1)	(2)	(1)	(2)
DA	0.152 8	−0.118 3	−0.007 2	−0.129 5	0.116 2	−0.175 0
	(1.95)*	(−1.77)*	(−0.06)	(−1.05)	(1.25)	(−2.31)**
Big		0.054 9		0.057 4		0.029 2
		(3.13)***		(0.87)		(1.72)*
Mao		0.037 9		−0.036 9		0.033 8
		(1.63)		(−0.83)		(1.10)
Rec		−0.233 2		0.067 1		−0.190 7
		(−3.11)***		(0.49)		(−1.43)
Inv		−0.126 5		−0.124 7		−0.106 2
		(−2.01)**		(−0.96)		(−1.26)
Lev		0.108 0		0.176 3		0.013 3
		(2.38)**		(1.30)		(0.20)
Ngs		0.004 1		0.009 2		−0.006 0
		(1.21)		(1.67)*		(−1.48)
Nis		0.005 1		0.014 2		0.002 3
		(1.00)		(1.58)		(0.42)
Loss		0.059 5		−0.036 7		0.073 3
		(2.83)***		(−1.01)		(2.83)***
ROA		0.353 3		0.217 4		0.281 7
		(2.42)**		(0.73)		(1.48)
Size		0.301 6		0.150 5		0.321 4
		(19.58)***		(2.72)***		(15.81)***

表7.10(续)

	因变量：Auditfee					
	全样本		变迁前		变迁后	
	(1)	(2)	(1)	(2)	(1)	(2)
Constant	13.046 1	6.577 3	12.958 6	9.644 9	13.119 9	6.265 7
	(2 426.82)***	(20.49)***	(1 584.19)***	(8.63)***	(1 972.28)***	(14.53)***
N	5 455	5 455	2 297	2 297	3 158	3 158
Adj. R^2	0.001	0.285	-0.000	0.057	0.001	0.337
F	3.800 0**	50.421 9***	0.003 2	6.020 2***	1.560 1	28.608 9***

注：

①回归方法采用的是固定效应模型。因变量 Auditfee，审计定价，采用其自然对数衡量。解释变量 DA，为正向应计盈余管理。

②“变迁前”为2006年法律变迁之前，“变迁后”为2006年法律变迁之后。

③括号里的为 t 值，经过了 Cluster 参差矫正。“*”“**”和“***”分别表示在10%、5%和1%水平下统计显著，下同。

表7.11是正向真实盈余管理与审计定价的固定效应回归结果。可以发现，在没有放入控制变量时，正向真实盈余管理 RM 对审计定价 Auditfee 的回归系数，在全样本的回归里统计上显著为正。在细分样本进行回归后，正向真实盈余管理 RM 的回归系数，在变迁前的样本回归里在统计上不显著，在变迁后的样本回归里在统计上显著为正。

但是，在放入控制变量进行回归后，正向真实盈余管理 RM 对审计定价 Auditfee 的回归系数，在变迁后的样本回归里在统计上不显著。这表明，正向真实盈余管理没有显著增加审计师的审计定价。也就是说，尽管正向真实盈余管理提高了审计师面临的审计风险，但是正向真实盈余管理的审计风险并没有在审计定价上得到反映。并且，即使法律变迁后，我国的法律水平有所提高，审计师面临的审计风险有所增加，正向真实盈余管理所蕴含的审计风险也仍然没有在审计定价上得到有效反映。这与前文的结论一致。

表7.11　正向真实盈余管理与审计定价的回归结果：固定效应

	因变量：Auditfee					
	全样本		变迁前		变迁后	
	(1)	(2)	(1)	(2)	(1)	(2)
RM	0.205 8	0.073 5	0.081 3	0.007 2	0.140 2	0.033 5
	(3.91)***	(1.70)*	(1.23)	(0.10)	(2.33)**	(0.64)

表7.11(续)

	因变量：Auditfee					
	全样本		变迁前		变迁后	
	(1)	(2)	(1)	(2)	(1)	(2)
Big		0.090 1		0.174 2		0.066 0
		(4.16) ***		(2.65) ***		(2.89) ***
Mao		0.013 5		0.008 9		0.018 8
		(0.59)		(0.28)		(0.56)
Rec		−0.328 5		−0.043 5		−0.486 3
		(−4.71) ***		(−0.41)		(−3.73) ***
Inv		−0.243 2		−0.112 8		−0.145 9
		(−3.46) ***		(−0.75)		(−1.75) *
Lev		0.186 8		0.265 8		0.080 9
		(4.05) ***		(2.77) ***		(1.34)
Ngs		0.001 4		0.007 7		−0.005 0
		(0.39)		(1.35)		(−1.13)
Nis		0.007 7		0.019 0		0.001 8
		(1.33)		(2.22) **		(0.28)
Loss		0.026 0		−0.022 7		0.040 7
		(1.32)		(−0.79)		(1.90) *
ROA		0.122 9		0.306 4		0.145 9
		(0.97)		(1.41)		(0.94)
Size		0.275 7		0.097 7		0.256 3
		(14.57) ***		(2.28) **		(10.39) ***
Constant	12.998 2	7.099 8	12.896 8	10.636 9	13.095 1	7.653 6
	(1 714.42) ***	(17.81) ***	(1 506.50) ***	(12.25) ***	(1 404.25) ***	(14.54) ***
N	3 969	3 969	1 687	1 687	2 282	2 282
Adj. R^2	0.009	0.272	0.001	0.083	0.006	0.253
F	15.317 1 ***	30.337 5 ***	1.507 5	5.699 9 ***	5.450 2 ***	15.168 0 ***

注：

①回归方法采用的是固定效应模型。因变量 Auditfee，审计定价，采用其自然对数衡量。解释变量 RM，为正向真实盈余管理，即 RM=−AbCFO +AbProd−AbDisx 的正值。

②“变迁前”为 2006 年法律变迁之前，“变迁后”为 2006 年法律变迁之后。

③括号里的为 t 值，经过了 Cluster 参差矫正。“*”“**”和“***”分别表示在 10%、5%和 1%水平下统计显著，下同。

表 7.12 是正向应计盈余管理与真实盈余管理、法律变迁与审计定价进行固定效应回归的结果。可以发现，在正向应计盈余管理 DA 的回归结果里，盈余管理 EM 与法律变迁 Law 的交乘项 EM×Law，在放入控制变量回归后，对审计定价 Auditfee 的回归系数，在统计上不显著。这表明，法律变迁没有增强正向应计盈余管理对审计定价的提升作用。

在正向真实盈余管理 RM 的回归结果里，盈余管理 EM 与法律变迁 Law 的交乘项 EM×Law，对审计定价 Auditfee 的回归系数在统计上显著为正。这表明，法律变迁增强了正向真实盈余管理对审计定价的提升作用。

表 7.12　正向应计盈余管理与真实盈余管理、法律变迁与审计定价的回归结果：固定效应

	因变量：Auditfee			
	EM=DA		EM=RM	
	(1)	(2)	(1)	(2)
EM	-0.118 6	-0.135 6	-0.094 0	-0.071 9
	(-0.94)	(-1.22)	(-1.34)	(-1.19)
EM×Law	0.312 7	0.039 5	0.328 9	0.221 7
	(1.97)**	(0.29)	(3.87)***	(3.04)***
Law	0.193 5	0.086 4	0.131 3	0.061 1
	(13.05)***	(5.90)***	(7.49)***	(3.75)***
Big		0.056 1		0.090 3
		(3.28)***		(4.28)***
Mao		0.027 8		0.010 5
		(1.22)		(0.48)
Rec		-0.086 2		-0.172 0
		(-1.12)		(-2.38)**
Inv		-0.150 5		-0.290 0
		(-2.48)**		(-4.35)***
Lev		0.055 7		0.119 3
		(1.26)		(2.55)**
Ngs		0.000 7		-0.001 5
		(0.21)		(-0.44)
Nis		0.005 6		0.009 9
		(1.13)		(1.84)*

表7.12(续)

	因变量：Auditfee			
	EM=DA		EM=RM	
	(1)	(2)	(1)	(2)
Loss		0.047 2		0.017 7
		(2.31)**		(0.92)
ROA		0.288 7		0.091 2
		(2.04)**		(0.74)
Size		0.266 8		0.246 7
		(16.92)***		(13.27)***
Constant	12.939 8	7.292 2	12.936 5	7.713 1
	(1 294.33)***	(22.18)***	(1 081.48)***	(19.72)***
N	5 455	5 455	3 969	3 969
Adj. R^2	0.142	0.302	0.118	0.295
F	115.645 3***	48.904 8***	56.229 3***	29.076 2***

注：

①回归方法采用的是固定效应模型。因变量 Auditfee，审计定价，采用其自然对数衡量。解释变量 EM，为正向盈余管理变量，分别采用正向应计盈余管理 DA 和正向真实盈余管理 RM 衡量。Law，为衡量 2006 年的法律变迁变量，如果在 2006 年法律变迁之前，取值为 0；反之，如果在 2006 年法律变迁之后，取值为 1。EM×Law，为盈余管理 EM 与法律变迁 Law 的交乘项。

②括号里的为 *t* 值，经过了 Cluster 参差矫正。“*”“**”和“***”分别表示在 10%、5%和 1%水平下统计显著，下同。

（3）在前文的分析中，采用的是修正的 Jones 模型（DeChow，等，1995）来估计应计盈余管理。在这里，采用 Jones 模型（Jones，1991）来估计应计盈余管理，以此检验上述结论的稳健性。采用 Jones 模型估计的应计盈余管理的回归结果，报告于表 7.13 至表 7.15。可以发现，本书的结论仍然稳健。

（4）在前面的考察中，借鉴 Roychowdhury（2006）及 Cohen 等（2008）的方法，采用 RM=-AbCFO+AbProd-AbDisx 来综合衡量真实盈余管理。由于异常经营现金流 AbCFO 对真实盈余管理的影响方向并不是非常确定，借鉴 Zang（2012）的方法，采用 RM_1=+AbProd-AbDisx 来衡量真实盈余管理，即真实盈余管理 RM_1 是异常生产成本 AbProd 与异常酌量性费用 AbDisx 的集合变量。重新检验的结果见表 7.14 和表 7.15。可以发现，本书的结论仍然稳健。

表 7.13 是采用 Jones 模型估计的应计盈余管理与审计定价进行固定效应回

归的结果。可以发现，在没有放入控制变量时，应计盈余管理 DA 对审计定价 Auditfee 的回归系数，在全样本的回归里统计上不显著，在变迁前和变迁后的回归里同样也不显著。这表明，应计盈余管理没有显著增加审计师的审计定价。也就是说，尽管应计盈余管理提高了审计师面临的审计风险，但是应计盈余管理的审计风险并没有在审计定价上得到反映。并且，即使法律变迁后，我国的法律水平有所提高，应计盈余管理所蕴含的审计风险也仍然没有在审计定价上得到有效反映。

在将控制变量放入模型进行回归后，应计盈余管理 DA 对审计定价 Auditfee 的回归系数，在统计上尽管显著，但是符合为负。这表明应计盈余管理并没有提高审计定价，其蕴含的审计风险没有在审计定价上得到反映。这与前文的结论一致。

表 7.13　　应计盈余管理与审计定价的回归结果：固定效应

	因变量：Auditfee					
	全样本		变迁前		变迁后	
	(1)	(2)	(1)	(2)	(1)	(2)
DA	0.004 9	-0.094 9	0.038 1	-0.025 2	-0.034 2	-0.088 3
	(0.12)	(-2.64)***	(0.69)	(-0.44)	(-0.79)	(-2.22)**
Big		0.076 6		0.109 2		0.057 9
		(5.25)***		(2.96)***		(4.20)***
Mao		0.024 8		0.014 2		0.014 2
		(1.69)*		(0.68)		(0.70)
Rec		-0.299 5		-0.074 3		-0.399 7
		(-5.60)***		(-1.07)		(-4.85)***
Inv		-0.087 3		0.059 2		-0.139 6
		(-1.62)		(0.70)		(-2.07)**
Lev		0.138 1		0.094 3		0.117 4
		(4.21)***		(1.62)		(2.87)***
Ngs		0.008 2		0.009 0		-0.002 1
		(3.10)***		(2.68)***		(-0.71)
Nis		0.003 7		0.001 8		0.000 6
		(0.87)		(0.35)		(0.13)
Loss		0.038 2		-0.012 5		0.037 8
		(3.28)***		(-0.67)		(2.83)***

表7.13(续)

	因变量：Auditfee					
	全样本		变迁前		变迁后	
	(1)	(2)	(1)	(2)	(1)	(2)
ROA		0.239 6		0.144 7		0.175 0
		(3.17)***		(1.24)		(1.82)*
Size		0.283 5		0.145 9		0.271 9
		(22.31)***		(5.54)***		(17.05)***
Constant	13.079 9	6.951 1	12.970 4	9.792 0	13.159 1	7.305 6
	(199 609.32)***	(25.91)***	(755 694.87)***	(17.90)***	(116 010.86)***	(21.42)***
N	10 458	10 458	4 383	4 383	6 075	6 075
Adj. R^2	-0.000	0.249	-0.000	0.043	0.000	0.249
F	0.015 1	63.180 6***	0.475 0	7.589 6***	0.625 1	36.654 9***

注：

①回归方法采用的是固定效应模型。因变量 Auditfee，审计定价，采用其自然对数衡量。解释变量 DA，为采用 Jones 模型估计的应计盈余管理。

②“变迁前”为 2006 年法律变迁之前，“变迁后”为 2006 年法律变迁之后。

③括号里的为 t 值，经过了 Cluster 参差矫正。“*”“**”和“***”分别表示在 10%、5%和 1%水平下统计显著，下同。

表 7.14 是采用 RM_1 = +AbProd-AbDisx 衡量真实盈余管理与审计定价的固定效应回归结果。可以发现，在没有放入控制变量时，真实盈余管理 RM_1 对审计定价 Auditfee 的回归系数，在全样本的回归里统计上不显著，在变迁前和变迁后的回归里同样在统计上不显著。这表明，真实盈余管理没有显著增加审计师的审计定价。也就是说，尽管真实盈余管理提高了审计师面临的审计风险，但是真实盈余管理的审计风险并没有在审计定价上得到反映。并且，即使法律变迁后，我国的法律水平有所提高，真实盈余管理所蕴含的审计风险也仍然没有在审计定价上得到有效反映。

在将控制变量放入模型进行回归后，真实盈余管理 RM_1 对审计定价 Auditfee 的回归系数，在统计上尽管显著，但是符合为负。这表明真实盈余管理并没有提高审计定价，其蕴含的审计风险没有在审计定价上得到反映。这与前文的结论一致。

表 7.14　　真实盈余管理与审计定价的回归结果：固定效应

	因变量：Auditfee					
	全样本		变迁前		变迁后	
	（1）	（2）	（1）	（2）	（1）	（2）
RM_1	-0.043 9	-0.054 6	-0.029 0	-0.106 5	-0.000 9	-0.027 4
	(-1.24)	(-1.81)*	(-0.53)	(-1.62)	(-0.03)	(-0.91)
Big		0.080 8		0.119 4		0.059 6
		(5.42)***		(3.21)***		(4.22)***
Mao		0.019 5		0.011 8		0.012 8
		(1.36)		(0.56)		(0.63)
Rec		-0.330 2		-0.098 3		-0.424 2
		(-6.17)***		(-1.44)		(-5.16)***
Inv		-0.087 5		0.116 5		-0.142 0
		(-1.56)		(1.30)		(-2.04)**
Lev		0.150 3		0.098 8		0.125 2
		(4.49)***		(1.67)*		(2.99)***
Ngs		0.008 7		0.011 4		-0.001 5
		(3.18)***		(3.07)***		(-0.48)
Nis		0.002 5		-0.000 4		-0.000 4
		(0.58)		(-0.08)		(-0.09)
Loss		0.034 1		-0.013 5		0.034 4
		(2.93)***		(-0.75)		(2.55)**
ROA		0.189 3		0.156 3		0.136 8
		(2.50)**		(1.34)		(1.42)
Size		0.274 4		0.134 6		0.263 2
		(20.78)***		(4.99)***		(16.18)***
Constant	13.085 5	7.142 7	12.971 9	10.017 6	13.166 8	7.492 6
	(13 812.05)***	(25.53)***	(12 722.88)***	(17.83)***	(11 935.26)***	(21.46)***
N	9 813	9 813	4 046	4 046	5 767	5 767
Adj. R^2	0.000	0.238	-0.000	0.043	-0.000	0.238
F	1.543 5	55.882 4***	0.284 4	7.090 6***	0.000 7	33.683 8***

注：

①回归方法采用的是固定效应模型。因变量 Auditfee，审计定价，采用其自然对数衡量。解释变量，真实盈余管理 RM_1 = +AbProd-AbDisx。

②“变迁前”为 2006 年法律变迁之前，“变迁后”为 2006 年法律变迁之后。

③括号里的为 t 值，经过了 Cluster 参差矫正。“*”“**”和“***”分别表示在 10%、5%和 1%水平下统计显著，下同。

表 7.15 是采用 Jones 模型和 RM_1 = +AbProd-AbDisx 衡量的应计盈余管理与真实盈余管理、法律变迁与审计定价进行固定效应回归的结果。可以发现，在应计盈余管理 DA 的回归结果里，盈余管理 EM 与法律变迁 Law 的交乘项 EM×Law，回归系数在统计上不显著。

同样，在真实盈余管理 RM_1 的回归结果里，盈余管理 EM 与法律变迁 Law 的交乘项 EM×Law，回归系数在统计上也不显著。

表 7.15 经验结果表明，2006 年的法律变迁，并没有增强应计盈余管理与真实盈余管理对审计定价的影响。这意味着，尽管 2006 年的法律变迁让我国的法律水平有所提高，但是，并没有强化应计盈余管理与真实盈余管理对审计定价的影响。这与前文的结论一致。

表 7.15　应计盈余管理与真实盈余管理、法律变迁与审计定价的回归结果：固定效应

	因变量：Auditfee			
	EM = DA		EM = RM_1	
	(1)	(2)	(1)	(2)
EM	-0.030 6	-0.039 2	-0.061 8	-0.083 7
	(-0.50)	(-0.69)	(-1.22)	(-1.72) *
EM×Law	0.109 7	-0.081 9	0.066 1	0.068 7
	(1.36)	(-1.17)	(1.13)	(1.27)
Law	0.197 2	0.086 6	0.191 8	0.089 0
	(20.12) ***	(9.53) ***	(18.87) ***	(9.36) ***
Big		0.077 3		0.081 8
		(5.42) ***		(5.62) ***
Mao		0.023 1		0.017 1
		(1.59)		(1.22)
Rec		-0.153 8		-0.181 0
		(-2.86) ***		(-3.36) ***
Inv		-0.105 9		-0.114 3
		(-2.00) **		(-2.10) **
Lev		0.072 1		0.086 0
		(2.21) **		(2.59) ***
Ngs		0.004 4		0.005 0
		(1.71) *		(1.84) *

表7.15(续)

	因变量：Auditfee			
	EM=DA		EM=RM_1	
	(1)	(2)	(1)	(2)
Nis		0.004 4		0.003 4
		(1.09)		(0.80)
Loss		0.027 2		0.024 4
		(2.38)**		(2.14)**
ROA		0.191 2		0.153 7
		(2.59)***		(2.09)**
Size		0.254 7		0.245 7
		(19.74)***		(18.54)***
Constant	12.965 3	7.546 1	12.973 6	7.734 0
	(2 278.57)***	(27.76)***	(2 181.51)***	(27.59)***
N	10 458	10 458	9 813	9 813
Adj. R^2	0.113	0.265	0.107	0.254
F	138.888 6***	60.193 9***	120.667 8***	53.613 0***

注：

①回归方法采用的是固定效应模型。因变量 Auditfee，审计定价，采用其自然对数衡量。解释变量 EM，为盈余管理变量，分别采用 Jones 模型估计的应计盈余管理 DA 和真实盈余管理 RM_1 = +AbProd-AbDisx 衡量。Law，为衡量 2006 年的法律变迁变量，如果在 2006 年法律变迁之前，取值为 0；反之，如果在 2006 年法律变迁之后，取值为 1。EM×Law，为盈余管理 EM 与法律变迁 Law 的交乘项。

②括号里的为 t 值，经过了 Cluster 参差矫正。“*”“**”和“***”分别表示在 10%、5%和 1%水平下统计显著，下同。

7.5 本章小结

本章基于我国的法律变迁，考察应计盈余管理与真实盈余管理对审计定价的影响。现有对应计盈余管理对审计定价的影响的研究比较丰富，但是结论存在争议，有待于进一步研究。而目前考察真实盈余管理对审计定价影响的研究比较有限。特别是结合转型经济国家的制度变迁特征，综合考察应计盈余管理与真实盈余管理对审计定价影响的研究，更是比较缺乏。由此，本章结合我国的制度变迁特征，系统考察应计盈余管理与真实盈余管理对审计定价的影响。

鉴于2006年我国新《公司法》和《证券法》的实施，无疑改善了我国投资者的利益保护环境，提高了我国的法律水平，这是我国经济发展过程中的一个重要的法律变迁。如此，2006年的法律变迁，会增加审计师的法律风险，而且同样增加盈余管理让审计师承担的审计风险。由此，本章选取2006年法律变迁前后的时期，即2001—2009年作为研究窗口，考察盈余管理对审计定价的影响，以及在不同法律变迁环境下是否有显著差异。

盈余管理分为应计盈余管理和真实盈余管理。如此，应计盈余管理与真实盈余管理都会给审计师带来审计风险。而这种风险在法律水平高的环境下应该更明显。由于审计风险会被审计定价反映，因而，应计盈余管理与真实盈余管理会推高审计定价，并且在法律水平高的环境，应计盈余管理与真实盈余管理对审计定价的提升作用应该更明显。

本章采用2001—2009年中国市场的数据研究发现，在法律变迁之前和法律变迁之后，应计盈余管理与真实盈余管理对审计定价都没有显著影响，并且，法律变迁也不会增强应计盈余管理与真实盈余管理对审计定价的推高作用。这意味着，我国的审计定价在盈余管理的治理上没有发挥应有的功能，同时，法律的变迁也没有提升审计定价在盈余管理上的治理功能。

本章的启示在于：

（1）我国的审计定价不能有效反映应计盈余管理与真实盈余管理带来的风险，因而，需要强化我国审计定价的治理功能。

（2）我国的法律变迁没有推升审计定价在盈余管理上的治理功能，因而，需要进一步完善我国的法律建设和治理环境，从而促进我国资本市场的健康发展。

8 盈余管理、法律变迁与审计意见

本章基于我国特有的法律变迁环境，考察盈余管理对审计意见的影响。盈余管理会降低会计信息质量，提高审计风险，并且在不同的法律变迁环境下，盈余管理带来的审计风险也会有所不同。审计风险在审计师谨慎性的驱动下，会影响到审计师的审计意见签发。那么，到底审计意见是否有效地考虑了在不同的法律变迁环境下盈余管理所带来的审计风险？这是需要一个进行经验考察的问题。

2006 年，中国实施新的《公司法》《证券法》，加大了对投资者的利益保护，提高了中国的法律水平，是中国的一个重要的法律变迁。本章采用中国的资本市场数据，考察 2006 年法律变迁前后盈余管理对审计意见的影响。研究发现，在 2006 年法律变迁前后，应计盈余管理与真实盈余管理不会提高公司被签发非标准审计意见的可能性。经验结果表明，尽管 2006 年法律变迁后，会计师事务所面临的审计风险有所提高，但是应计盈余管理与真实盈余管理所带来的审计风险，并没有在审计意见中得到反映。这意味着我国的审计意见和法律水平在盈余管理的治理上还没有表现出应有的治理效应，需要进一步加强。

本章的结构安排如下：第一部分为引言，第二部分为理论分析和研究假设，第三部分为数据样本和研究方法，第四部分为实证结果及分析，第五部分为研究结论和启示。

8.1 引言

盈余管理会降低上市公司的会计信息质量，进而影响审计意见的签发。尽管在理论上而言，审计师在盈余管理上应发挥相应的治理作用，并在其签发的审计意见上进行反映和鉴证。但是，现有的文献对盈余管理与审计意见的关系的研究存在争议。因此，本章立足于中国的制度背景，考察盈余管理对审计意见的影响，以期为该领域的研究提供进一步的经验证据。

并且，盈余管理在降低会计信息质量的同时，也会让审计师承受一定的风险。审计师出于谨慎性的考虑，采用签发非标准审计意见来规避盈余管理存在的审计风险。Lennox 和 Kausar（2017）指出，当客户公司具有高风险时，审计师会倾向于采取签发非标准审计意见来规避风险。同时，在不同的法律变迁时期，审计师面临的审计风险可能有所不同。因此，在不同的法律变迁时期，盈余管理所带来的审计风险也可能会有所不同。在法律水平高的时期，审计师面临的审计风险变得相对较高，导致其签发非标准审计意见的可能性也大。Geiger 等（2005）、Nogler（2008）、Myers 等（2008）就发现，在美国萨班斯法案（Sarbanes-Oxley）执行后，审计师面临的审计风险更大，审计师的谨慎性也更高，在审计意见的签发上，非标准审计意见的签发概率更大。

2006 年，中国执行新的《公司法》《证券法》，加大了对投资者的利益保护，提高了中国的法律水平，是中国的一个重要的法律变迁。2006 年的法律变迁是否提高了审计师面临的审计风险，特别是盈余管理带来的审计风险，进而影响到审计意见的签发。这是需要学术界进行思考和回答的问题。

鉴于此，本章基于我国 2006 年法律变迁，考察其变迁前后盈余管理对审计意见的影响。采用 2001—2009 年的中国资本市场的数据研究发现，在 2006 年法律变迁前后，应计盈余管理与真实盈余管理，对审计意见都没有显著影响。经验结果表明，尽管 2006 年法律变迁后，会计师事务所面临的审计风险有所提高，但是应计盈余管理与真实盈余管理所带来的审计风险，并没有在审计意见中得到反映。

本章可能的贡献如下：

（1）从应计盈余管理和真实盈余管理考察审计意见的影响，为盈余管理与审计意见的关系的研究提供进一步的经验证据。

（2）将我国法律变迁纳入分析，在不同法律变迁时期下，比较分析应计盈余管理和真实盈余管理对审计意见的影响差异，拓展了法与公司治理的研究领域。

（3）本章立足中国的制度背景进行考察，研究盈余管理、法律变迁对审计意见的影响，研究结论为其他转型经济国家提供一定的借鉴和启示。

8.2 理论分析和研究假设

审计意见是会计师事务所对公司财务报表的会计信息质量发表的鉴证意见。盈余管理会降低公司财务报表的会计信息质量，进而可能影响到审计意见的签发。特别地，当公司的盈余管理水平较高时，会计信息质量下降得更严重。此时，审计师就公司的会计信息质量发表非标准审计意见的可能性就更大。

Francis 和 Krishnan（1999）认为，应计盈余是公司经理人对公司交易事项的未来结果进行的一种主观估计，而在客观上，审计师不能对公司经理人这一行为进行事前校正。因而，这可能导致高应计盈余公司的审计风险更大。因为，高应计盈余的公司，其会计估计发生差错的可能性大，并且，与应计有关的资产确认和持续经营的问题发生的可能性更大。为了应对高应计盈余公司审计风险，审计师可能降低签发非标准审计意见的门槛，以此来减少审计失败的可能性。他们采用美国 1986—1987 年的数据研究发现，高应计盈余的公司收到非标准审计意见的概率更大，经验结果支持了他们的观点，即高应计盈余提高了审计师的谨慎性，从而让高应计盈余的公司更可能收到非标准审计意见。

随后，Bartov 等（2001）、Johl 等（2007）、Ajona 等（2008）分别对美国、马来西亚、西班牙市场的研究，也发现类似的结论，尽管应计盈余管理降低了会计信息的质量，但是审计意见能对应计盈余管理进行反映而产生治理作用。在中国市场上，章永奎和刘峰（2002）、徐浩萍（2004）、李春涛等（2006）研究发现，审计意见能够揭示应计盈余管理而产生治理作用。

然而，现有关于对盈余管理与审计意见的关系的研究，其结论存在不一致性，并且主要集中于应计盈余管理的考察，缺乏对真实盈余管理的考察。

比如，Bradshaw 等（2001）、Rosner（2003）、Butler 等（2004）对美国市场的研究发现，被出具非标准审计意见的公司，其应计盈余管理并不高于被出具标准审计意见的公司，表明审计意见不能对应计盈余管理有效反映而具有治理作用。在中国市场上，李东平等（2001）、薄仙慧和吴联生（2011）的研究，也发现类似的结论，应计盈余管理并没有提高公司获得非标准审计意见的可能性。

新近的研究指出，当客户公司具有高风险时，审计师会倾向于采取签发非标准审计意见来规避风险（Lennox & Kausar，2017）。因此，可以推测，盈余管理带来的审计风险，让审计师签发非标准审计意见的可能性增大。而根据 Schipper（1989）及 Healy 和 Wahlen（1999）的研究，盈余管理分为应计盈余管理和真实盈余管理。由此，可以猜测，应计盈余管理和真实盈余管理，都可能会让审计师签发非标准审计意见的可能性增大。在此，提出本章的假设 H1。

假设 H1：应计盈余管理和真实盈余管理，都能提高审计师签发非标准审计意见的可能性。

同时，在不同的法律变迁时期，审计师面临的审计风险可能有所不同。Geiger 等（2005）、Nogler（2008）、Myers 等（2008）发现，在美国萨班斯法案（Sarbanes-Oxley）执行后，审计师面临的审计风险更大，审计师的谨慎性也更高，在审计意见的签发上，非标准审计意见的签发概率更大。

而在不同的法律变迁时期，盈余管理所带来的审计风险也可能会有所不同。在法律水平高的时期，盈余管理让审计师承受的审计风险也相对较高，导致其签发非标准审计意见的可能性增大。

在中国市场上，2006 年开始执行新的《公司法》《证券法》，加大了对投资者的利益保护，提高了法律水平，是中国的一个重要的法律变迁。这意味着，2006 年的法律变迁可能提高了审计师的审计风险，同样也提高了审计师承担的盈余管理所带来的风险。盈余管理所带来的审计风险的增加，将提高审计师的谨慎性，表现为审计师降低了签发非标准审计意见的条件，减少审计失败的可能性，从而加大审计师签发非标准审计意见的可能性。而盈余管理分为应计盈余管理和真实盈余管理。因此，可以猜测，应计盈余管理和真实盈余管理，在提高审计师签发非标准审计意见可能性上，在法律变迁后更明显。在此，提出本章的假设 H2。

假设 H2：应计盈余管理和真实盈余管理，提高签发非标准审计意见的可能性，在法律变迁后更明显。

8.3 数据样本和研究方法

8.3.1 样本选取和数据来源

为了考察 2006 年法律变迁前后的盈余管理对审计定价的影响，本章选取了 2001—2009 年我国证券市场的上市公司作为研究样本。所采用数据均来自国泰安数据库（CSMAR），并对所选样本按照以下条件进行筛选。考虑到金融行业的特殊性，故对金融行业样本予以剔除；对有数据缺失的样本，给以剔除。按照上述条件筛选后，最后得到 11 672 个研究样本。

由于新《公司法》和《证券法》从 2006 年 1 月 1 日正式施行，2005 年的年度报告会受到新法律的影响，故将 2002—2004 年作为法律变迁前，2005—2009 年作为法律变迁后时期。表 8.1 是研究样本按年度分布的情况。

表 8.1 研究样本的年度分布情况

年 度	公司数	比率（%）
2001	1 040	8.91
2002	1 112	9.53
2003	1 178	10.09
2004	1 235	10.58
2005	1 317	11.28
2006	1 324	11.35
2007	1 396	11.96
2008	1 512	12.95
2009	1 558	13.35
合 计	11 672	100

注：比率为百分比，为当年的样本数占总样本的百分比率。

8.3.2 盈余管理的计量

1. 应计盈余管理

DeChow 等（1995）认为，非操纵性应计会随着经营环境的变化而变化，修正后的 Jones 模型在衡量经营环境变动情形下的操纵性应计的效果比较好。DeFond 和 Subramanyan（1998）发现经行业横截面修正的 Jones 模型比时间序列修正后的 Jones 模型效度要好。由于我国上市公司的上市时间普遍不长，由此，本章采用修正的 Jones 模型（DeChow，等，1995）来估计操纵性应计，以此表征应计盈余管理。

$$\frac{TA_{i,\ t}}{A_{i,\ t-1}} = a_0\left(\frac{1}{A_{i,\ t-1}}\right) + a_1\left(\frac{\Delta REV_{i,\ t}}{A_{i,\ t-1}}\right) + a_2\left(\frac{PPE_{i,\ t}}{A_{i,\ t-1}}\right) + \varepsilon_{i,\ t} \tag{8-1}$$

首先，依照模型（8-1）分年度分行业进行横截面回归。参考 DeChow 等（1995）的做法，要求每个行业的样本数不少于 10 个，如果少于 10 个，则将其归属于相近的行业。$TA_{i,t}$是公司总应计利润，为经营利润减去经营活动现金流之差；$\Delta REV_{i,t}$为公司主营业务收入的变化额；$PPE_{i,t}$是公司固定资产账面价值；$A_{i,t-1}$是公司的总资产。

其次，用模型（8-1）得到的回归系数代入模型（8-2）计算每个样本的正常性应计 $NDA_{i,t}$。

$$NDA_{i,t}=a_0\left(\frac{1}{A_{i,t-1}}\right)+a_1\left(\frac{\Delta REV_{i,t}-\Delta REC_{i,t}}{A_{i,t-1}}\right)+a_2\left(\frac{PPE_{i,t}}{A_{i,t-1}}\right) \tag{8-2}$$

在模型（8-2）里，$\Delta REC_{i,t}$是公司应收账款的变化额。操纵性应计 $DA_{i,t}=TA_{i,t}-NDA_{i,t}$。

2. 真实盈余管理

参照 Roychowdhury（2006）及 Cohen 等（2008）的模型来估计真实盈余管理，包括三个方面：异常经营现金流 AbCFO、异常生产成本 AbProd 和异常酌量性费用（如研发、销售及管理费用）AbDisx。①

异常经营现金流 AbCFO，指公司经营活动产生的现金流的异常部分。它是由公司通过价格折扣和宽松的信用条款来进行产品促销引起的，虽然公司的促销提高了当期的利润，但是降低了当期单位产品的现金流量，从而导致公司的异常经营现金流 AbCFO 下降。公司为了抬高会计利润，通过价格折扣和宽松的信用条款等促销方式来增加销量从而形成超常销售，产生“薄利多销”的账上利润放大效应。但是，促销形成的超常销售，会降低单位产品的现金流量，而且，在既定的销售收入现金实现水平下，还会增加公司的销售应收款，增大公司坏账产生的财务风险，进而降低公司的当期现金流。并且，超常销售实际上已经超过公司正常销售水平，会在一定程度上增加公司相关的销售费用，吞噬掉公司的部分现金流。然而，只要产品销售能带来正的边际利润，超常销售还是会抬高公司的会计利润。因而最终的结果是，促销形成的超常销售抬高了公司当年利润，却因单位产品现金流量的降低和销售费用的上升，出现异常经营现金流 AbCFO 偏低。

异常生产成本 AbProd，Roychowdhury（2006）及 Cohen 等（2008）将之定义为销售成本与当年存货变动额之和的异常部分。换言之，生产成本为销售成本与当年存货变动额之和。异常生产成本 AbProd，是由公司超量产品生产引起的，虽然公司的超量生产能降低单位产品的成本，提高产品的边际利润，从而提高公司的当期利润，但是超量生产增加了其他生产成本和库存成本，最后导致异常生产成本 AbProd 偏高。公司为了抬高会计利润，通过超量生产来摊

① 异常经营现金流 AbCFO、异常生产成本 AbProd 和异常酌量性费用 AbDisx，都用上一年的总资产进行标准化。

低单位产品承担的固定成本，但是，超量生产实际上已经超过公司正常生产水平，会增加单位产品的边际生产成本，然而，只要单位固定成本下降的幅度高于单位边际生产成本上升的幅度，单位销售成本就会出现下降，从而达到提高公司业绩的目的。但是，超量生产会导致产品的大量积压，增加公司的存货成本，同时，也会增加其他生产成本。在既定的销量水平下，尽管超量生产通过降低单位销售成本抬高了公司业绩，但是边际生产成本的上升和存货成本的增加，最终导致生产成本偏高，即在会计上表现为销售成本与当年增加的存货成本之和的提升，也导致异常生产成本 AbProd 偏高。

异常酌量性费用 AbDisx，指公司研发、销售及管理费用等酌量性费用的异常部分。它是公司为了提高当期利润，削减研发、销售及管理费用引起的，同时也会导致当期的现金流上升。公司为了抬高会计利润，通过削减研发、广告、维修和培训等销售和管理费用，造成公司当期的酌量性费用偏低，从而也让公司的异常酌量性费用偏低。

（1）异常经营现金流 AbCFO

$$\frac{CFO_{jt}}{A_{j,\ t-1}} = a_1 \frac{1}{A_{j,\ t-1}} + a_2 \frac{Sales_{jt}}{A_{j,\ t-1}} + a_3 \frac{\Delta Sales_{jt}}{A_{j,\ t-1}} + \varepsilon_{jt} \tag{8-3}$$

首先，按模型（8-3）分年度分行业进行横截面回归，要求每个行业的样本数不少于 10 个，如果少于 10 个，则将其归属于相近的行业，下同。CFO_{jt}是公司的经营现金流，$Sales_{jt}$是公司的销售额，$\Delta Sales_{jt}$是公司销售变化额。其次，通过回归得到的系数估计出每个样本公司的正常经营现金流。最后，可算出异常经营现金流 AbCFO 为实际经营现金流与正常经营现金流的差值。

（2）异常生产成本 AbProd

$$\frac{Prod_{jt}}{A_{j,\ t-1}} = a_1 \frac{1}{A_{j,\ t-1}} + a_2 \frac{Sales_{jt}}{A_{j,\ t-1}} + a_3 \frac{\Delta Sales_{jt}}{A_{j,\ t-1}} + a_4 \frac{\Delta Sales_{j,\ t-1}}{A_{j,\ t-1}} + \varepsilon_{jt} \tag{8-4}$$

用模型（8-4）进行分年度分行业横截面回归得到估计参数并据此计算各个样本公司的正常生产成本，异常生产成本 AbProd 为实际生产成本与正常生产成本之差。$Prod_{jt}$是公司的生产成本，为销售成本与存货变动额之和；$Sales_{jt}$是公司当期的销售额；$\Delta Sales_{jt}$是公司当期的销售变化额；$\Delta Sales_{j,t-1}$是公司上期的销售变化额。

（3）异常酌量性费用 AbDisx

$$\frac{Disx_{jt}}{A_{j,\ t-1}} = a_1 \frac{1}{A_{j,\ t-1}} + a_2 \frac{Sales_{j,\ t-1}}{A_{j,\ t-1}} + \varepsilon_{jt} \tag{8-5}$$

依照模型（8-5）分年度分行业横截面回归得到估计参数来计算各个样本

公司的正常酌量性费用，异常酌量性费用 AbDisx 为实际酌量性费用与正常酌量性费用之差。$Disx_{jt}$ 是公司的酌量性费用，为研发、销售及管理费用之和，考虑到中国财务报表把研发费用合并到了管理费用的情况，本章用销售和管理费用替代；$Sales_{j,t-1}$ 是公司上期的销售额。

以上三个指标，即异常经营现金流 AbCFO、异常生产成本 AbProd 和异常酌量性费用 AbDisx，体现了真实盈余管理的三种具体行为。公司向上操纵利润，可能采用真实盈余管理的一种行为或多种行为：低异常经营现金流 AbCFO，高异常生产成本 AbProd，抑或低异常酌量性费用 AbDisx。为了系统考量真实盈余管理的三种具体行为，仿照 Cohen 等（2008）及 Badertscher（2011）的做法，将三个指标聚集成一个综合指标，综合真实盈余管理 RM=-AbCFO+AbProd-AbDisx。综合真实盈余管理指标 RM，表示其值越高，公司通过真实盈余管理向上操纵的利润越大。

8.3.3 回归模型

为了检验本章的研究假设，本章参照 DeFond 等（2000）及 Chan 和 Wu（2010）的模型，构建如下检验模型：

$$Mao = \alpha + \beta_1 EM + \sum \gamma_i Control_i + \varepsilon \tag{8-6}$$

因变量：审计意见 Mao，为虚拟变量，如果公司被出具非标准审计意见，取值为 1，否则为 0。

解释变量：盈余管理 EM，以修正的 Jones 模型估计的应计盈余管理 DA 和真实盈余管理 RM=-AbCFO+AbProd-AbDisx 来衡量。需要说明的是，真实盈余管理 RM 为异常经营现金流 AbCFO、异常生产成本 AbProd 和异常酌量性费用 AbDisx 三个指标的集合指标。

控制变量 Control，具体包括如下变量：

会计师事务所规模 Big，如果公司聘请的会计师事务所为前十大会计师事务所，取值为 1，否则为 0，会计师事务所规模以其客户公司总资产之和计算，放入该变量，是为了控制大规模会计师事务所和小规模会计师事务所在发表审计意见上的差异。

总资产周转率 Aturn，放入模型用来控制公司运营风险对审计意见的影响。

流动比率 CR，放入模型用来控制公司运营风险对审计意见的影响。

应收账款占总资产的比率 Rec，放入模型用来控制公司财务风险对审计意见的影响。

存货占总资产的比例 Inv，放入模型用来控制公司财务风险对审计意见的影响。

资产负债率 Lev，用以控制公司的财务风险对审计意见的影响。

总资产收益率 ROA，衡量公司业绩，用以控制公司业绩对审计意见的影响。

公司规模 Size，采用公司总资产的自然对数衡量，放入模型用来控制公司资产规模对审计意见的影响。

行业变量 Industry，用来控制行业固定效应对审计意见的影响。

同时，为了控制连续变量的极端值的影响，本章对模型中的所有连续变量均进行 1%水平的 Winsorize 处理。

8.4 实证结果及分析

8.4.1 描述性统计分析

表 8.2 是回归模型中各变量的描述性统计分析结果。可以发现，非标准审计意见 Mao，在法律变迁前的均值为 0.119 3，在统计上显著高于法律变迁后的均值 0.089 7。这可能表明，在法律变迁后，法律水平的提高，加大了上市公司面临的法律风险和法律成本，公司为了规避和降低公司的法律风险和法律成本，采取相对规范和严谨的会计行为，从而被出示非标准审计意见的概率较低。应计盈余管理 DA，在法律变迁前的均值为 0.001 0，与法律变迁后的均值 0.002 5 在统计上没有显著差异。真实盈余管理 RM，在法律变迁前的均值为 -0.023 6，在统计上显著高于法律变迁后的均值-0.039 6。这表明，在法律变迁前后，上市公司都采用了负向的真实盈余管理，但是，在法律变迁后，负向盈余管理的程度，即负向真实盈余管理的绝对值，出现了显著的上升。

前十大会计师事务所 Big，在法律变迁前的均值为 0.254 1，在统计上显著低于法律变迁后的均值 0.285 9。这表明法律变迁后前十大会计师事务所的市场份额有所提高，可能是市场对大型会计师事务所的需求增大，也可能是近年来会计师事务所的合并引起大型会计师事务所的市场份额增加。总资产周转率 Aturn，在法律变迁前的均值为 0.563 6，在统计上显著低于法律变迁后的均值 0.693 2。表明在法律变迁后，上市公司的总资产周转率普遍提高。流动比率 CR，在法律变迁前的均值为 1.599 2，在统计上显著高于法律变迁后的均值 1.508 1。这表明在法律变迁后，上市公司的流动比率出现了下降。应收账款占总资产的比率 Rec，在法律变迁前的均值为 0.145 6，显著高于法律变迁后的均值0.102 2，表明法律变迁后公司的应收账款占总资产的比率有下降的趋势。存货占总资产的比率Inv，在法律变迁前的均值为0.144 2，在统计上显著低于法律变迁后的均值0.171 1，表明在法律变迁后，公司的存货在增加，导致存货的占比提升。资产负债率Lev，在法律变迁前的均值为0.497 7，在统计上显著低于法律变迁后的均值0.544 4，表明在法律变迁后，公司的负债在增加，财务风险有所提高。公司业绩ROA，在法律变迁前的均值为0.013 3，在统计上显著低于法律变迁后的均值0.023 2。公司规模Size，在法律变迁前的自然对数均值为21.107 7，在统计上显著低于法律变迁后的均值21.428 4。这表明，在法律变迁后，公司的业绩和规模都有所提高。

表8.2　　描述性统计分析结果

	法律变迁前	法律变迁后	t	z
	均值	均值		
Mao	0.119 3	0.089 7	5.03***	5.17***
DA	0.001 0	0.002 5	−0.84	0.23
RM	−0.023 6	−0.039 6	4.10***	3.91***
Big	0.254 1	0.285 9	−3.79***	−3.76***
Aturn	0.563 6	0.693 2	−14.77***	−16.33***
CR	1.599 2	1.508 1	3.20***	9.70***
Rec	0.145 6	0.102 2	21.26***	22.89***
Inv	0.144 2	0.171 1	−10.23***	−9.16***
Lev	0.497 7	0.544 4	−9.82***	−10.89***
ROA	0.013 3	0.023 2	−6.31***	−5.90***
Size	21.107 7	21.428 4	−16.29***	−14.49***

注：

① t值是均值检验得到的统计值，z值是Wilcoxon秩检验得到统计值。

② “*”“**”和“***”分别表示在10%、5%和1%水平下统计显著（双尾检验），下同。

8.4.2 回归分析

1. 相关性分析

表8.3为因变量与解释变量的Pearson相关性分析结果。可以发现，非标准审计意见Mao与应计盈余管理DA负相关，在1%的水平下统计显著。非标准审计意见Mao与真实盈余管理RM正相关，在5%的水平下统计显著。相关性分析的结果表明，应计盈余管理并没有提高审计师签发非标准审计意见的概

率，只有真实盈余管理提高了审计定价审计师签发非标准审计意见的概率。进一步的检验有待于多元回归分析。

表 8.3　　因变量与解释变量的相关性分析结果

	Mao	DA	RM
Mao	1		
DA	-0.215 9***	1	
RM	0.024 0**	0.356 5***	1

注：相关性分析采用的是 Pearson 相关性分析。“*”表示在 10%水平下统计显著，“**”表示在 5%水平下统计显著，“***”表示在 1%水平下统计显著，下同。

2. 回归结果及分析

表 8.4 是采用 Logit 模型对应计盈余管理与审计意见进行回归的结果。可以发现，在没有放入控制变量进行回归时，应计盈余管理 DA 对非标准审计意见 Mao 的回归系数，在全样本的回归里统计上显著为负，在变迁前和变迁后的回归里同样在统计上显著为负。这表明，应计盈余管理并没有提高审计师签发非标准审计意见的可能性。也就是说，尽管应计盈余管理提高了审计师面临的审计风险，但是应计盈余管理的审计风险并没有在审计意见上得到反映。可见，即使法律变迁后，我国的法律水平有所提高，应计盈余管理所蕴含的审计风险也仍然没有在审计意见上得到有效反映。

在控制了相关变量进行回归后，应计盈余管理 DA 对非标准审计意见 Mao 的回归系数，在全样本回归里统计上不显著，并且，在变迁前和变迁后的回归里同样也不显著。这表明应计盈余管理并没有提高审计师签发非标准审计意见的可能性，其蕴含的审计风险没有在审计意见上得到反映。

在控制变量的回归结果方面，前十大会计师事务所 Big 的回归系数，在统计上不显著，表明大型会计师事务所签发非标准审计意见的可能性，并不比小型会计师事务所高。资产周转率 Aturn 的回归系数，在统计上显著为负，表明资产周转率高的公司，审计师签发非标准审计意见的可能性低。流动比率 CR，其回归系数在统计上显著为正，表明流动比率高的公司，收到非标准审计意见的可能性高。应收账款占总资产的比率 Rec，其回归系数在统计上显著为正，表明应收账款占比高的公司，收到非标准审计意见的可能性高。存货占总资产的比率 Inv，在变迁后的回归系数显著为负，表明存货占比高的公司，收到非标准审计意见的可能性偏低。资产负债率 Lev 的回归系数，在变迁后的回归系数显著为正，表明资产负债率高的公司，审计师签发非标准审计意见的可能性偏高。公司业绩 ROA 的回归系数，在统计上显著为负，表明业绩好的公司，收到非标准审计意见的可能性偏低。公司规模Size的回归系数，在统计上显著为负，表明资产规模大的公司，审计师签发非标准审计意见的可能性偏低。

表8.4　　　　应计盈余管理与审计意见的回归结果

	因变量：Mao					
	全样本		变迁前		变迁后	
	(1)	(2)	(1)	(2)	(1)	(2)
DA	−7.411 6	−0.552 5	−7.371 0	−0.117 0	−7.553 1	−0.453 3
	(−18.60)***	(−1.09)	(−12.51)***	(−0.16)	(−14.16)***	(−0.65)
Big		0.037 0		0.170 3		−0.061 6
		(0.30)		(1.08)		(−0.35)
Aturn		−0.741 6		−0.603 0		−0.685 2
		(−3.74)***		(−2.44)**		(−2.61)***
CR		0.106 5		0.120 7		0.061 5
		(3.09)***		(2.84)***		(1.07)
Rec		2.691 1		2.994 6		1.985 3
		(5.82)***		(4.98)***		(2.91)***
Inv		−2.842 3		−2.211 5		−3.216 3
		(−4.90)***		(−2.99)***		(−4.41)***
Lev		3.990 6		3.317 2		4.232 9
		(15.06)***		(8.36)***		(12.21)***
ROA		−7.880 8		−11.157 7		−6.630 8
		(−13.79)***		(−11.01)***		(−9.34)***
Size		−0.409 5		−0.130 6		−0.547 5
		(−6.08)***		(−1.45)		(−6.23)***
Constant	−2.365 3	4.559 3	−2.159 9	−0.865 6	−2.520 4	6.969 0
	(−38.70)***	(3.13)***	(−29.79)***	(−0.45)	(−32.53)***	(3.67)***
Industry		Yes		Yes		Yes
N	11 672	11 672	4 565	4 565	7 107	7 107
Pseudo R^2	0.071	0.396	0.068	0.362	0.076	0.439
Chi^2	346.042 0***	814.512 5***	156.387 4***	367.404 7***	200.450 9***	552.528 5***

注：

①回归方法采用的是Logit模型。因变量Mao，审计意见，如果为非标准审计意见，取值为1，否则为0。解释变量DA，为应计盈余管理。Industry，为行业变量。

②“变迁前”为2006年法律变迁之前，“变迁后”为2006年法律变迁之后。

③括号里的为*z*值，经过了Cluster参差矫正。“*”“**”和“***”分别表示在10%、5%和1%水平下统计显著，下同。

表 8.5 是采用 Logit 模型对真实盈余管理与审计意见进行回归的结果。可以发现，在没有放入控制变量进行回归时，真实盈余管理 RM 对非标准审计意见 Mao 的回归系数，在全样本的回归里统计上显著为正。将样本细分为变迁前和变迁后两个样本回归后，真实盈余管理 RM 对非标准审计意见 Mao 的回归系数，在变迁前的回归里统计上不显著，而在变迁后的回归里统计上显著为正。

但是，在控制了相关变量进行回归后，真实盈余管理 RM 对非标准审计意见 Mao 的回归系数，在全样本的回归里统计上不显著，并且，在细分样本进行回归后，在变迁前和变迁后的样本回归里也都不显著。

经验结果表明，真实盈余管理没有显著增加审计师签发非标准审计意见的可能性。这意味着，尽管真实盈余管理提高了审计师面临的审计风险，但是真实盈余管理的审计风险并没有在审计意见上得到反映，导致真实盈余管理没有提高审计师签发非标准审计意见的可能性。并且，即使法律变迁后，我国的法律水平有所提高，真实盈余管理所蕴含的审计风险也仍然没有在审计意见上得到有效反映。

结合表 8.4 和 8.5 的回归结果可知，本章的研究假设 H1 没有得到支持，即应计盈余管理与真实盈余管理没有提高签发非标准审计意见的可能性。

表 8.5　　　　**真实盈余管理与审计意见的回归结果**

	因变量：Mao					
	全样本		变迁前		变迁后	
	（1）	（2）	（1）	（2）	（1）	（2）
RM	0.371 9	0.383 9	0.016 6	0.392 3	0.526 1	0.468 6
	(1.94)*	(1.34)	(0.06)	(0.91)	(2.26)**	(1.37)
Big		0.032 0		0.170 8		−0.062 6
		(0.26)		(1.06)		(−0.36)
Aturn		−0.737 3		−0.630 8		−0.690 7
		(−3.76)***		(−2.61)***		(−2.66)***
CR		0.101 8		0.103 8		0.075 1
		(2.92)***		(2.52)**		(1.30)
Rec		2.500 6		2.789 5		1.926 0
		(5.44)***		(4.63)***		(2.81)***
Inv		−3.100 6		−2.558 6		−3.436 4
		(−5.04)***		(−3.16)***		(−4.57)***

表8.5(续)

	因变量：Mao					
	全样本		变迁前		变迁后	
	(1)	(2)	(1)	(2)	(1)	(2)
Lev		3.959 7		3.275 2		4.212 0
		(15.11)***		(8.28)***		(12.18)***
ROA		-7.898 9		-10.921 8		-6.601 3
		(-14.88)***		(-11.68)***		(-10.18)***
Size		-0.409 3		-0.127 5		-0.542 5
		(-6.07)***		(-1.39)		(-6.17)***
Constant	-2.124 2	4.700 5	-1.946 6	-0.755 5	-2.251 9	7.001 7
	(-36.23)***	(3.24)***	(-28.32)***	(-0.38)	(-30.84)***	(3.71)***
Industry		Yes		Yes		Yes
N	10 954	10 954	4 212	4 212	6 742	6 742
Pseudo R^2	0.001	0.397	0.000	0.364	0.002	0.438
Chi^2	3.771 5*	793.384 5***	0.003 3	354.469 1***	5.116 7**	531.995 2***

注：

①回归方法采用的是 Logit 模型。因变量 Mao，审计意见，如果为非标准审计意见，取值为 1，否则为 0。解释变量 RM，为真实盈余管理。Industry，为行业变量。

②"变迁前"为 2006 年法律变迁之前，"变迁后"为 2006 年法律变迁之后。

③括号里的为 z 值，经过了 Cluster 参差矫正。"*""**"和"***"分别表示在 10%、5%和 1%水平下统计显著，下同。

表 8.6 是应计盈余管理与真实盈余管理、法律变迁与审计意见的回归结果。可以发现，在应计盈余管理 DA 的回归结果里，盈余管理 EM 与法律变迁 Law 的交乘项 EM×Law，对非标准审计意见 Mao 的回归系数在统计上不显著。

同样，在真实盈余管理 RM 的回归结果里，盈余管理 EM 与法律变迁 Law 的交乘项 EM×Law，对非标准审计意见 Mao 的回归系数在统计上也不显著。

经验数据表明，2006 年的法律变迁，并没有增强应计盈余管理与真实盈余管理提高审计师签发非标准审计意见的可能性。这意味着，尽管 2006 年的法律变迁让我国的法律水平有所提高，但是，并没有强化应计盈余管理与真实盈余管理提高审计师签发非标准审计意见的可能性。本章的研究假设 H2 没有得到支持。

表 8.6　应计盈余管理与真实盈余管理、法律变迁与审计意见的回归结果

	因变量：Mao			
	EM=DA		EM=RM	
	(1)	(2)	(1)	(2)
EM	-7.371 0	-0.905 1	0.016 6	0.314 4
	(-12.51)***	(-1.36)	(0.06)	(0.77)
EM×Law	-0.182 1	0.678 3	0.509 4	0.066 3
	(-0.23)	(0.77)	(1.51)	(0.14)
Law	-0.360 5	-0.225 3	-0.305 3	-0.200 5
	(-4.11)***	(-2.13)**	(-3.76)***	(-1.87)*
Big		0.032 7		0.026 8
		(0.27)		(0.21)
Aturn		-0.697 9		-0.699 4
		(-3.52)***		(-3.55)***
CR		0.109 5		0.104 5
		(3.16)***		(2.98)***
Rec		2.437 9		2.287 3
		(5.22)***		(4.94)***
Inv		-2.827 2		-3.068 8
		(-4.89)***		(-4.98)***
Lev		4.081 1		4.026 7
		(14.83)***		(14.84)***
ROA		-7.941 8		-7.937 8
		(-13.70)***		(-14.83)***
Size		-0.404 6		-0.405 6
		(-5.94)***		(-5.94)***
Constant	-2.159 9	4.537 6	-1.946 6	4.692 2
	(-29.79)***	(3.10)***	(-28.33)***	(3.21)***
Industry		Yes		Yes
N	11 672	11 672	10 954	10 954
Pseudo R^2	0.075	0.397	0.005	0.398
Chi^2	367.232 3***	808.567 1***	19.919 9***	789.157 4***

注：

①回归方法采用的是 Logit 模型。因变量 Mao，审计意见，如果为非标准审计意见，取值为 1，否则为 0。解释变量 EM，为盈余管理变量，分别采用应计盈余管理 DA 和真实盈余管理 RM 衡量。Law，为衡量 2006 年的法律变迁变量，如果在 2006 年法律变迁之前，取值为 0；反之，如果在 2006 年法律变迁之后，取值为 1。EM×Law，为盈余管理 EM 与法律变迁 Law 的交乘项。Industry，为行业变量。

②括号里的为 z 值，经过了 Cluster 参差矫正。“*”“**”和“***”分别表示在 10%、5%和 1%水平下统计显著，下同。

8.4.3 稳健性测试

为了检验上述结论的稳健性，本章进行了如下敏感性测试。

（1）为了检验2006年新《公司法》和《证券法》实施前后盈余管理对审计意见的影响，本章选择了2001—2009年作为考察的研究窗口。根据我国上市公司信息披露的规定，2005年的公司年报是在2006年的1月至4月披露，因而2005年的公司年报会受到新《公司法》和《证券法》实施的影响。因此，上述的分析将2005年的样本划分到法律变迁后。但是，2005年的样本同样也会受到2006年法律变迁前的旧法律的影响。为了避免2005年的样本受到法律变迁前后新旧法律的双重影响，本章将2005年的样本剔除出原来的研究样本。这样，法律变迁前的样本为2001—2004年的上市公司样本，法律变迁后的样本为2006—2009年的上市公司样本。将剔除后的样本对上述模型进行回归，回归结果报告于表8.7至表8.9，经验结果表明本章的结论依然稳健。

表8.7是采用剔除2005年后的样本对应计盈余管理与审计意见进行Logit回归的结果。可以发现，在没有放入控制变量进行回归时，应计盈余管理DA对非标准审计意见Mao的回归系数，在全样本的回归里统计上显著为负，在变迁前和变迁后的回归里同样在统计上显著为负。

但是，在将控制变量放入模型进行回归后，应计盈余管理DA对非标准审计意见Mao的回归系数，在全样本回归里统计上不显著。并且，进行样本的细分回归后，在变迁前和变迁后的样本回归里也不显著。这表明应计盈余管理并没有提高审计师签发非标准审计意见的可能性，其蕴含的审计风险没有在审计意见上得到反映。而且，即使法律变迁提高了我国的法律水平，增加了审计师的法律风险，应计盈余管理的风险也仍然没有对审计意见进行有效反映。这与前文的结论一致。

表8.7　　　　应计盈余管理与审计意见的回归结果

	因变量：Mao					
	全样本		变迁前		变迁后	
	（1）	（2）	（1）	（2）	（1）	（2）
DA	−7.202 7	−0.735 4	−7.371 0	−0.117 0	−7.249 9	−0.706 7
	（−17.16）***	（−1.41）	（−12.51）***	（−0.16）	（−12.06）***	（−0.93）
Big		0.030 2		0.170 3		−0.075 3
		（0.24）		（1.08）		（−0.37）

表8.7(续)

	因变量：Mao					
	全样本		变迁前		变迁后	
	(1)	(2)	(1)	(2)	(1)	(2)
Aturn		−0.756 7		−0.603 0		−0.672 8
		(−3.78)***		(−2.44)**		(−2.33)**
CR		0.112 9		0.120 7		0.056 6
		(3.30)***		(2.84)***		(0.88)
Rec		2.710 8		2.994 6		1.531 8
		(5.60)***		(4.98)***		(1.74)*
Inv		−2.955 8		−2.211 5		−3.463 0
		(−4.92)***		(−2.99)***		(−4.11)***
Lev		4.016 8		3.317 2		4.271 6
		(14.64)***		(8.36)***		(11.10)***
ROA		−7.875 5		−11.157 7		−6.331 5
		(−13.03)***		(−11.01)***		(−7.88)***
Size		−0.426 8		−0.130 6		−0.613 1
		(−6.15)***		(−1.45)		(−6.10)***
Constant	−2.386 4	4.963 0	−2.159 9	−0.865 6	−2.604 9	8.295 2
	(−38.67)***	(3.29)***	(−29.79)***	(−0.45)	(−30.88)***	(3.82)***
Industry		Yes		Yes		Yes
N	10 355	10 355	4 565	4 565	5 790	5 790
Pseudo R^2	0.069	0.393	0.068	0.362	0.072	0.447
Chi^2	294.565 9***	717.289 7***	156.387 4***	367.404 7***	145.480 5***	422.156 2***

注：

①回归样本是剔除了2005年样本的研究样本。回归方法采用的是Logit模型。因变量Mao，审计意见，如果为非标准审计意见，取值为1，否则为0。解释变量DA，为应计盈余管理。Industry，为行业变量。

②“变迁前”为2006年法律变迁之前，“变迁后”为2006年法律变迁之后。

③括号里的为z值，经过了Cluster参差矫正。“*”“**”和“***”分别表示在10%、5%和1%水平下统计显著，下同。

表8.8是采用剔除2005年观测值后的样本对真实盈余管理与审计意见进行Logit回归的结果。可以发现，在没有放入控制变量进行回归时，真实盈余管理RM对非标准审计意见Mao的回归系数，在全样本的回归里统计上显著为正。将样本细分为变迁前和变迁后两个样本回归后，真实盈余管理RM对非标

准审计意见 Mao 的回归系数，在变迁前的回归里统计上不显著，而在变迁后的回归里统计上显著为正。

但是，在控制了相关变量进行回归后，真实盈余管理 RM 对非标准审计意见 Mao 的回归系数，在全样本的回归里统计上不显著。并且，在细分样本进行回归后，真实盈余管理 RM 的回归系数，在变迁前和变迁后的样本回归里也都不显著。

经验结果表明，真实盈余管理没有显著增加审计师签发非标准审计意见的可能性。这意味着，尽管真实盈余管理提高了审计师面临的审计风险，但是真实盈余管理的审计风险并没有在审计意见上得到反映，导致真实盈余管理没有提高审计师签发非标准审计意见的可能性。并且，即使法律变迁后，我国的法律水平有所提高，真实盈余管理所蕴含的审计风险也仍然没有在审计意见上得到有效反映。这与前文的结论一致。

表 8.8 **真实盈余管理与审计意见的回归结果**

	因变量：Mao					
	全样本		变迁前		变迁后	
	(1)	(2)	(1)	(2)	(1)	(2)
RM	0.407 3	0.414 3	0.016 6	0.392 3	0.615 2	0.603 6
	(2.12)**	(1.41)	(0.06)	(0.91)	(2.45)**	(1.60)
Big		0.031 2		0.170 8		-0.062 8
		(0.25)		(1.06)		(-0.31)
Aturn		-0.739 0		-0.630 8		-0.660 8
		(-3.72)***		(-2.61)***		(-2.33)**
CR		0.106 6		0.103 8		0.071 8
		(3.18)***		(2.52)**		(1.16)
Rec		2.478 4		2.789 5		1.442 6
		(5.12)***		(4.63)***		(1.63)
Inv		-3.257 6		-2.558 6		-3.773 0
		(-5.10)***		(-3.16)***		(-4.33)***
Lev		3.999 3		3.275 2		4.279 7
		(14.70)***		(8.28)***		(11.16)***
ROA		-7.948 6		-10.921 8		-6.373 2
		(-13.90)***		(-11.68)***		(-8.40)***
Size		-0.424 9		-0.127 5		-0.602 6
		(-6.11)***		(-1.39)		(-6.03)***

表8.8(续)

	因变量：Mao					
	全样本		变迁前		变迁后	
	(1)	(2)	(1)	(2)	(1)	(2)
Constant	−2.156 6	5.033 2	−1.946 6	−0.755 5	−2.349 0	8.118 6
	(−36.56)***	(3.34)***	(−28.32)***	(−0.38)	(−29.68)***	(3.76)***
Industry		Yes		Yes		Yes
N	9 735	9 735	4 212	4 212	5 523	5 523
Pseudo R^2	0.001	0.394	0.000	0.364	0.003	0.447
Chi^2	4.482 0**	699.796 3***	0.003 3	354.469 1***	5.980 3**	407.239 8***

注：

①回归样本是剔除了2005年样本的研究样本。回归方法采用的是Logit模型。因变量Mao，审计意见，如果为非标准审计意见，取值为1，否则为0。解释变量RM，为真实盈余管理。Industry，为行业变量。

②"变迁前"为2006年法律变迁之前，"变迁后"为2006年法律变迁之后。

③括号里的为z值，经过了Cluster参差矫正。"*""**"和"***"分别表示在10%、5%和1%水平下统计显著，下同。

表8.9是采用剔除2005年后的样本对应计盈余管理与真实盈余管理、法律变迁与审计意见的回归结果。可以发现，在应计盈余管理DA的回归结果里，盈余管理EM与法律变迁Law的交乘项EM×Law，对非标准审计意见Mao的回归系数在统计上不显著。

在真实盈余管理RM的回归结果里，盈余管理EM与法律变迁Law的交乘项EM×Law，在控制了相关变量后，其回归系数在统计上不显著。

经验数据表明，即使剔除了2005年样本的影响，2006年的法律变迁，并没有增强应计盈余管理与真实盈余管理提高审计师签发非标准审计意见的可能性。这意味着，尽管2006年的法律变迁让我国的法律水平有所提高，但是，并没有强化应计盈余管理与真实盈余管理提高审计师签发非标准审计意见的可能性。这与前文的结论一致。

表8.9 应计盈余管理与真实盈余管理、法律变迁与审计意见的回归结果

	因变量：Mao			
	EM=DA		EM=RM	
	(1)	(2)	(1)	(2)
EM	−7.371 0	−0.943 5	0.016 6	0.325 5
	(−12.51)***	(−1.41)	(0.06)	(0.79)

表8.9(续)

	因变量：Mao			
	EM=DA		EM=RM	
	(1)	(2)	(1)	(2)
EM×Law	0.121 1	0.460 0	0.598 6	0.102 8
	(0.15)	(0.49)	(1.66) *	(0.20)
Law	−0.445 0	−0.240 0	−0.402 4	−0.222 1
	(−4.63) ***	(−2.02) **	(−4.50) ***	(−1.84) *
Big		0.028 9		0.028 5
		(0.23)		(0.23)
Aturn		−0.705 8		−0.693 2
		(−3.52) ***		(−3.48) ***
CR		0.116 1		0.109 5
		(3.36) ***		(3.21) ***
Rec		2.373 7		2.179 8
		(4.81) ***		(4.41) ***
Inv		−2.945 2		−3.229 0
		(−4.92) ***		(−5.04) ***
Lev		4.113 4		4.077 3
		(14.36) ***		(14.39) ***
ROA		−7.904 3		−7.964 1
		(−12.94) ***		(−13.83) ***
Size		−0.422 9		−0.422 1
		(−6.01) ***		(−5.97) ***
Constant	−2.159 9	4.961 5	−1.946 6	5.047 2
	(−29.79) ***	(3.26) ***	(−28.33) ***	(3.31) ***
Industry		Yes		Yes
N	10 355	10 355	9 735	9 735
Pseudo R^2	0.075	0.394	0.007	0.395
Chi^2	325.154 7 ***	712.300 3 ***	26.601 8 ***	695.578 6 ***

注：

①回归样本是剔除了2005年样本的研究样本。回归方法采用的是Logit模型。因变量Mao，审计意见，如果为非标准审计意见，取值为1，否则为0。解释变量EM，为盈余管理变量，分别采用应计盈余管理DA和真实盈余管理RM衡量。Law，为衡量2006年的法律变迁变量，如果在2006年法律变迁之前，取值为0；反之，如果在2006年法律变迁之后，取值为1。EM×Law，为盈余管理EM与法律变迁Law的交乘项。Industry，为行业变量。

②括号里的为z值，经过了Cluster参差矫正。“*”“**”和“***”分别表示在10%、5%和1%水平下统计显著，下同。

（2）Francis 和 Krishnan（1999）认为，正向的应计盈余比负向的应计盈余更能促使审计师签发非标准审计意见。这意味着，正向盈余管理与非标准审计意见的正相关性可能更强。在此，本章采用正向的盈余管理来检验上述结论的稳健性。采用正向盈余管理进行回归的结果报告于表 8.10 至表 8.12，经验结果表明上述的结论依然稳健。

表 8.10 是正向应计盈余管理与审计意见进行 Logit 回归的结果。可以发现，在没有放入控制变量进行回归时，正向应计盈余管理 DA 对非标准审计意见 Mao 的回归系数，在全样本的回归里统计上不显著。在对样本进行细分回归后，正向应计盈余管理 DA 的回归系数，在变迁前的样本回归里统计上不显著，在变迁后统计上显著为正。

但是，在将控制变量放入模型进行回归后，正向应计盈余管理 DA 的回归系数，在变迁前和变迁后都不显著。这表明，应计盈余管理没有提高审计师签发非标准审计意见的可能性。并且，在法律变迁后，应计盈余管理也没有提高审计师签发非标准审计意见的可能性。也就是说，尽管应计盈余管理提高了审计师面临的审计风险，但是应计盈余管理的审计风险并没有在审计意见上得到反映。而且，即使法律变迁后，我国的法律水平有所提高，增加了审计师的法律风险，应计盈余管理所蕴含的审计风险也仍然没有在审计意见上得到有效反映。这与前文的结论一致。

表 8.10　　正向应计盈余管理与审计意见的回归结果

	因变量：Mao					
	全样本		变迁前		变迁后	
	（1）	（2）	（1）	（2）	（1）	（2）
DA	1.094 3	1.155 9	0.393 5	−0.957 8	1.829 0	2.171 1
	（1.37）	（1.05）	（0.31）	（−0.61）	（1.82）*	（1.48）
Big		0.171 3		0.209 9		0.138 2
		（0.89）		（0.89）		（0.48）
Aturn		−0.650 3		−0.562 0		−0.575 5
		（−2.40）**		（−1.65）*		（−1.42）
CR		0.095 2		0.161 9		0.002 4
		（2.33）**		（3.15）***		（0.03）
Rec		3.025 3		3.429 3		2.652 7
		（4.57）***		（3.56）***		（2.79）***

表8.10(续)

	因变量：Mao					
	全样本		变迁前		变迁后	
	(1)	(2)	(1)	(2)	(1)	(2)
Inv		-4.072 2		-3.511 3		-4.543 2
		(-5.19)***		(-3.05)***		(-4.52)***
Lev		3.902 5		3.786 1		3.832 9
		(10.51)***		(6.43)***		(8.40)***
ROA		-12.968 0		-19.668 9		-9.447 6
		(-8.33)***		(-7.51)***		(-4.83)***
Size		-0.428 6		-0.229 9		-0.549 5
		(-4.93)***		(-1.57)		(-5.06)***
Constant	-2.845 4	5.193 8	-2.571 9	1.132 7	-3.078 3	7.442 5
	(-29.30)***	(2.78)***	(-19.58)***	(0.35)	(-23.97)***	(3.25)***
Industry		Yes		Yes		Yes
N	6 071	6 046	2 394	2 375	3 677	3 662
Pseudo R^2	0.001	0.328	0.000	0.347	0.002	0.338
Chi^2	1.889 3	374.250 3***	0.094 3	198.040 7***	3.299 3*	225.523 3***

注：

①回归方法采用的是 Logit 模型。因变量 Mao，审计意见，如果为非标准审计意见，取值为 1，否则为 0。解释变量 DA，为正向应计盈余管理。Industry，为行业变量。

②“变迁前”为 2006 年法律变迁之前，“变迁后”为 2006 年法律变迁之后。

③括号里的为 *z* 值，经过了 Cluster 参差矫正。“*”“**”和“***”分别表示在 10%、5%和 1%水平下统计显著，下同。

表 8.11 是正向真实盈余管理与审计意见进行 Logit 回归的结果。可以发现，真实盈余管理 RM 对非标准审计意见 Mao 的回归系数，在全样本的回归里统计上不显著。并且，在细分样本进行回归后，真实盈余管理 RM 的回归系数，在变迁前和变迁后的样本回归里也都不显著。

经验结果表明，真实盈余管理没有显著增加审计师签发非标准审计意见的可能性。这意味着，尽管真实盈余管理提高了审计师面临的审计风险，但是真实盈余管理的审计风险并没有在审计意见上得到反映，导致真实盈余管理没有提高审计师签发非标准审计意见的可能性。并且，即使法律变迁后，我国的法律水平有所提高，真实盈余管理所蕴含的审计风险也仍然没有在审计意见上得到有效反映。这与前文的结论一致。

表 8.11　　　正向真实盈余管理与审计意见的回归结果

	因变量：Mao					
	全样本		变迁前		变迁后	
	(1)	(2)	(1)	(2)	(1)	(2)
RM	-0.236 0	0.732 4	-0.449 2	0.661 2	-0.043 5	0.499 4
	(-0.61)	(1.49)	(-0.83)	(0.79)	(-0.09)	(0.82)
Big		0.045 6		0.097 7		0.073 6
		(0.25)		(0.38)		(0.30)
Aturn		-0.631 3		-0.385 6		-0.685 3
		(-2.97)***		(-1.32)		(-2.39)**
CR		0.110 2		0.163 1		0.041 3
		(2.34)**		(2.49)**		(0.55)
Rec		2.512 7		3.453 2		1.198 8
		(4.05)***		(3.79)***		(1.30)
Inv		-3.607 0		-3.400 0		-3.725 9
		(-4.49)***		(-3.03)***		(-3.76)***
Lev		4.002 6		3.409 1		4.242 2
		(11.57)***		(5.73)***		(9.44)***
ROA		-8.210 2		-13.131 7		-6.136 9
		(-9.94)***		(-8.14)***		(-6.01)***
Size		-0.439 9		-0.139 4		-0.533 6
		(-5.27)***		(-0.98)		(-4.81)***
Constant	-2.031 5	5.641 7	-1.884 7	-0.833 1	-2.145 5	7.850 1
	(-23.57)***	(3.22)***	(-16.92)***	(-0.27)	(-18.53)***	(3.39)***
Industry		Yes		Yes		Yes
N	4 480	4 453	1 762	1 746	2 718	2 704
Pseudo R^2	0.000	0.381	0.000	0.354	0.000	0.433
Chi^2	0.372 3	400.398 4***	0.684 9	190.007 9***	0.008 1	252.364 2***

注：

①回归方法采用的是 Logit 模型。因变量 Mao，审计意见，如果为非标准审计意见，取值为 1，否则为 0。解释变量 RM，为正向真实盈余管理。Industry，为行业变量。

②“变迁前”为 2006 年法律变迁之前，“变迁后”为 2006 年法律变迁之后。

③括号里的为 z 值，经过了 Cluster 参差矫正。“*”“**”和“***”分别表示在 10%、5%和 1%水平下统计显著，下同。

表 8.12 是正向应计盈余管理与真实盈余管理、法律变迁与审计意见的回归结果。可以发现，在正向应计盈余管理 DA 的回归结果里，盈余管理 EM 与法律变迁 Law 的交乘项 EM×Law，对非标准审计意见 Mao 的回归系数，在没有放入控制变量时统计上不显著。而在放入控制变量后，交乘项 EM×Law 的回归系数显著为正。这可能是由于受到变量间的多重共线性影响，以致交乘项的回归系数在统计上显著。

在正向真实盈余管理 RM 的回归结果里，盈余管理 EM 与法律变迁 Law 的交乘项 EM×Law，对非标准审计意见 Mao 的回归系数在统计上不显著。

经验数据表明，2006 年的法律变迁，并没有增强正向应计盈余管理与真实盈余管理提高审计师签发非标准审计意见的可能性。这意味着，尽管 2006 年的法律变迁让我国的法律水平有所提高，增加了审计师的法律风险，但是，并没有强化正向应计盈余管理与真实盈余管理提高审计师签发非标准审计意见的可能性。这进一步验证了本章结论的稳健性。

表 8.12　正向应计盈余管理与真实盈余管理、法律变迁与审计意见的回归结果

	因变量：Mao			
	EM = DA		EM = RM	
	(1)	(2)	(1)	(2)
EM	0.393 5	-1.487 5	-0.449 2	0.284 7
	(0.31)	(-0.94)	(-0.83)	(0.36)
EM×Law	1.435 5	4.728 1	0.405 7	0.757 2
	(0.89)	(2.28)**	(0.60)	(0.81)
Law	-0.506 4	-0.309 3	-0.260 8	-0.297 6
	(-2.95)***	(-1.50)	(-1.74)*	(-1.50)
Big		0.185 2		0.042 2
		(0.96)		(0.23)
Aturn		-0.662 5		-0.597 9
		(-2.42)**		(-2.81)***
CR		0.089 1		0.116 5
		(2.13)**		(2.48)**
Rec		3.126 5		2.301 5
		(4.66)***		(3.72)***
Inv		-4.142 2		-3.596 3
		(-5.25)***		(-4.51)***

表8.12(续)

	因变量：Mao			
	EM=DA		EM=RM	
	(1)	(2)	(1)	(2)
Lev		3.872 1		4.081 5
		(10.40)***		(11.25)***
ROA		−13.273 8		−8.294 5
		(−8.45)***		(−9.99)***
Size		−0.417 9		−0.433 0
		(−4.92)***		(−5.16)***
Constant	−2.571 9	5.156 4	−1.884 7	5.592 6
	(−19.58)***	(2.82)***	(−16.93)***	(3.16)***
Industry		Yes		Yes
N	6 071	6 046	4 480	4 453
Pseudo R^2	0.006	0.330	0.002	0.382
Chi^2	13.548 7***	379.763 7***	4.166 7	399.115 8***

注：

①回归方法采用的是 Logit 模型。因变量 Mao，审计意见，如果为非标准审计意见，取值为 1，否则为 0。解释变量 EM，为正向盈余管理变量，分别采用正向应计盈余管理 DA 和正向真实盈余管理 RM 衡量。Law，为衡量 2006 年的法律变迁变量，如果在 2006 年法律变迁之前，取值为 0；反之，如果在 2006 年法律变迁之后，取值为 1。EM×Law，为正向盈余管理 EM 与法律变迁 Law 的交乘项。Industry，为行业变量。

②括号里的为 z 值，经过了 Cluster 参差矫正。"*""**"和"***"分别表示在 10%、5%和 1%水平下统计显著，下同。

（3）在前文的分析中，采用的是修正的 Jones 模型（DeChow，等，1995）来估计应计盈余管理。在这里，采用 Jones 模型（Jones，1991）来估计应计盈余管理，以此检验上述结论的稳健性。采用 Jones 模型估计的应计盈余管理的回归结果，报告于表 8.13 和表 8.15。可以发现，本章的结论仍然稳健。

（4）在前面的考察中，借鉴 Roychowdhury（2006）和 Cohen 等（2008）的方法，按照 RM=−AbCFO+AbProd−AbDisx 来综合衡量真实盈余管理。由于异常经营现金流 AbCFO 对真实盈余管理的影响方向并不是非常确定，借鉴 Zang（2012）的方法，采用 RM_1=+AbProd−AbDisx 来衡量真实盈余管理，即真实盈余管理 RM_1 是异常生产成本 AbProd 与异常酌量性费用 AbDisx 的集合变量。重新检验的结果见表 8.14 和表 8.15。可以发现，本章的结论仍然稳健。

表 8.13 是采用 Jones 模型估计的应计盈余管理与审计意见进行回归的结果。可以发现，在没有放入控制变量进行回归时，应计盈余管理 DA 对非标准审计意见 Mao 的回归系数，在全样本的回归里统计上显著为负。进行细分样本回归后，应计盈余管理 DA 的回归系数，在变迁前和变迁后的回归里同样在统计上显著为负。

但是，在将控制变量放入模型进行回归后，应计盈余管理 DA 对非标准审计意见 Mao 的回归系数，在全样本回归里统计上不显著。并且，进行样本的细分回归后，在变迁前和变迁后的样本回归里也不显著。这表明应计盈余管理并没有提高审计师签发非标准审计意见的可能性，其蕴含的审计风险没有在审计意见上得到反映。而且，即使法律变迁提高了我国的法律水平，增加了审计师的法律风险，应计盈余管理的风险也仍然没有在审计意见上进行有效反映。这与前文的结论一致。

表 8.13　　应计盈余管理与审计意见的回归结果

	因变量：Mao					
	全样本		变迁前		变迁后	
	(1)	(2)	(1)	(2)	(1)	(2)
DA	-7.403 5	-0.387 7	-7.557 6	0.127 8	-7.387 6	-0.337 1
	(-18.43)***	(-0.75)	(-12.88)***	(0.18)	(-13.70)***	(-0.47)
Big		0.036 9		0.171 1		-0.061 6
		(0.30)		(1.09)		(-0.35)
Aturn		-0.738 3		-0.594 9		-0.683 6
		(-3.72)***		(-2.41)**		(-2.61)***
CR		0.106 2		0.120 4		0.061 0
		(3.08)***		(2.83)***		(1.07)
Rec		2.662 2		2.969 7		1.967 9
		(5.77)***		(4.97)***		(2.89)***
Inv		-2.855 7		-2.228 4		-3.226 2
		(-4.92)***		(-3.01)***		(-4.42)***
Lev		4.001 2		3.325 0		4.241 8
		(15.10)***		(8.39)***		(12.22)***
ROA		-7.956 6		-11.284 8		-6.679 5
		(-13.97)***		(-11.19)***		(-9.42)***

表8.13(续)

	因变量：Mao					
	全样本		变迁前		变迁后	
	(1)	(2)	(1)	(2)	(1)	(2)
Size		-0.409 7		-0.129 6		-0.547 5
		(-6.08)***		(-1.43)		(-6.22)***
Constant	-2.358 9	4.559 8	-2.167 1	-0.890 8	-2.502 3	6.969 9
	(-38.76)***	(3.13)***	(-30.00)***	(-0.46)	(-32.46)***	(3.67)***
Industry		Yes		Yes		Yes
N	11 672	11 672	4 565	4 565	7 107	7 107
Pseudo R^2	0.069	0.396	0.069	0.362	0.070	0.439
Chi^2	339.510 2***	811.766 8***	165.789 3***	366.516 2***	187.803 7***	551.233 3***

注：

①回归方法采用的是 Logit 模型。因变量 Mao，审计意见，如果为非标准审计意见，取值为 1，否则为 0。解释变量 DA，为采用 Jones 模型估计的应计盈余管理。Industry，为行业变量。

②“变迁前”为 2006 年法律变迁之前，“变迁后”为 2006 年法律变迁之后。

③括号里的为 z 值，经过了 Cluster 参差矫正。“*”“**”和“***”分别表示在 10%、5%和 1%水平下统计显著，下同。

表 8.14 是采用 $RM_1 = +AbProd - AbDisx$ 衡量的真实盈余管理与审计意见进行 Logit 回归的结果。可以发现，在没有放入控制变量进行回归时，真实盈余管理 RM_1 对非标准审计意见 Mao 的回归系数，在全样本的回归里统计上不显著。将样本细分为变迁前和变迁后两个样本回归后，真实盈余管理 RM_1 对非标准审计意见 Mao 的回归系数，在变迁前的回归里统计上显著为负，而在变迁后的回归里统计上不显著。

但是，在控制了相关变量进行回归后，真实盈余管理 RM_1 对非标准审计意见 Mao 的回归系数，在全样本的回归里统计上不显著。并且，在细分样本进行回归后，真实盈余管理 RM_1 的回归系数，在变迁前和变迁后的样本回归里也都不显著。

经验结果表明，真实盈余管理没有显著增加审计师签发非标准审计意见的可能性。这意味着，尽管真实盈余管理提高了审计师面临的审计风险，但是真实盈余管理的审计风险并没有在审计意见上得到反映，导致真实盈余管理没有提高审计师签发非标准审计意见的可能性。并且，即使法律变迁后，我国的法律水平有所提高，真实盈余管理所蕴含的审计风险也仍然没有在审计意见上得到有效反映。这与前文的结论一致。

表 8.14　　真实盈余管理与审计意见的回归结果

	因变量：Mao					
	全样本		变迁前		变迁后	
	（1）	（2）	（1）	（2）	（1）	（2）
RM_1	-0.362 8	0.211 1	-1.464 5	0.447 2	0.103 5	0.283 9
	(-1.34)	(0.57)	(-3.48)***	(0.78)	(0.31)	(0.66)
Big		0.032 4		0.169 7		-0.062 5
		(0.26)		(1.06)		(-0.36)
Aturn		-0.727 9		-0.623 9		-0.676 6
		(-3.68)***		(-2.58)***		(-2.59)***
CR		0.103 0		0.103 9		0.076 7
		(2.97)***		(2.53)**		(1.33)
Rec		2.545 5		2.844 6		1.964 6
		(5.54)***		(4.73)***		(2.88)***
Inv		-3.019 1		-2.534 5		-3.341 1
		(-4.95)***		(-3.14)***		(-4.48)***
Lev		3.969 9		3.270 5		4.224 3
		(15.13)***		(8.27)***		(12.20)***
ROA		-7.930 7		-11.005 1		-6.644 6
		(-14.93)***		(-11.67)***		(-10.25)***
Size		-0.413 3		-0.127 8		-0.546 9
		(-6.13)***		(-1.40)		(-6.21)***
Constant	-2.144 9	4.742 2	-1.988 1	-0.769 1	-2.264 0	7.043 9
	(-36.03)***	(3.27)***	(-28.01)***	(-0.39)	(-30.79)***	(3.72)***
Industry		Yes		Yes		Yes
N	10 954	10 954	4 212	4 212	6 742	6 742
Pseudo R^2	0.000	0.397	0.006	0.363	0.000	0.437
Chi^2	1.785 1	793.241 3***	12.086 8***	356.274 1***	0.097 3	533.965 9***

注：

①回归方法采用的是 Logit 模型。因变量 Mao，审计意见，如果为非标准审计意见，取值为 1，否则为 0。解释变量 RM，真实盈余管理，RM_1 = +AbProd-AbDisx。Industry，为行业变量。

②“变迁前”为 2006 年法律变迁之前，“变迁后”为 2006 年法律变迁之后。

③括号里的为 *z* 值，经过了 Cluster 参差矫正。“*”“**”和“***”分别表示在 10%、5%和 1%水平下统计显著，下同。

表 8.15 是采用 Jones 模型和 RM_1 = +AbProd-AbDisx 衡量的应计盈余管理与真实盈余管理、法律变迁与审计意见的回归结果。可以发现，在应计盈余管理 DA 的回归结果里，盈余管理 EM 与法律变迁 Law 的交乘项 EM×Law，对非标准审计意见 Mao 的回归系数在统计上不显著。

在真实盈余管理 RM_1 的回归结果里，盈余管理 EM 与法律变迁 Law 的交乘项 EM×Law，在控制了相关变量后，其回归系数在统计上不显著。

经验数据表明，2006 年的法律变迁，并没有增强应计盈余管理与真实盈余管理提高审计师签发非标准审计意见的可能性。这意味着，尽管 2006 年的法律变迁让我国的法律水平有所提高，增加了审计师的法律风险，但是，并没有强化应计盈余管理与真实盈余管理提高审计师签发非标准审计意见的可能性。这与前文的结论一致。

表 8.15　应计盈余管理与真实盈余管理、法律变迁与审计意见的回归结果

	因变量：Mao			
	EM = DA		EM = RM_1	
	（1）	（2）	（1）	（2）
EM	-7.557 6	-0.731 1	-1.464 5	0.097 3
	(-12.88)***	(-1.07)	(-3.48)***	(0.19)
EM×Law	0.170 0	0.673 5	1.568 1	0.113 3
	(0.22)	(0.75)	(3.24)***	(0.18)
Law	-0.335 3	-0.225 8	-0.275 9	-0.203 7
	(-3.83)***	(-2.14)**	(-3.32)***	(-1.89)*
Big		0.032 8		0.027 2
		(0.27)		(0.22)
Aturn		-0.694 2		-0.689 4
		(-3.50)***		(-3.48)***
CR		0.109 2		0.105 8
		(3.15)***		(3.02)***
Rec		2.404 9		2.322 2
		(5.18)***		(5.01)***
Inv		-2.841 5		-2.984 6
		(-4.92)***		(-4.88)***
Lev		4.091 3		4.038 3
		(14.85)***		(14.84)***

表8.15(续)

	因变量：Mao			
	EM = DA		$EM = RM_1$	
	(1)	(2)	(1)	(2)
ROA		-8.021 7		-7.962 3
		(-13.89)***		(-14.88)***
Size		-0.404 8		-0.409 8
		(-5.94)***		(-5.99)***
Constant	-2.167 1	4.535 5	-1.988 1	4.741 3
	(-30.01)***	(3.09)***	(-28.02)***	(3.24)***
Industry		Yes		Yes
N	11 672	11 672	10 954	10 954
Pseudo R^2	0.073	0.397	0.006	0.397
Chi^2	362.701 6***	805.924 3***	31.765 2***	787.926 0***

注：

①回归方法采用的是 Logit 模型。因变量 Mao，审计意见，如果为非标准审计意见，取值为 1，否则为 0。解释变量 EM，为盈余管理变量，分别采用 Jones 模型估计的应计盈余管理 DA 和真实盈余管理 RM_1 = +AbProd-AbDisx 衡量。Law，为衡量 2006 年的法律变迁变量，如果在 2006 年法律变迁之前，取值为 0；反之，如果在 2006 年法律变迁之后，取值为 1。EM×Law，为盈余管理 EM 与法律变迁 Law 的交乘项。Industry，为行业变量。

②括号里的为 *z* 值，经过了 Cluster 参差矫正。“*”“**”和“***”分别表示在 10%、5%和 1%水平下统计显著，下同。

8.5 本章小结

本章基于我国的法律变迁，考察应计盈余管理与真实盈余管理对审计意见的影响。现有对应计盈余管理对审计意见的影响的研究比较丰富，但是结论存在争议，有待于进一步研究。而目前考察真实盈余管理对审计意见影响的研究比较有限。特别是结合转型经济国家的制度变迁特征，综合考察应计盈余管理与真实盈余管理对审计意见影响的研究，更是缺乏。由此，本章结合我国的制度变迁特征，系统考察应计盈余管理与真实盈余管理对审计意见的影响。

2006 年我国新《公司法》和《证券法》的实施，改善了我国投资者的利益保护环境，提高了我国的法律水平，这是我国经济发展过程中的一个重要的法律变迁。2006年的法律变迁，加大了审计师面临的法律风险。同样，在新的法律变迁环境，盈余管理让审计师承担的审计风险也相应提高。由此，本章选取2006年法律变迁前后的时期，即2001—2009年作为研究窗口，考察盈余管理对审计意见的影响，以及在不同法律变迁环境下是否有显著差异。

盈余管理分为应计盈余管理和真实盈余管理。如此，应计盈余管理与真实盈余管理都会给审计师带来审计风险。而且，应计盈余管理与真实盈余管理的风险在法律水平高的环境下应该更明显。由于审计风险会被审计意见反映，因而，应计盈余管理与真实盈余管理会提高审计师签发非标准审计意见的可能性，并且在法律水平高的环境，应计盈余管理与真实盈余管理对非标准审计意见的提升作用应该更明显。

本章采用2001—2009年中国市场的数据研究发现，在法律变迁之前和法律变迁之后，应计盈余管理与真实盈余管理都没有显著提高审计师签发非标准审计意见的可能性，并且，法律变迁也不会增强应计盈余管理与真实盈余管理对非标准审计意见的提升作用。这意味着，我国的审计意见在盈余管理的治理上没有发挥应有的功能，同时，法律的变迁也没有提升审计意见在盈余管理上的治理功能。

本章的启示如下：

（1）我国审计师签发的审计意见并不能有效反映应计盈余管理与真实盈余管理带来的风险，因而，需要强化我国审计意见的治理功能。

（2）我国的法律变迁没有推升审计意见在盈余管理上的治理功能，因而，需要进一步完善我国的法律建设和治理环境，从而促进我国资本市场的健康发展。

9 盈余管理、法律变迁与审计师变更

本章基于我国特有的法律变迁环境，考察盈余管理对审计师变更的影响。盈余管理会提高审计风险，而在不同的法律变迁环境下，盈余管理带来的审计风险也会有所不同。审计师为了控制审计风险，避免审计失败带来的损失，审计师可能会选择离开审计风险高的公司。由此，审计风险高的公司，发生审计师变更的可能性也高。由于盈余管理会让审计师承担一定的审计风险，因而，盈余管理也会提高审计师变更的可能性。那么，审计师变更是否有效考虑了盈余管理蕴藏的风险以及在不同的法律变迁环境下的盈余管理风险，这是需要一个进行经验考察的问题。

2006 年，中国实施新的《公司法》和《证券法》，加大了对投资者的利益保护，提高了中国的法律水平，是中国的一个重要的法律变迁。这一法律变迁也加大了审计师面临的审计风险。本章采用中国的资本市场数据，考察 2006 年法律变迁前后盈余管理对审计师变更的影响。研究发现，公司的应计盈余管理程度越高，公司与会计师事务所保持客户关系越困难，越容易发生会计师事务所变更，但是只表现在新法律实施以后。同时，公司的真实盈余管理也对会计师事务所变更产生影响，同样也只表现在新法律实施以后。这表明，法律环境的改善在一定程度上对外部审计机构的治理作用产生了积极的影响。

本章的结构安排如下：第一部分为引言，第二部分为理论分析和研究假设，第三部分为数据样本和研究方法，第四部分为实证结果及分析，第五部分为研究结论和启示。

9.1 引言

上市公司变更事务所在我国是一个常见的现象。上市公司可能由于管理需要、与事务所时间协调不一致或者事务所发生了合并等原因更换了审计机构，但是投资者最担心上市公司会通过变更事务所达到隐瞒其真实业绩的目的。审计师会根据上市公司的盈余管理程度来衡量由此带来的审计风险以及潜在的诉讼带来的经济损失和声誉损失，进而确定是否要继续维持客户关系或者出具非标准的审计报告。因此，审计师作为公司治理的主要力量，盈余管理仍然是审计师面临的主要审计风险，也是审计师风险管理的主要内容（Simunic & Stein，1990；Rosner，2003；Schelleman & Knechel，2010）。正如 Schipper（1989）所言，盈余管理实际上可分为应计盈余管理和真实盈余管理。基于此，本章首先研究了应计盈余管理和真实盈余管理两个方面对事务所变更的影响。

在我国 2006 年的新法律实施以前，尽管有司法解释规定了审计师将为虚假陈述承担民事责任，但审计师实际上面临的诉讼风险还是很低。同时，刘峰等（2007）研究指出，相对于发达国家资本市场，国际“四大”在我国的执业风险非常低，原因是我国法律环境对投资者保护程度不够。李东平等（2001年）和张学谦等（2007）的研究表明上市公司应计盈余管理与事务所变更之间不存在显著的相关关系。而在我国 2006 年新法律实施以后，中国的法律环境有了显著的变化。新的证券法和公司法对监管公司和审计机构提出了更严格的要求，其中明确指明了审计师因虚假陈述、误导性陈述或重大遗漏给他人造成损失的，要承担连带责任。宋一欣（2006）指出随着我国新法律的实施，中国证券市场的民事赔偿活动会变得活跃。刘启亮（2013）研究发现，新法律实施以前，媒体负面报道对事务所变更没有显著影响；只有在新法律实施以后才产生了显著的影响。这说明在新法律实施以后，审计师会更谨慎地考虑审计业务带来的审计风险和诉讼风险因素。那么，法律环境的改善是否会对审计师识别上市公司的盈余管理行为产生影响呢？本章研究的第二个主要问题是法律环境的改善是否会增强事务所对上市公司盈余管理行为的敏感程度而选择不与其保持客户关系。

本章选取了我国 A 股上市公司 2001—2009 年的数据进行考察。研究发现，上市公司的应计盈余管理和真实盈余管理的程度越高，审计师面临的审计风险越高，上市公司与事务所之间的客户关系越不稳定，也越容易发生事务所变更的情况。此外，2006年新法律实施以前，应计盈余管理和真实盈余管理程度对上市公司变更事务所没有产生明显的影响。而在2006年新法律实施以后，法律环境得到了明显的改善，审计师因虚假陈述面临的风险和损失更高，上市公司应计盈余管理和真实盈余管理程度对事务所变更产生了明显的影响。

本章的主要贡献在于以下两点：

其一，本章从应计盈余管理和真实盈余管理两个方面来印证盈余管理程度与会计师事务所变更之间的关系，为会计师事务所变更的监管提供了直接的经验证据，丰富了盈余管理与会计师事务所变更领域的研究。

其二，本章考虑了法律环境的改善对盈余管理程度与会计师事务所变更之间关系的影响，验证了法律环境的改善能使外部审计机构更好地发挥其治理作用。

9.2 理论分析和研究假设

目前，国内外的大部分研究重点都放在应计盈余管理项目的审计风险上面（Defond & Jiambalvo，1994；Dechow，等，1995；Francis & Krishnan，1999；Bartov，等，2001；Kothari，等，2005），对于真实盈余管理的风险研究考虑得还比较少。并且，在研究盈余管理审计风险治理上，已有的研究大部分讨论审计意见和审计费用的治理作用（Johl，等，2007；Ajona，等，2008；陈小林，等，2011），缺乏对审计师辞聘的风险治理的研究。

DeFond 和 Subramanyam（1998）认为部分审计师出于诉讼风险的考虑，可能具有超出平均稳健性水平的会计选择偏好，从而诱使管理当局产生解聘现任审计师的动机。李东平（2001）研究则认为公司的盈余管理与事务所变更不存在显著的相关关系，审计师没有充分考虑公司盈余管理带来的风险。邓川（2011）发现我国上市公司盈余管理程度与事务所变更方向有关，事务所资质由大到小，公司的盈余管理程度会上升；而事务所资质由小到大，公司的盈余管理程度会下降。Kim 和 Park（2014）发现审计师会避免参与激进地操控真实盈余活动的客户审计业务，降低自身的审计风险。但蔡利等（2015）发现事务所在面对公司的真实盈余管理时更愿意选择保持客户关系。而李留闯等（2015）认为审计客户的盈余管理程度与审计师变更没有显著的对应关系。

已有研究表明，公司在利用盈余管理操纵利润时，会考虑同时采用应计盈余管理和真实盈余管理（Lin，等，2006；Zang，2012；张昕，2008；李增福；

2011b)。公司的应计盈余管理行为会给事务所带来较高的诉讼风险（Rankin，1992；Lys & Watts，1994）。同时 Greiner 等（2013）研究发现，审计师认为公司的真实盈余管理行为会带来更高的经营风险，进而表现出重大错报风险和检查风险都会上升，因而审计风险上升，事务所可能面临的诉讼风险也会上升。事务所面临的审计风险越高，因发表不恰当的审计报告而面临的诉讼风险可能越高。因此，事务所在面对公司的盈余管理行为时，可以选择发表非标准审计报告或者主动解除业务约定，而上市公司在与审计师沟通的过程中也可能会因其拟发表的非标准审计意见选择变更事务所。基于以上分析，本章提出如下假设 H1。

假设 H1：应计盈余管理和真实盈余管理都能提高审计师变更的可能性。

相对于许多发达国家来说，无论我国的资本市场还是法律环境都与发达国家还存在不小的差距，对投资者的保护力度还不够。特别是在 2001 年以前，法院还没有开始受理投资者对上市公司和审计师舞弊行为的起诉，也就是说审计师不会因为其舞弊行为而承担民事责任。对审计师和事务所的违法行为大部分是由监管部门进行公开谴责、责令期改或者取消其注册会计师资格和证券从业资格。

尽管最高人民法院在 2002 年和 2003 年分别颁布了《最高人民法院关于受理证券市场因虚假陈述引发的民事侵权纠纷案件有关问题的通知》和《最高人民法院关于审理证券市场因虚假陈述引发的民事赔偿案件的若干规定》，随后，中注协在 2004 年颁布了《关于做好 2004 年上市公司年报审计业务报备工作的通知》。但由于我国监管部门法律执行力度不够（Pistor & Xu，2005），上述文件对上市公司和审计师没有起到应有的警示作用。正是由于审计师在此时面临的诉讼风险比较低，再加上当时我国事务所质量参差不齐，审计行业处于“僧多粥少”的激烈竞争局面，审计师为了保持客户关系可能会帮助上市公司隐瞒其盈余管理行为，或者减小这种行为带来的影响。

随着 2006 年我国新法律的实施，审计师面临的审计风险程度有了一个很大的提高，审计师很可能会因舞弊行为承担民事责任。张伟（2006）认为“科龙股东诉德勤案”表明了新法律的实施给予了投资者更多的民事权利。众多财务造假事件的曝光也都说明了监管机构在实施更严格的监管行为，审计师因为虚假陈述而承担民事责任的诉讼风险越来越高。此时，审计师在面对上市公司的盈余管理行为时会更多地考虑由此带来的审计风险，以及发表不恰当意见和舞弊行为带来的诉讼风险和损失。这样，如果上市公司有目的地进行盈余管理操纵利润时，审计师可能不会继续保持客户关系或者不会帮其隐瞒而发表不恰当的审计意见，上市公司与审计师的客户关系的保持因为盈余管理程度高而变得越来越不稳定。所以，当法律环境处于一个较低的水平时，审计师面临的诉讼风险比较低，审计师的舞弊行为或者发表不恰当的意见带来的损失比较小，因此，在审计行业处于激烈竞争的局面下，事务所可能为了保持客户关系而纵容上市公司的盈余管理行为。但是当法律环境有了一个较大的提升时，审计师面临的诉讼风险较高，审计师的舞弊行为或者发表不恰当的意见带来的损失比较大。综上所述，在法律环境得到改善之后，公司的盈余管理行为越多，事务所会更多地考虑因此带来的诉讼风险，从而事务所与公司的客户关系的保持也越不稳定。基于以上分析，本章提出如下假设 H2。

假设 H2：应计盈余管理与真实盈余管理提高审计师变更的可能性，在法律变迁后更明显。

9.3 数据样本和研究方法

9.3.1 样本选取和数据来源

2005 年前后，我国资本市场法律环境发生了较大的变化，对投资者的保护力度得到了加强。因此本章以 2005 年作为检验盈余管理与事务所变更之间关系的分水岭，选取了 2001—2009 年不含创业板的全部 A 股上市公司作为初始样本。考虑到上一任审计师所在事务所因合并、撤销、未通过年检及 2004 年国资委文件规定发生的强制性变更后，在 2001—2009 年一共有 926 家公司发生了自愿性事务所变更。本章行业分类采取证监会 2001 年的行业分类标准，制造业行业类型比较大，公司数量较大，所以取前两位代码分类，其他行业取第一位代码分类；由于在分年度分行业进行回归时制造业中的木材、家具业和其他制造业样本数少于 10 个，将其归属于相近的行业，分别归属于为纺织、服装、皮毛和机械、设备、仪表。然后，在样本公司中剔除了下列公司的数据：①金融类公司。考虑到金融行业的特殊性，我们将其从样本中剔除。②控制变量缺失的观察值。经过上述样本选取过程，最后得到研究样本 11 225 个观察值，其中，有 833 个样本发生事务所变更，有 10 392 个样本没有发生事务所变更。本章的财务数据来源于 WIND 数据库和 CSMAR 数据库，会计师事务所变更通过手工查找上海证券交易所和深圳证券交易所网站公布的上市公司的公告和年报确定。

表 9.1 是研究样本的分年度分布情况。可以发现，年度发生会计师事务所

变更的公司数，最大值为119，最小值为72，平均值为93。从会计师事务所变更的公司占比来看，最大值为0.101 0，最小值为0.054 6，平均数为0.074 2。

表9.1　　公司事务所变更次数的年度分布情况

年度	公司数	事务所变更的公司数	事务所变更比率
2001	960	97	0.101 0
2002	1 037	82	0.079 1
2003	1 107	72	0.065 0
2004	1 175	88	0.074 9
2005	1 272	109	0.085 7
2006	1 283	97	0.075 6
2007	1 369	119	0.086 9
2008	1 484	85	0.057 3
2009	1 538	84	0.054 6
合计	11 225	833	0.074 2

注：事务所变更比率为当年发生事务所变更的公司数与当年的公司数之比。

9.3.2　盈余管理的计量

1. 应计盈余管理

DeChow 等（1995）认为，非操纵性应计会随着经营环境的变化而变化，修正后的Jones模型在衡量经营环境变动情形下的操纵性应计的效果比较好。DeFond 和 Subramanyan（1998）发现经行业横截面修正的 Jones 模型比时间序列修正后的 Jones 模型效度要好。由于我国上市公司的上市时间普遍不长，由此，本章采用修正的 Jones 模型（DeChow，等，1995）来估计操纵性应计，以此表征应计盈余管理。

$$\frac{TA_{i,\ t}}{A_{i,\ t-1}} = a_0\left(\frac{1}{A_{i,\ t-1}}\right) + a_1\left(\frac{\Delta REV_{i,\ t}}{A_{i,\ t-1}}\right) + a_2\left(\frac{PPE_{i,\ t}}{A_{i,\ t-1}}\right) + \varepsilon_{i,\ t} \quad (9-1)$$

首先，依照模型（9-1）分年度分行业进行横截面回归。参考 DeChow 等（1995）的做法，要求每个行业的样本数不少于10个，如果少于10个，则将其归属于相近的行业。$TA_{i,t}$是公司总应计利润，为经营利润减去经营活动现金流之差；$\Delta REV_{i,t}$为公司主营业务收入的变化额；$PPE_{i,t}$是公司固定资产账面价值；$A_{i,t-1}$是公司的总资产。

其次，用模型（9-1）得到的回归系数代入模型（9-2）计算每个样本的

正常性应计 $NDA_{i,t}$。

$$NDA_{i,t}=a_0\left(\frac{1}{A_{i,t-1}}\right)+a_1\left(\frac{\Delta REV_{i,t}-\Delta REC_{i,t}}{A_{i,t-1}}\right)+a_2\left(\frac{PPE_{i,t}}{A_{i,t-1}}\right) \tag{9-2}$$

在模型（9-2）里，$\Delta REC_{i,t}$是公司应收账款的变化额。操纵性应计 $DA_{i,t}=TA_{i,t}-NDA_{i,t}$。

2. 真实盈余管理

参照 Roychowdhury（2006）和 Cohen 等（2008）的模型来估计真实盈余管理，包括三个方面：异常经营现金流 AbCFO、异常生产成本 AbProd 和异常酌量性费用（如研发、销售及管理费用）AbDisx。①

异常经营现金流 AbCFO，指公司经营活动产生的现金流的异常部分。它是由公司通过价格折扣和宽松的信用条款来进行产品促销引起的，虽然公司的促销提高了当期的利润，但是降低了当期单位产品的现金流量，从而导致公司的异常经营现金流 AbCFO 下降。公司为了抬高会计利润，通过价格折扣和宽松的信用条款等促销方式来增加销量形成超常销售，产生“薄利多销”的账上利润放大效应。但是，促销形成的超常销售，会降低单位产品的现金流量，而且，在既定的销售收入现金实现水平下，还会增加公司的销售应收款，增大公司坏账产生的财务风险，进而降低公司的当期现金流。并且，超常销售实际上已经超过公司正常销售水平，会在一定程度上增加公司相关的销售费用，吞噬掉公司的部分现金流。然而，只要产品销售能带来正的边际利润，超常销售还是会抬高公司的会计利润。因而最终的结果是，促销形成的超常销售抬高了公司当年利润，却因单位产品现金流量的降低和销售费用的上升，导致异常经营现金流 AbCFO 偏低。

异常生产成本 AbProd，Roychowdhury（2006）和 Cohen 等（2008）将之定义为销售成本与当年存货变动额之和的异常部分。换言之，生产成本为销售成本与当年存货变动额之和。异常生产成本 AbProd 是由公司超量产品生产引起的，虽然公司的超量生产能降低单位产品的成本，提高产品的边际利润，从而提高公司的当期利润，但是超量生产增加了其他生产成本和库存成本，最后导致异常生产成本 AbProd 偏高。公司为了抬高会计利润，通过超量生产来摊低单位产品承担的固定成本，但是，超量生产实际上已经超过公司正常生产水平，会增加单位产品的边际生产成本，然而，只要单位固定成本下降的幅度高

① 异常经营现金流 AbCFO，异常生产成本 AbProd 和异常酌量性费用 AbDisx，都用上一年的总资产进行标准化。

于单位边际生产成本上升的幅度，体现在单位销售成本上就会出现下降，从而达到提高公司业绩的目的。但是，超量生产会导致产品的大量积压，增加公司的存货成本，同时也会增加其他生产的成本。在既定的销量水平下，尽管超量生产通过降低单位销售成本抬高了公司业绩，但是边际生产成本的上升和存货成本的增加最终导致生产成本偏高，即在会计上表现为销售成本与当年增加的存货成本之和的提升，也导致异常生产成本 AbProd 偏高。

异常酌量性费用 AbDisx，指公司研发、销售及管理费用等酌量性费用的异常部分。它是公司为了提高当期利润，削减研发、销售及管理费用引起的，同时也会导致当期的现金流上升。公司为了抬高会计利润，通过削减研发、广告、维修和培训等销售和管理费用，造成公司当期的酌量性费用偏低，从而也让公司的异常酌量性费用偏低。

（1）异常经营现金流 AbCFO

$$\frac{CFO_{jt}}{A_{j,\ t-1}} = a_1 \frac{1}{A_{j,\ t-1}} + a_2 \frac{Sales_{jt}}{A_{j,\ t-1}} + a_3 \frac{\Delta Sales_{jt}}{A_{j,\ t-1}} + \varepsilon_{jt} \tag{9-3}$$

首先，按模型（9-3）分年度分行业进行横截面回归，要求每个行业的样本数不少于 10 个，如果少于 10 个，则将其归属于相近的行业，下同。CFO_{jt}是公司的经营现金流，$Sales_{jt}$是公司的销售额，$\Delta Sales_{jt}$是公司销售变化额。其次，通过回归得到的系数估计出每个样本公司的正常经营现金流。最后，可算出异常经营现金流 AbCFO 为实际经营现金流与正常经营现金流的差值。

（2）异常生产成本 AbProd

$$\frac{Prod_{jt}}{A_{j,\ t-1}} = a_1 \frac{1}{A_{j,\ t-1}} + a_2 \frac{Sales_{jt}}{A_{j,\ t-1}} + a_3 \frac{\Delta Sales_{jt}}{A_{j,\ t-1}} + a_4 \frac{\Delta Sales_{j,\ t-1}}{A_{j,\ t-1}} + \varepsilon_{jt} \tag{9-4}$$

用模型（9-4）进行分年度分行业横截面回归得到估计参数并据此计算各个样本公司的正常生产成本，异常生产成本 AbProd 为实际生产成本与正常生产成本之差。$Prod_{jt}$是公司的生产成本，为销售成本与存货变动额之和；$Sales_{jt}$是公司当期的销售额；$\Delta Sales_{jt}$是公司当期的销售变化额；$\Delta Sales_{j,t-1}$是公司上期的销售变化额。

（3）异常酌量性费用 AbDisx

$$\frac{Disx_{jt}}{A_{j,\ t-1}} = a_1 \frac{1}{A_{j,\ t-1}} + a_2 \frac{Sales_{j,\ t-1}}{A_{j,\ t-1}} + \varepsilon_{jt} \tag{9-5}$$

依照模型（9-5）分年度分行业横截面回归得到估计参数并据此计算各个样本公司的正常酌量性费用，异常酌量性费用 AbDisx 为实际酌量性费用与正常酌量性费用之差。$Disx_{jt}$是公司的酌量性费用，为研发、销售及管理费用之和，考虑到中国财务报表把研发费用合并到了管理费用的情况，本章用销售和管理费用替代；$Sales_{j,t-1}$是公司上期的销售额。

以上三个指标，即异常经营现金流 AbCFO、异常生产成本 AbProd 和异常酌量性费用 AbDisx，体现了真实盈余管理的三种具体行为。公司向上操纵利润，可能采用真实盈余管理的一种行为或多种行为：低异常经营现金流 AbCFO，高异常生产成本 AbProd，抑或低异常酌量性费用 AbDisx。为了系统考量真实盈余管理的三种具体行为，仿照 Cohen 等（2008）和 Badertscher（2011）的做法，将三个指标聚集成一个综合指标，综合真实盈余管理 RM=-AbCFO+AbProd-AbDisx。综合真实盈余管理指标 RM，表示其值越高，公司通过真实盈余管理向上操纵的利润越大。

9.3.3 回归模型

为了检验本章的研究假设，本章参照 Kim 和 Park（2014）的研究模型，构建如下回归模型：

$$AuditorChg = \alpha_0 + \alpha_1 EM + \sum \beta_i Control_i + \varepsilon \tag{9-6}$$

因变量：AuditorChg，虚拟变量，衡量会计师事务所变更情况，如果公司发生了会计师事务所变更，取值为 1，否则取值为 0。

解释变量：EM，盈余管理，以修正的 Jones 模型估计的应计盈余管理 DA 和真实盈余管理 RM=-AbCFO+AbProd-AbDisx 的绝对值来衡量。这里需要说明的是，真实盈余管理 RM 为异常经营现金流 AbCFO、异常生产成本 AbProd 和异常酌量性费用 AbDisx 三个指标的集合指标。

控制变量 Control，具体包括如下变量：

公司规模 Size，采用公司总资产的自然对数衡量，放入模型用以控制公司规模的影响。

资产负债率 Lev，放入模型用以控制公司的财务风险对审计师变更的影响。

公司成长性 Growth，采用公司销售收入的增长率衡量，放入模型用以控制公司的成长性对审计师变更的影响。

总资产周转率 Aturn，放入模型用来控制公司运营风险对审计师变更的影响。

总资产收益率 ROA，衡量公司业绩，用以控制公司业绩对审计师变更的影响。

国际四大会计师事务所 Big，如果公司聘请的会计师事务所为国际四大会计师事务所，取值为 1，否则为 0。该变量用来控制国际四大会计师事务所对审计师变更的影响。

公司业绩亏损 Loss，虚拟变量，如果公司业绩发生亏损，取值为 1，否则为0。该变量用来控制公司业绩亏损对审计师变更的影响。

审计意见Mao，虚拟变量，如果为非标准审计意见，值为1，否则为0。该变量用来控制审计意见对审计师变更的影响。

年度变量Year，用来控制年度固定效应对审计师变更的影响。

行业变量Industry，用来控制行业固定效应对审计师变更的影响。

此外，为了控制连续变量的极端值的影响，本章对模型中的所有连续变量均进行1%水平的Winsorize处理。

9.4 实证结果及分析

9.4.1 描述性统计分析

表9.2是回归模型中各变量的描述性统计分析结果。可以发现，在2001—2009年期间，我国会计师事务所发生变更AuditorChg的占比为0.074 2。应计盈余管理的绝对值DA，均值为0.073 3，中位数为0.049 5。真实盈余管理的绝对值RM，均值为0.169 2，中位数为0.114 0。

公司规模Size，自然对数的均值为21.296 5，中位数为21.191 0。资产负债率Lev，均值为0.528 5，中位数为0.508 5。公司成长性Growth，均值为0.222 5，中位数为0.132 0。总资产周转率Aturn，均值为0.646 8，中位数为0.529 1。公司业绩总资产收益率ROA，均值为0.020 4，中位数为0.028 6。国际四大会计师事务所Big的占比为0.064 1，表明国际四大会计师事务所的市场份额在我国较低。公司业绩亏损Loss的占比为0.138 4。被出示非标准审计意见Mao的概率为0.095 9。

表9.2 描述性统计分析结果

变量	均值	最小值	中位数	最大值
AuditorChg	0.074 2	0.000 0	0.000 0	1.000 0
DA	0.073 3	0.000 0	0.049 5	0.379 8
RM	0.169 2	0.000 0	0.114 0	0.896 0
Size	21.296 5	18.723 8	21.191 0	24.887 0
Lev	0.528 5	0.069 8	0.508 5	2.244 2
Growth	0.222 5	−0.751 2	0.132 0	4.297 2
Aturn	0.646 8	0.037 7	0.529 1	2.629 9

表9.2(续)

变 量	均值	最小值	中位数	最大值
ROA	0.020 4	-0.413 1	0.028 6	0.205 3
Big	0.064 1	0.000 0	0.000 0	1.000 0
Loss	0.138 4	0.000 0	0.000 0	1.000 0
Mao	0.095 9	0.000 0	0.000 0	1.000 0

注：

①应计盈余管理 DA，采用修正的 Jones 模型估计，取其绝对值。

②真实盈余管理 RM = - AbCFO + AbProd - AbDisx，为异常经营现金流 AbCFO、异常生产成本 AbProd 和异常酌量性费用 AbDisx 三个指标的集合指标，取其绝对值。

9.4.2 回归分析

表 9.3 显示了应计盈余管理程度与审计师变更的多元回归结果，以及在新法律实施前后应计盈余管理程度与审计师变更之间的关系。在全样本的回归里，应计盈余管理 DA 对审计师变更 AuditorChg 的回归系数为 1.699，在 1%的水平下显著正相关。这表明应计盈余管理的程度对事务所的行为产生了明显的影响，并且应计盈余管理程度越大，事务所与上市公司之间的客户关系的保持越不稳定，越容易发生事务所变更的情形。在法律变迁前，即 2006 年新法律实施以前，应计盈余管理 DA 的回归系数为 1.179，但是在统计上不显著。这说明在新法律实施以前，上市公司的应计盈余管理行为没有对事务所变更行为产生明显的影响。但是，在法律变迁后，即 2006 年新法律实施以后，应计盈余管理 DA 的回归系数为 1.990，在 1%的水平下显著正相关。这说明在新法律实施以后，随着法律环境改善和对投资者保护力度的加大，事务所面临的诉讼风险显著增加。因此，事务所并不愿意无视上市公司的应计盈余管理行为，应计盈余管理的程度对事务所变更行为产生了明显的影响，即公司的应计盈余管理程度越大，与事务所之间的客户关系保持越不稳定。

在控制变量的回归结果上，在法律变迁前，公司的销售收入增长率 Growth、总资产净利率 ROA 和总资产周转率 Aturn 的回归系数都不显著，对事务所变更行为没有显著的影响。在全样本和变迁后的回归结果里，公司的销售收入增长率 Growth、总资产净利率 ROA 和总资产周转率 Aturn 的回归系数和显著性水平与应计盈余管理趋同，也是表现在新法律实施以后对事务所变更行为有明显的影响。同时，无论是新法律实施以前还是新法律实施以后，如果上市公司上一年审计报告 Mao 得到的审计意见类型是非标准审计意见，则会对事务所变更有显著的正影响，促使会计师事务所变更。

表 9.3　　　　应计盈余管理与审计师变更的回归结果

	因变量：AuditorChg		
	全样本	变迁前	变迁后
DA	1.699***	1.179	1.990***
	(3.77)	(1.44)	(3.61)
Size	0.034	−0.048	0.048
	(0.84)	(−0.69)	(0.93)
Lev	0.059	−0.091	0.168
	(0.49)	(−0.40)	(1.12)
Growth	0.122**	−0.020	0.201***
	(2.37)	(−0.23)	(3.08)
Aturn	−0.303***	−0.253	−0.344***
	(−3.27)	(−1.51)	(−3.00)
ROA	−1.294**	−1.163	−1.279*
	(−2.19)	(−1.05)	(−1.82)
Big	0.137	−0.304	0.392*
	(0.85)	(−1.11)	(1.89)
Loss	−0.048	−0.186	0.042
	(−0.32)	(−0.72)	(0.22)
Mao	1.074***	1.209***	0.949***
	(9.79)	(7.57)	(6.09)
Constant	−3.791***	−1.399	−4.255***
	(−4.03)	(−0.91)	(−3.52)
Year	Yes	Yes	Yes
Industry	Yes	Yes	Yes
N	11 125	4 279	6 946
Pseudo R^2	0.029 3	0.059 2	0.050 7
Chi^2	337.89***	159.88***	217.85***

注：

①回归方法采用的是 Logit 模型。因变量 AuditorChg，审计师变更，如果公司发生审计师变更，取值为 1，否则为 0。解释变量 DA，为应计盈余管理。Year 和 Industry，分别表示年度变量和行业变量。

②“变迁前”为 2006 年法律变迁之前，“变迁后”为 2006 年法律变迁之后。

③括号里的为 z 值，经过了 White 异方差矫正。“*”“**”和“***”分别表示在 10%、5%和 1%水平下统计显著，下同。

表 9. 4 显示了真实盈余管理程度与审计师变更的多元回归结果，以及在新法律实施前后真实盈余管理程度与审计师变更之间的关系。在全样本的回归结果里，真实盈余管理 RM 对审计师变更 AuditorChg 的回归系数为 0. 679，在 1%的水平下显著正相关。这表明真实盈余管理的程度对会计师事务所变更产生了明显的影响。真实盈余管理程度越大，事务所与上市公司之间的客户关系的保持越不稳定，即越容易发生会计师事务所变更的情形。在法律变迁前，即 2006 年新法律实施以前，真实盈余管理 RM 的回归系数为 0. 957，在 5%的水平下显著正相关。这说明在新法律实施以前，上市公司的真实盈余管理行为对会计师事务所变更行为产生明显的影响。同时，在法律变迁后，即 2006 年新法律实施以后，真实盈余管理 RM 的回归系数为 0. 636，在 5%的水平下显著正相关。这说明在新法律实施以后，真实盈余管理的程度对会计师事务所变更行为产生了明显的影响。上述结果表明，新法律的实施，法律环境的改善和对投资者保护力度的加大，并没有对真实盈余管理程度与事务所变更之间的关系产生明显的影响。

在控制变量上，与表 9. 3 的结果表现一致。在法律变迁前，公司的销售收入增长率 Growth、总资产净利率 ROA 和总资产周转率 Aturn 的回归系数都不显著，表明对会计师事务所变更行为没有显著的影响。在全样本和变迁后的回归结果里，公司的销售收入增长率 Growth、总资产净利率 ROA 和总资产周转率 Aturn 的回归系数显著为正，表明在新法律实施以后公司的成长性、公司业绩和总资产周转率对会计师事务所变更行为有明显的影响。同时，无论是新法律实施以前还是新法律实施以后，如果上市公司上一年审计报告得到的审计意见类型 Mao 是非标准审计意见时，会对事务所变更产生明显的影响。

结合表 9. 3 和表 9. 4 的结果可知，应计盈余管理和真实盈余管理，对会计师事务所的变更都会有促进作用，公司的应计盈余管理和真实盈余管理的程度越高，会计师事务所发生变更的可能性越大，支持本章的假设 H1。但是，Chow 检验结果表明，应计盈余管理和真实盈余管理对会计师事务所变更的影响，在变迁前和变迁后两个时期没有显著差异。这意味着，我国的法律变迁，尽管提高了法律水平，加大了审计师的审计风险，但是并没有增强应计盈余管理和真实盈余管理对会计师事务所变更的促进作用，不支持本章的假设 H2。

表 9.4　　　　　　真实盈余管理与审计师变更的回归结果

	因变量：AuditorChg		
	全样本	变迁前	变迁后
RM	0.679***	0.957**	0.636**
	(3.15)	(2.40)	(2.41)
Size	0.032	-0.056	0.048
	(0.78)	(-0.79)	(0.94)
Lev	0.094	-0.102	0.215
	(0.78)	(-0.45)	(1.44)
Growth	0.119**	-0.034	0.200***
	(2.29)	(-0.40)	(3.03)
Aturn	-0.339***	-0.296*	-0.384***
	(-3.55)	(-1.78)	(-3.21)
ROA	-1.686***	-1.443	-1.678**
	(-2.78)	(-1.30)	(-2.31)
Big	0.108	-0.338	0.356 *
	(0.66)	(-1.22)	(1.70)
Loss	-0.059	-0.187	0.031
	(-0.39)	(-0.72)	(0.16)
Mao	1.079***	1.209***	0.965***
	(9.81)	(7.58)	(6.16)
Constant	-3.674***	-1.256	-4.160***
	(-3.90)	(-0.81)	(-3.44)
Year	Yes	Yes	Yes
Industry	Yes	Yes	Yes
N	11 125	4 279	6 946
Pseudo R^2	0.048 3	0.060 6	0.048 9
Chi^2	332.08***	163.04***	209.38***

注：

①回归方法采用的是 Logit 模型。因变量 AuditorChg，审计师变更，如果公司发生审计师变更，取值为 1，否则为 0。解释变量 RM，为真实盈余管理。Year 和 Industry，分别表示年度变量和行业变量。

②“变迁前”为 2006 年法律变迁之前，“变迁后”为 2006 年法律变迁之后。

③括号里的为 z 值，经过了 White 异方差矫正。“*”“**”和“***”分别表示在 10%、5%和 1%水平下统计显著，下同。

9.4.3 进一步分析

上市公司操纵利润的原因主要表现在增加利润扭亏为盈、增加投资者信心以及避免被证券交易所实施风险预警或者减少利润避免较高的赋税、降低分红以及留存收益以满足投资机会的资本需求。本章根据上市公司利用盈余管理操纵利润的方向，将应计盈余管理和真实盈余管理各自分为正向的盈余管理和负向的盈余管理。

表 9.5 显示了正向应计盈余管理与审计师变更的回归结果。结果显示，在全样本回归里，正向应计盈余管理 DA，对审计师变更 AuditorChg 的回归系数为 1.245，在 10%的水平下显著正相关，这说明正向应计盈余管理对事务所变更有显著的推动作用。

在进行样本的分析回归后，在法律变迁前和法律变迁后的样本回归里，正向应计盈余管理 DA 的回归系数分别为 1.302 和 1.215，但是在统计上均不显著。这表明新法律的实施对正向应计盈余管理与事务所变更之间的关系并没有产生明显的影响，即正向的盈余管理对事务所变更的影响在新法律实施前后没有明显的变化，正向盈余管理没有在推动审计师变更上产生积极作用。

表 9.5 正向应计盈余管理与审计师变更的回归结果

	因变量：AuditorChg		
	全样本	变迁前	变迁后
DA	1.245*	1.302	1.215
	(1.89)	(1.07)	(1.50)
Size	0.014	−0.036	0.010
	(0.23)	(−0.36)	(0.13)
Lev	0.109	−0.225	0.337
	(0.53)	(−0.64)	(1.29)
Growth	0.078	−0.229	0.197 *
	(0.90)	(−1.33)	(1.96)
Aturn	−0.360**	−0.027	−0.535***
	(−2.46)	(−0.11)	(−2.92)
ROA	−0.208	−1.189	0.141
	(−0.18)	(−0.54)	(0.10)
Big	−0.000	−0.381	0.311
	(−0.00)	(−0.99)	(0.98)

表9.5(续)

	因变量：AuditorChg		
	全样本	变迁前	变迁后
Loss	-0.078	-0.258	-0.045
	(-0.28)	(-0.53)	(-0.12)
Mao	1.049***	1.240***	0.906***
	(5.69)	(4.45)	(3.45)
Constant	-3.644**	-2.199	-3.529*
	(-2.55)	(-1.00)	(-1.87)
Year	Yes	Yes	Yes
Industry	Yes	Yes	Yes
N	5 858	2 252	3 606
Pseudo R^2	0.037 4	0.061 8	0.040 1
Chi^2	112.96***	83.94***	79.94***

注：

①回归方法采用的是 Logit 模型。因变量 AuditorChg，审计师变更，如果公司发生审计师变更，取值为 1，否则为 0。解释变量 DA，为正向应计盈余管理。Year 和 Industry，分别表示年度变量和行业变量。

②“变迁前”为 2006 年法律变迁之前，“变迁后”为 2006 年法律变迁之后。

③括号里的为 z 值，经过了 White 异方差矫正。“*”“**”和“***”分别表示在 10%、5%和 1%水平下统计显著，下同。

表 9.6 显示的是负向应计盈余管理与审计师变更的多元回归结果。在全样本的回归里，负向应计盈余管理 DA，对审计师变更 AuditorChg 的回归系数为-2.093，在 1%的水平下显著负相关。这说明，负向应计盈余管理的值越小，越容易发生事务所变更。也就是说，负向应计盈余管理程度越大，减少的利润越多，越容易发生事务所变更。

在细分样本进行回归后，在法律变迁前，负向应计盈余管理 DA 的回归系数为-0.801，但是不显著；而在法律变迁后，负向应计盈余管理 DA 的回归系数为-2.837，在 1%的水平下显著负相关。这表明，在新法律实施以前，负向应计盈余管理对事务所变更没有产生明显的影响；而在新法律实施以后，负向应计盈余管理对事务所变更产生了明显的影响，即负向应计盈余管理的程度越大，越容易发生事务所变更。

表 9.6　　负向应计盈余管理与审计师变更的回归结果

	因变量：AuditorChg		
	全样本	变迁前	变迁后
DA	-2.093***	-0.801	-2.837***
	(-3.03)	(-0.68)	(-3.32)
Size	0.046	-0.055	0.064
	(0.82)	(-0.53)	(0.93)
Lev	-0.001	-0.092	0.073
	(-0.01)	(-0.31)	(0.39)
Growth	0.139**	0.087	0.171**
	(2.11)	(0.88)	(1.98)
Aturn	-0.303**	-0.452**	-0.273*
	(-2.42)	(-1.98)	(-1.80)
ROA	-1.273*	-1.421	-1.123
	(-1.76)	(-1.03)	(-1.31)
Big	0.267	-0.268	0.484*
	(1.20)	(-0.68)	(1.71)
Loss	-0.049	-0.219	0.044
	(-0.26)	(-0.71)	(0.19)
Mao	1.103***	1.227***	0.974***
	(7.85)	(6.03)	(4.94)
Constant	-3.859***	-0.686	-4.614***
	(-2.97)	(-0.30)	(-2.84)
Year	Yes	Yes	Yes
Industry	Yes	Yes	Yes
N	5 367	2 027	3 340
Pseudo R^2	0.066 0	0.082 1	0.069 6
Chi^2	231.64***	107.87***	151.01***

注：

①回归方法采用的是 Logit 模型。因变量 AuditorChg，审计师变更，如果公司发生审计师变更，取值为 1，否则为 0。解释变量 DA，为负向应计盈余管理。Year 和 Industry，分别表示年度变量和行业变量。

②“变迁前”为 2006 年法律变迁之前，“变迁后”为 2006 年法律变迁之后。

③括号里的为 z 值，经过了 White 异方差矫正。“*”“**”和“***”分别表示在 10%、5%和 1%水平下统计显著，下同。

表 9.7 显示了正向真实盈余管理与审计师变更的回归结果。如表中所示，在全样本的回归里，正向真实盈余管理 RM 对审计师变更的回归系数为 0.928，在 1%的水平下显著为正，这说明正向真实盈余管理对事务所变更有显著的影响，正向盈余管理提高了审计师变更的可能性。

在进行样本的细分回归后，在法律变迁前的样本回归里，正向真实盈余管理 RM 对审计师变更的回归系数为 1.608，在 1%的水平下显著为正，在法律变迁后的样本回归里，正向真实盈余管理 RM 的回归系数为 0.619，但是在统计上不显著。这说明，法律变迁，尽管提高了我国的法律水平，加大了审计师的审计风险，但是没有让正向真实盈余管理的风险被审计师的变更决策所考虑。

表 9.7　　正向真实盈余管理与审计师变更的回归结果

	因变量：AuditorChg		
	全样本	变迁前	变迁后
RM	0.928***	1.608***	0.619
	(2.87)	(2.86)	(1.52)
Size	0.046	−0.039	0.051
	(0.74)	(−0.35)	(0.64)
Lev	0.026	−0.746*	0.291
	(0.15)	(−1.82)	(1.39)
Growth	0.041	−0.076	0.136
	(0.55)	(−0.56)	(1.42)
Aturn	−0.353***	−0.385*	−0.360**
	(−2.70)	(−1.88)	(−2.07)
ROA	−1.228	0.375	−1.560
	(−1.23)	(0.18)	(−1.37)
Big	0.258	−0.299	0.512
	(1.00)	(−0.66)	(1.55)
Loss	−0.058	0.112	−0.131
	(−0.27)	(0.30)	(−0.48)
Mao	1.292***	1.572***	1.097***
	(7.87)	(6.48)	(4.65)
Constant	−4.526***	−2.192	−4.669**
	(−3.05)	(−0.92)	(−2.36)
Year	Yes	Yes	Yes

表9.7(续)

	因变量：AuditorChg		
	全样本	变迁前	变迁后
Industry	Yes	Yes	Yes
N	4 453	1 737	2 716
Pseudo R^2	0.065 4	0.074 5	0.076 1
Chi^2	163.86***	92.62***	121.41***

注：

①回归方法采用的是 Logit 模型。因变量 AuditorChg，审计师变更，如果公司发生审计师变更，取值为 1，否则为 0。解释变量 RM，为正向真实盈余管理。Year 和 Industry，分别表示年度变量和行业变量。

②“变迁前”为 2006 年法律变迁之前，“变迁后”为 2006 年法律变迁之后。

③括号里的为 z 值，经过了 White 异方差矫正。“*”“**”和“***”分别表示在 10%、5%和 1%水平下统计显著，下同。

表 9.8 显示了负向真实盈余管理与审计师变更的 Logit 回归结果。在全样本的回归结果里，负向真实盈余管理 RM 对审计师变更 AuditorChg 的回归系数为-0.482，在 10%的水平下显著负相关。这表明负向真实盈余管理的值越小，越容易发生会计师事务所变更。换言之，负向真实盈余管理程度越大，越容易发生事务所变更。

在将样本进行细分回归之后，可以发现，在法律变迁前的样本回归里，负向真实盈余管理 RM 对审计师变更 AuditorChg 的回归系数为-0.312，但是在统计上不显著。在法律变迁后的样本回归里，负向真实盈余管理 RM 的回归系数为-0.618，在 10%的统计水平下显著。这表明，在新法律实施以前，负向真实盈余管理对会计师事务所变更没有产生明显的影响，而在新法律实施以后，负向真实盈余管理对事务所变更产生了明显的影响，即负向应计盈余管理的程度越大，越容易发生会计师事务所变更。

表 9.8　　负向真实盈余管理与审计师变更的回归结果

	因变量：AuditorChg		
	全样本	变迁前	变迁后
RM	-0.482*	-0.312	-0.618*
	(-1.64)	(-0.53)	(-1.75)
Size	0.028	-0.038	0.043
	(0.52)	(-0.40)	(0.62)

表9.8(续)

	因变量：AuditorChg		
	全样本	变迁前	变迁后
Lev	0.113	0.169	0.131
	(0.62)	(0.57)	(0.55)
Growth	0.185***	0.050	0.259***
	(2.65)	(0.44)	(2.92)
Aturn	-0.392***	-0.356	-0.446**
	(-2.58)	(-1.27)	(-2.42)
ROA	-1.889**	-2.405*	-1.531
	(-2.30)	(-1.66)	(-1.53)
Big	0.067	-0.285	0.293
	(0.32)	(-0.82)	(1.07)
Loss	-0.046	-0.495	0.220
	(-0.21)	(-1.31)	(0.83)
Mao	0.939***	1.045***	0.847***
	(6.31)	(4.85)	(4.03)
Constant	-3.345***	-1.292	-3.863**
	(-2.68)	(-0.62)	(-2.43)
Year	Yes	Yes	Yes
Industry	Yes	Yes	Yes
N	6 772	2 542	4 230
Pseudo R^2	0.048 5	0.068 6	0.050 1
Chi^2	197.72***	98.05***	128.57***

注：

①回归方法采用的是 Logit 模型。因变量 AuditorChg，审计师变更，如果公司发生审计师变更，取值为 1，否则为 0。解释变量 RM，为负向真实盈余管理。Year 和 Industry，分别表示年度变量和行业变量。

②“变迁前”为 2006 年法律变迁之前，“变迁后”为 2006 年法律变迁之后。

③括号里的为 z 值，经过了 White 异方差矫正。“*”“**”和“***”分别表示在 10%、5%和 1%水平下统计显著，下同。

9.4.4 稳健性测试

为了考察结果的稳健性，本章做了如下的敏感性测试：

（1）在回归检验中，按照公司个体进行 Cluster 参差处理，以此来控制可能存在的个体效应。控制个体效应后的回归结果显示，从全样本的回归结果来看，应计盈余管理与真实盈余管理对会计师事务所变更产生的影响与前文的结论基本一致。同时，将样本进行细分回归后，在法律变迁前和变迁后的样本回归结果里，应计盈余管理与真实盈余管理对会计师事务所变更的影响也与前文的结果基本一致。

（2）采用 Jones（1991）模型对应计盈余管理进行横截面回归估计，然后按文中的模型进行回归，得到的结果与前文的结果基本一致。

（3）根据我国上市公司信息披露的规定，2005 年的公司年报是在 2006 年的 1 月至 4 月披露，因而 2005 年的公司年报会受到新《公司法》和《证券法》实施的影响。但是，2005 年的样本同样也会受到 2006 年法律变迁前的旧法律的影响。为了避免 2005 年的样本受到法律变迁前后新旧法律的双重影响，本章将 2005 年的样本从原来的研究样本中剔除。将剔除了 2005 年样本的样本进行回归，得到的结果与前文的结果基本一致。

（4）采用含有截距项的应计盈余管理与真实盈余管理的估计模型回归估计应计盈余管理与真实盈余管理，然后对本章的检验模型进行回归，得到的结果与前文的结果基本一致。

（5）在研究样本中，有上市公司连续两年以上变更会计师事务所的样本。为了控制潜在的影响，只保留连续两年以上变更会计师事务所的公司的第一年的样本观测值进行分析。回归的结果表明，本章的结论依然稳健。

9.5 本章小结

本章基于我国的法律变迁，考察应计盈余管理与真实盈余管理对审计师变更的影响。现有的研究对应计盈余管理对审计师变更的影响比较丰富，但是结论存在争议，有待于进一步研究。而目前考察真实盈余管理对审计师变更的影响的研究比较有限。特别是结合转型经济国家的制度变迁特征，综合考察应计盈余管理与真实盈余管理对审计意见的影响的研究，更是比较缺乏。由此，本章结合我国的制度变迁特征，系统考察应计盈余管理与真实盈余管理对审计师变更的影响。

鉴于 2006 年我国新《公司法》和《证券法》的实施，改善了我国投资者的利益保护环境，提高了我国的法律水平，这是我国经济发展过程中的一个重要的法律变迁。2006 年的法律变迁，增加了审计师的法律风险，同时也相应地增加了盈余管理让审计师承担的审计风险。由此，本章选取 2006 年法律变迁前后的时期，即 2001—2009 年作为研究窗口，考察盈余管理对审计师变更的影响，以及在不同法律变迁环境下是否有显著差异。

盈余管理分为应计盈余管理和真实盈余管理。如此，应计盈余管理与真实盈余管理都会给审计师带来审计风险。而且，应计盈余管理与真实盈余管理的风险在法律水平高的环境下应该更明显。由于审计风险会在审计师变更决策中得到考虑，因而，应计盈余管理与真实盈余管理会提高审计师变更的可能性，并且在法律水平高的环境，应计盈余管理与真实盈余管理对审计师变更的促进作用应该更明显。

本章采用 2001—2009 年中国市场的数据研究发现，应计盈余管理程度越高，公司与会计师事务所保持客户关系越困难，越容易发生事务所变更。并且，在新法律实施以前，应计盈余管理对事务所变更并不产生明显的影响，只有在新法律实施以后，应计盈余管理才对事务所变更产生明显的影响。同时，公司的真实盈余管理行为也会对事务所变更产生明显的影响，但这种影响并没有在新法律实施前后发生明显的变化。这表明，法律环境的改善在一定程度上对外部审计机构的治理作用产生了积极的影响。

本章的启示如下：

（1）在中国证券市场上，上市公司往往同时采用应计盈余管理和真实盈余管理两种方式来操纵利润，审计师在考虑公司盈余管理行为带来的审计风险时可能并不全面。因此，上市公司自身更完善的治理结构和监管机构更完善的监管制度对审视和规范上市公司的盈余管理行为尤其重要。

（2）审计师在对上市公司的财务报表进行审计时，面对其盈余管理行为，需要更加谨慎地识别、评估和应对上市公司的重大错报风险，时刻保持职业怀疑的态度，把审计风险降低到可接受的水平。

（3）在处于转型经济的中国资本市场上，只有依法治理的法律制度建设不断完善，审计师在发挥其外部审计的治理作用时才会表现得更加独立、严谨和客观公正。

10　盈余管理与股价暴跌风险

本章基于我国特有的制度环境，考察盈余管理对股价暴跌风险的影响。盈余管理会降低会计信息质量，提高公司的股价暴跌风险。在不同的产权性质的公司中，盈余管理的水平会有所差异，进而盈余管理对公司的股价暴跌风险的影响也会所不同。那么，在不同产权性质的公司中，盈余管理对公司股价暴跌风险的影响到底是否存在差异？这是一个需要进行经验考察的问题。

盈余管理分为应计盈余管理和真实盈余管理。应计盈余管理，是指通过会计政策的选择和会计估计的变更进行盈余管理，只是影响公司的应计利润而不影响公司的现金流。真实盈余管理，是指通过采用偏离正常经营模式的交易活动行为来调节利润，它会影响公司的现金流和当期利润从而损害公司的长期价值。因而，在对公司价值的损害上，真实盈余管理比应计盈余管理的影响更大。这意味着，真实盈余管理比应计盈余管理可能更容易提高公司的股价暴跌风险。

本章采用中国证券市场上 2004—2011 年的上市公司数据研究发现，应计盈余管理并没有提高公司的股价暴跌风险，真实盈余管理显著提高了公司的股价暴跌风险，但仅在非国有企业中体现。进一步分析发现，导致这一情形的原因在于，应计盈余管理与真实盈余管理在非国有企业中相对较高。同时，也可能是由于非国有企业没有受到与国有企业一样的政治庇护。

本章的结构安排如下：第一部分为引言，第二部分为理论分析和研究假设，第三部分为数据样本和研究方法，第四部分为实证结果及分析，第五部分为研究结论和启示。

10.1　引言

股价暴跌，不但让投资者和公司蒙受巨大损失，也让证券市场和国家经济的健康发展受到冲击。股价暴跌风险（Stock Price Crash Risk）是公司危机管理的主要内容，也是资本市场研究的重要话题（Bates，2000；Chen，等，2001；Jin & Myers，2006）。然而，国内外关于应计盈余管理与真实盈余管理对上市公司股价暴跌风险的影响的研究还相对有限。特别是基于我国的制度背景，考察应计盈余管理与真实盈余管理在不同产权性质的公司中对股价暴跌风险的影响及其差异，这对我国证券市场的健康发展具有重要的理论意义和现实意义。

盈余管理会降低会计信息质量，提高公司的股价暴跌风险。在不同产权性质的公司中，国有企业受到政府的庇护更多，包括在财政上的预算软约束和在融资、产业发展上的政策扶持（Kornai，1986；Shleifer & Vishney，1994；林毅夫，等，2004）。因而，国有企业的盈余管理水平可能相对于非国有企业较低。进而，在对股价暴跌风险的影响上，国有企业的盈余管理可能没有如非国有企业的盈余管理那么明显。

同时，如 Schipper（1989）所言，盈余管理分为应计盈余管理和真实盈余管理。应计盈余管理，是指通过会计政策的选择和会计估计的变更进行盈余管理，只影响公司的应计利润而不影响公司的现金流。真实盈余管理，是指通过采用偏离正常经营模式的交易活动行为来调节利润，它会影响公司的现金流和当期利润从而损害公司的长期价值。因而，在对公司价值的损害上，真实盈余管理比应计盈余管理的影响更大。这意味着，真实盈余管理比应计盈余管理可能更容易提高公司的股价暴跌风险。

本章采用中国证券市场上 2004—2011 年的上市公司数据研究发现，应计盈余管理并没有提高公司的股价暴跌风险，真实盈余管理显著提高了公司的股价暴跌风险，但仅在非国有企业中体现。进一步分析发现，导致这一情形的原因在于，应计盈余管理与真实盈余管理在非国有企业中相对较高。同时，也可能是由于非国有企业没有受到与国有企业一样的政治庇护。

本章的贡献如下：

（1）从应计盈余管理与真实盈余管理系统考察盈余管理对公司股价暴跌风险的影响，丰富了该领域的研究，提供了进一步的经验证据。

（2）将产权性质纳入分析，考察国有企业和非国有企业在应计盈余管理与真实盈余管理对股价暴跌风险的影响上的差异，拓展了盈余管理和股价暴跌风险的研究领域。

10.2 理论分析和研究假设

国外学者对上市公司股价暴跌风险的研究，主要始于对 1987 年由美国引发的全球股市灾难的关注（Roll，1988；Bates，1991）。公司隐藏坏消息抬高公司股价，隐藏的坏消息累积越多，公司股价被高估会越严重，股价泡沫随之产生。然而，公司隐藏坏消息的能力存在极限，一旦超过极限，公司以前累积的所有坏消息立即被释放出来，导致公司泡沫破灭，股价随之暴跌（Jin & Myers，2006；Bleck & Liu，2007；Kothari，等，2009）。

盈余管理是公司隐藏坏消息的一种主要手段（Sloan，1996；Cheng & Warfield，2005；Ball，2009）。就基于盈余管理研究股价暴跌风险的内在运行机理而言，国外研究主要从应计盈余管理进行分析，缺乏从真实盈余管理进行考察。

Jin 和 Myers（2006）从国家层面考察，应计盈余管理会使公司信息不透明，导致公司股价暴跌风险高。在公司层面，Hutton 等（2009）的研究也得到类似的结论，应计盈余管理频率高的公司，透明度不高，公司股价暴跌风险也就相应地高。此外，Kim 等（2011）从公司避税行为分析股价暴跌风险的内在机理，避税便于公司进行盈余管理，从而使公司股价暴跌风险高。

类似地，国内研究对股价暴跌风险的考察，主要基于应计盈余管理分析股价暴跌风险的内在机理。国内学者最早开始考察股价暴跌风险的研究是陈国进等（2009）的研究，其后的几篇研究，如陶洪亮和申宇（2011）、潘越等（2011）、王冲和谢雅璐（2013）、施先旺等（2014），从应计盈余管理分析我国上市公司股价暴跌风险。

Schipper（1989）及 Healy 和 Wahlen（1999）认为，盈余管理分为应计盈余管理和真实盈余管理。应计盈余管理，是指通过会计政策的选择和会计估计的变更进行盈余管理，只影响公司的应计利润而不影响公司的现金流。真实盈余管理，是指通过采用偏离正常经营模式的交易活动行为来调节利润，它会影响公司的现金流和当期利润从而损害公司的长期价值。因而，在对公司价值的损害上，真实盈余管理比应计盈余管理的影响更大。这意味着，真实盈余管理比应计盈余管理可能更容易提高公司的股价暴跌风险。进一步而言，应计盈余管理和真实盈余管理都会提高公司的股价暴跌风险，但是，真实盈余管理对股价暴跌风险的提高更明显。由此，提出假设 H1。

假设 H1：应计盈余管理和真实盈余管理都会提高公司的股价暴跌风险，但是真实盈余管理的影响更明显。

根据产权性质的不同，我国的上市公司分为国有上市公司和非国有上市公司。为了解决我国国有企业困难，同时为了促进我国国有企业改革，政府推动国有企业在证券市场上市，以此来塑造国有企业的现代化公司治理模式和经营模式。国有上市公司，是我国上市公司的主要构成部分，也是我国经济的主体，同时也体现着政府的执政业绩。因而，国有企业受到政府的庇护，如在财政上的预算软约束和在融资、产业发展上的政策扶持（Kornai，1986；Shleifer & Vishney，1994；林毅夫，等，2004）。

因而，国有企业在盈余管理动机上，可能相对于非国有企业没有那么强烈。Chen 等（2011）研究发现，国有企业在融资上的优势以及政府在资源分配上的支持和庇护，导致国有企业没有强烈的动机进行盈余管理，其盈余管理水平相对于非国有企业偏低。这意味着，由于受到政府“父爱主义”的庇护，国有企业不但进行盈余管理的动机较低，同时，即使国有企业的盈余管理会给证券市场带来风险，也会在政府的庇护下变得相对较低。因而，在对股价暴跌风险的影响上，国有企业的盈余管理可能没有像非国有企业的盈余管理那么明显。由此，提出假设 H2。

假设 H2：应计盈余管理和真实盈余管理都会提高公司的股价暴跌风险，但是在非国有企业里更明显。

10.3 数据样本和研究方法

10.3.1 样本选取和数据来源

为了考察盈余管理对股价暴跌风险的影响，本章选取了 2004—2011 年我国证券市场的上市公司作为研究样本。所采用数据均来自国泰安数据库（CSMAR），并对所选样本按照以下条件进行筛选。考虑到金融行业的特殊性，故对金融行业样本予以剔除；由于创业板上市公司的成长性风险与主板和中小板不同，剔除了创业板的上市公司样本；对有数据缺失的样本，同时也给予剔除。按照上述条件筛选后，最后得到 8 834 个研究样本。表 10.1 是研究样本按年度分布的情况。

表 10.1　　研究样本的年度分布情况

年 度	公司数	比率（%）
2004	853	9.66
2005	977	11.05
2006	1 033	11.69
2007	1 058	11.98
2008	1 128	12.77
2009	1 234	13.97
2010	1 241	14.05
2011	1 310	14.83
合 计	8 834	100

注：比率为百分比，为当年的样本数占总样本的百分比率。

10.3.2　股价暴跌风险的计量

参照 Kim 等（2011）及许年行等（2012）的研究方法，本章采用两种方法来度量公司的股价暴跌风险。

根据股价暴跌风险的研究，股价暴跌风险的测量，是以公司股票的特有周收益（Firm-Specific Weekly Return）为基础进行计算。由此，在度量公司的股价暴跌风险之前，需要先测算公司股票的特有周收益。具体而言，公司股票的特有周收益，按模型（10-1）估计。

$$r_{i,t} = \alpha_i + \beta_{1i} r_{m,t-2} + \beta_{2i} r_{m,t-1} + \beta_{3i} r_{m,t} + \beta_{4i} r_{m,t+1} + \beta_{5i} r_{m,t+2} + \varepsilon_{i,t} \tag{10-1}$$

在模型（10-1）中，$r_{i,t}$为公司股票 i 在 t 周的考虑现金红利再投资的收益率，$r_{m,t}$为市场在 t 周的经流通市值加权的市场收益率。为了控制市场非同步交易的影响，控制了市场前后两期的周收益（Dimson，1979）。

采用公司的周收益数据放入模型（10-1）按公司年度进行回归，以回归估计的参差 $\varepsilon_{i,t}$来计算公司股票的特有周收益率 $W_{i,t}$，即 $W_{i,t}=\ln(1+\varepsilon_{i,t})$，表示为公司股票的周收益参差 $\varepsilon_{i,t}$加 1 之和的自然对数。

1. 负收益偏态系数 Ncskew

负收益偏态系数 Ncskew（Negative Coefficient of Skewness），衡量公司股票的特有周收益在一个年度的负偏向程度，代表了股票暴跌的倾向。负收益偏态系数值越大，意味着股价暴跌风险越高。负收益偏态系数，是以公司年度的股票特有周收益三阶距之和的相反数与其三次方的标准差的比值来计量。具体计算方法如公式（10-2）。

$$\text{Ncskew}_i = -\left[n(n-1)^{3/2}\sum W_{i,t}^3\right] / \left[(n-1)(n-2)\left(\sum W_{i,t}^2\right)^{3/2}\right] \tag{10-2}$$

在公式（10-2）中，n 为公司股票在一个年度中的交易周数。

2. 收益上下波动比 Duvol

收益上下波动比 Duvol（Down-to-Up Volatility），衡量公司股票的特有周收益在一个年度的涨跌波动比率，代表了股票暴跌的倾向。收益上下波动比的值越大，意味着股价暴跌风险越高。收益上下波动比，是将公司股票的特有周收益根据其当年的均值分为两组，即高于当年均值的为收益向上组，低于当年均值的为收益向下组，然后计算收益向下组的标准差与收益向上组的标准差的比值，最后取该比值的自然对数来衡量。具体计算方法如公式（10-3）。

$$\text{Duvol}_i = \log\left[(n_u - 1)\sum_{\text{Down}} W_{i,t}^2 \Big/ (n_d - 1)\sum_{\text{Up}} W_{i,t}^2\right] \tag{10-3}$$

在公式（10-3）中，n_u 为公司股票的特有周收益高于当年均值的周数，n_d 为公司股票的特有周收益低于当年均值的周数。

10. 3. 3 盈余管理的计量

1. 应计盈余管理

DeChow 等（1995）认为，非操纵性应计会随着经营环境的变化而变化，修正后的 Jones 模型在衡量经营环境变动情形下的操纵性应计的效果比较好。DeFond 和 Subramanyan（1998）发现经行业横截面修正的 Jones 模型比时间序列修正后的 Jones 模型效度要好。由于我国上市公司的上市时间普遍不长，因此，本章采用修正的 Jones 模型（DeChow，等，1995）来估计操纵性应计，以此表征应计盈余管理。

$$\frac{\text{TA}_{i,t}}{A_{i,t-1}} = a_0\left(\frac{1}{A_{i,t-1}}\right) + a_1\left(\frac{\Delta\text{REV}_{i,t}}{A_{i,t-1}}\right) + a_2\left(\frac{\text{PPE}_{i,t}}{A_{i,t-1}}\right) + \varepsilon_{i,t} \tag{10-4}$$

首先，依照模型（10-4）分年度分行业进行横截面回归。参考 DeChow 等（1995）的做法，要求每个行业的样本数不少于 10 个，如果少于 10 个，则将其归属于相近的行业。$\text{TA}_{i,t}$是公司总应计利润，为经营利润减去经营活动现金流之差；$\Delta\text{REV}_{i,t}$为公司主营业务收入的变化额；$\text{PPE}_{i,t}$是公司固定资产账面价值；$A_{i,t-1}$是公司的总资产。

其次，用模型（10-4）得到的回归系数代入模型（10-5）计算每个样本的正常性应计 $\text{NDA}_{i,t}$。

$$NDA_{i,t}=a_0\left(\frac{1}{A_{i,t-1}}\right)+a_1\left(\frac{\Delta REV_{i,t}-\Delta REC_{i,t}}{A_{i,t-1}}\right)+a_2\left(\frac{PPE_{i,t}}{A_{i,t-1}}\right) \quad (10\text{-}5)$$

在模型（10-5）里，$\Delta REC_{i,t}$是公司应收账款的变化额。操纵性应计 $DA_{i,t}=TA_{i,t}-NDA_{i,t}$。

2. 真实盈余管理

参照 Roychowdhury（2006）及 Cohen 等（2008）的模型来估计真实盈余管理，包括三个方面：异常经营现金流 AbCFO、异常生产成本 AbProd 和异常酌量性费用（如研发、销售及管理费用）AbDisx。①

异常经营现金流 AbCFO，指公司经营活动产生的现金流的异常部分。它是由公司通过价格折扣和宽松的信用条款来进行产品促销引起的，虽然，公司的促销提高了当期的利润，但是，降低了当期单位产品的现金流量，从而导致公司的异常经营现金流 AbCFO 下降。公司为了抬高会计利润，通过价格折扣和宽松的信用条款等促销方式来增加销量从而形成超常销售，产生“薄利多销”的账上利润放大效应。但是，促销形成的超常销售，会降低单位产品的现金流量，而且，在既定的销售收入现金实现水平下，还会增加公司的销售应收款，增大公司坏账产生的财务风险，进而降低公司的当期现金流。并且，超常销售实际上已经超过公司正常销售水平，会在一定程度上增加公司相关的销售费用，吞噬公司的部分现金流。然而，只要产品销售能带来正的边际利润，超常销售还是会抬高公司的会计利润。因而最终的结果是，促销形成的超常销售抬高了公司当年利润，却因单位产品现金流量的降低和销售费用的上升，出现异常经营现金流 AbCFO 偏低。

异常生产成本 AbProd，Roychowdhury（2006）及 Cohen 等（2008）将之定义为销售成本与当年存货变动额之和的异常部分。换言之，生产成本为销售成本与当年存货变动额之和。异常生产成本 AbProd，是由公司超量产品生产引起的，虽然公司的超量生产能降低单位产品的成本，提高产品的边际利润，从而提高公司的当期利润，但是超量生产增加了其他生产成本和库存成本，最后导致异常生产成本 AbProd 偏高。公司为了抬高会计利润，通过超量生产来摊低单位产品承担的固定成本，但是，超量生产实际上已经超过公司正常生产水平，会增加单位产品的边际生产成本，然而，只要单位固定成本下降的幅度高于单位边际生产成本上升的幅度，单位销售成本就会出现下降，从而达到提高

① 异常经营现金流 AbCFO、异常生产成本 AbProd 和异常酌量性费用 AbDisx，都用上一年的总资产进行标准化。

公司业绩的目的。但是，超量生产会导致产品大量积压，增加公司的存货成本，同时，也会增加其他生产的成本。在既定的销量水平下，尽管超量生产通过降低单位销售成本抬高了公司业绩，但是边际生产成本上升和存货成本增加，最终导致生产成本偏高，即在会计上表现为销售成本与当年增加的存货成本之和的提升，也导致异常生产成本 AbProd 偏高。

异常酌量性费用 AbDisx，指公司研发、销售及管理费用等酌量性费用的异常部分。它是公司为了提高当期利润，削减研发、销售及管理费用引起的，同时也会导致当期的现金流上升。公司为了抬高会计利润，通过削减研发、广告、维修和培训等销售和管理费用，造成公司当期的酌量性费用偏低，从而也让公司的异常酌量性费用偏低。

（1）异常经营现金流 AbCFO

$$\frac{CFO_{jt}}{A_{j,\ t-1}} = a_1 \frac{1}{A_{j,\ t-1}} + a_2 \frac{Sales_{jt}}{A_{j,\ t-1}} + a_3 \frac{\Delta Sales_{jt}}{A_{j,\ t-1}} + \varepsilon_{jt} \tag{10-6}$$

首先，按模型（10-6）分年度分行业进行横截面回归，要求每个行业的样本数不少于 10 个，如果少于 10 个，则将其归属于相近的行业，下同。CFO_{jt} 是公司的经营现金流，$Sales_{jt}$ 是公司的销售额，$\Delta Sales_{jt}$ 是公司销售变化额。其次，通过回归得到的系数估计出每个样本公司的正常经营现金流。最后，可算出异常经营现金流 AbCFO 为实际经营现金流与正常经营现金流的差值。

（2）异常生产成本 AbProd

$$\frac{Prod_{jt}}{A_{j,\ t-1}} = a_1 \frac{1}{A_{j,\ t-1}} + a_2 \frac{Sales_{jt}}{A_{j,\ t-1}} + a_3 \frac{\Delta Sales_{jt}}{A_{j,\ t-1}} + a_4 \frac{\Delta Sales_{j,\ t-1}}{A_{j,\ t-1}} + \varepsilon_{jt} \tag{10-7}$$

用模型（10-7）进行分年度分行业横截面回归得到估计参数并据此计算各个样本公司的正常生产成本，异常生产成本 AbProd 为实际生产成本与正常生产成本之差。$Prod_{jt}$ 是公司的生产成本，为销售成本与存货变动额之和；$Sales_{jt}$ 是公司当期的销售额；$\Delta Sales_{jt}$ 是公司当期的销售变化额；$\Delta Sales_{j,t-1}$ 是公司上期的销售变化额。

（3）异常酌量性费用 AbDisx

$$\frac{Disx_{jt}}{A_{j,\ t-1}} = a_1 \frac{1}{A_{j,\ t-1}} + a_2 \frac{Sales_{j,\ t-1}}{A_{j,\ t-1}} + \varepsilon_{jt} \tag{10-8}$$

依照模型（10-8）分年度分行业横截面回归得到估计参数并据此计算各个样本公司的正常酌量性费用。异常酌量性费用 AbDisx 为实际酌量性费用与正常酌量性费用之差。$Disx_{jt}$ 是公司的酌量性费用，为研发、销售及管理费用之和，考虑到中国财务报表把研发费用合并到了管理费用的情况，本章用销售和管理费用替代；$Sales_{j,t-1}$ 是公司上期的销售额。

以上三个指标，即异常经营现金流 AbCFO、异常生产成本 AbProd 和异常酌量性费用 AbDisx，体现了真实盈余管理的三种具体行为。公司向上操纵利润，可能采用真实盈余管理的一种行为或多种行为：低异常经营现金流 AbCFO，高异常生产成本 AbProd，抑或低异常酌量性费用 AbDisx。为了系统考量真实盈余管理的三种具体行为，仿照 Cohen 等（2008）及 Badertscher（2011）的做法，将三个指标聚集成一个综合指标，综合真实盈余管理 RM=-AbCFO+AbProd-AbDisx。综合真实盈余管理指标 RM，表示其值越高，公司通过真实盈余管理向上操纵的利润越大。

10.3.4 回归模型

为了检验本章的研究假设，本章参照 Hutton 等（2009）及 Kim 等（2011）的模型，构建如下检验模型：

$$\text{Crashrisk} = \alpha_0 + \alpha_1 \text{EM} + \sum \beta_i \text{Control}_i + \varepsilon \tag{10-9}$$

因变量：股价暴跌风险 Crashrisk，采用 Kim 等（2011）及许年行等（2012）的方法，分别用负收益偏态系数 Ncskew 和收益上下波动比 Duvol 来衡量。负收益偏态系数 Ncskew 越大，股价暴跌风险也就越大。同样，收益上下波动比 Duvol 越大，股价暴跌风险也就越大。

解释变量：盈余管理 EM，以修正的 Jones 模型估计的应计盈余管理 DA 和真实盈余管理 RM=-AbCFO+AbProd-AbDisx 的前三年绝对值之和来分别衡量，其中，真实盈余管理为异常经营现金流 AbCFO、异常生产成本 AbProd 和异常酌量性费用 AbDisx 三个指标的集合指标。

控制变量 Control，具体包括如下变量：

投资者异质信念 Dturn，采用当年的月平均换手率与上一年的月平均换手率之差衡量。放入该变量，用来控制投资者异质信念的影响。

分析师跟踪人数 Analyst，采用 Analyst=ln（1+分析师跟踪人数）来衡量。放入该变量，用来控制分析师跟踪人数的影响。

资产负债率 Lev，采用负债与总资产的比率衡量。放入该变量，用来控制公司财务风险的影响。

公司业绩 ROA，采用总资产营业利润来衡量。放入该变量，用来控制公司业绩的影响。

市净率 MB，以股东权益的市值与其账面价值之比来衡量。放入该变量，用来控制公司成长性的影响。

公司的市值规模 Size，采用公司市值的自然对数衡量。放入该变量，用来控制公司规模的影响。

年度变量 Year，用来控制年度固定效应的影响。

行业变量 Industry，用来控制行业固定效应的影响。

此外，为了控制连续变量的极端值的影响，本章对模型中的所有连续变量均进行 1%水平的 Winsorize 处理。

10.4 实证结果及分析

10.4.1 描述性统计分析

表 10.2 是回归模型中各变量的描述性统计分析结果。可以发现，负收益偏态系数 Ncskew，在国有企业的均值为-0.173 3，在统计上显著低于非国有企业的均值-0.130 3。同样，收益上下波动比 Duvol，在国有企业的均值为-0.061 9，在统计上显著低于非国有企业的均值-0.047 7。这表明，从负收益偏态系数 Ncskew 和收益上下波动比 Duvol 来看，国有企业的股价暴跌风险要显著低于非国有企业。应计盈余管理的前三年绝对值 DA，在国有企业的均值为 0.197 2，在统计上显著低于非国有企业的均值 0.248 1。真实盈余管理的前三年绝对值 RM，在国有企业的均值为 0.461 3，在统计上显著低于非国有企业的均值 0.562 6。这表明，国有企业的应计盈余管理和真实盈余管理的前三年绝对值都要显著低于非国有企业。

投资者异质信念 Dturn，在国有企业的均值为-0.012 0，要低于非国有企业的均值 0.001 9。这表明投资者对非国有企业的异质信念更严重。分析师跟踪数量 Analyst，在国有企业的均值为 0.963 9，进行自然对数转换减 1 后为 1.62，在统计上显著高于非国有企业的均值 0.762 0，进行自然对数转换减 1 后为 1.14。这表明国有企业受到更多的分析师跟踪。资产负债率 Lev，在国有企业的均值为 0.527 4，在统计上显著低于非国有企业的均值 0.572 6。这表明国有企业的财务风险要低于非国有企业。公司业绩 ROA，在国有企业的均值为 0.026 9，在统计上显著高于非国有企业的均值 0.014 6。这表明国有企业的业绩要好于非国有企业。市净率 MB，在国有企业的均值为 3.334 0，在统计上显著低于非国有企业的均值 4.127 0。这表明国有企业的成长性要低于非国有企业。公司的市值规模 Size，在国有企业的自然对数均值为 21.838 0，进行自然对数转换后为 30.5 亿元，在统计上显著高于非国有企业的均值 21.484 3，进行自然对数转换后为 21.4 亿元。这表明国有企业的市值规模普遍要高于非国有企业。

表 10.2　　描述性统计分析结果

	国有企业	非国有企业	t	z
	均值	均值		
Ncskew	-0.173 3	-0.130 3	-3.71***	-3.99***
Duvol	-0.061 9	-0.047 7	-3.44***	-3.74***
DA	0.197 2	0.248 1	-13.36***	-14.70***
RM	0.461 3	0.562 6	-10.28***	-10.53***
Dturn	-0.012 0	0.001 9	-1.58	-1.72*
Analyst	0.963 9	0.762 0	8.67***	8.78***
Lev	0.527 4	0.572 6	-6.91***	-3.78***
ROA	0.026 9	0.014 6	4.98***	1.76*
MB	3.334 0	4.127 0	-7.29***	-10.65***
Size	21.838 0	21.484 3	14.44***	13.16***

注：

①应计盈余管理 DA，采用其前三年的绝对值之和来衡量。真实盈余管理 RM，采用其前三年的绝对值之和来衡量。

②*t* 值是均值检验得到的统计值，*z* 值是 Wilcoxon 秩检验得到统计值。“*”“**”和“***”分别表示在 10%、5%和 1%水平下统计显著（双尾检验），下同。

10.4.2　回归分析

1. 相关性分析

表 10.3 为因变量与解释变量的 Pearson 相关性分析结果。可以发现，负收益偏态系数 Ncskew 与应计盈余管理 DA 正相关，但在统计上不显著。负收益偏态系数 Ncskew 与真实盈余管理 RM 正相关，但在统计上不显著。收益上下波动比 Duvol 与应计盈余管理 DA 正相关，但在统计上不显著。收益上下波动比 Duvol 与真实盈余管理 RM 正相关，但在统计上不显著。进一步的分析有待于多元回归的检验。

表 10.3　　因变量与解释变量的相关性分析结果

	Ncskew	Duvol	DA	RM
Ncskew	1			
Duvol	0.863 7***	1		
DA	0.011 6	0.003 3	1	
RM	0.014 0	0.008 6	0.382 9***	1

注：相关性分析采用的是 Pearson 相关性分析。“*”表示在 10%水平下统计显著，“**”表示在 5%水平下统计显著，“***”表示在 1%水平下统计显著，下同。

2. 回归结果及分析

表 10.4 是应计盈余管理和真实盈余管理与股价暴跌风险的回归结果。可以发现，在以负收益偏态系数 Ncskew 衡量股价暴跌风险 Crashrisk 的回归结果里，应计盈余管理 DA 的回归系数为 0.011 9，在统计上不显著，真实盈余管理 RM 的回归系数为 0.035 4，在统计上显著为正。在细分样本回归后，应计盈余管理 DA 的回归系数仍然不显著。真实盈余管理 RM 的回归系数，在国有企业的样本里统计上不显著，在非国有企业的样本里统计上显著为正。并且，对真实盈余管理 RM 和应计盈余管理 DA 的回归系数进行差异检验，发现两者没有显著差异。这表明，应计盈余管理没有提高公司的股价暴跌风险，真实盈余管理显著提高了公司的股价暴跌风险，但是仅体现在非国有企业。本章的假设 H1 和假设 H2 得到部分支持。

在以收益上下波动比 Duvol 衡量股价暴跌风险 Crashrisk 的回归结果里，应计盈余管理 DA 的回归系数为-0.001 8，在统计上不显著，真实盈余管理 RM 的回归系数为 0.012 5，在统计上显著为正。在细分样本回归后，应计盈余管理 DA 的回归系数仍然不显著；真实盈余管理 RM 的回归系数，在国有企业的样本里统计上不显著，在非国有企业的样本里统计上显著为正。并且，对真实盈余管理 RM 和应计盈余管理 DA 的回归系数进行差异检验，发现两者没有显著差异。这表明，应计盈余管理没有提高公司的股价暴跌风险，真实盈余管理显著提高了公司的股价暴跌风险，但是仅体现在非国有企业。本章的假设 H1 和假设 H2 得到部分支持。

在控制变量的回归结果方面，投资者异质信念 Dturn 的回归系数显著为正，表明投资者异质信念越大，公司股价暴跌风险越高。分析师跟踪人数 Analyst 的回归系数在统计上显著为正，表明分析师跟踪人数越多，公司股价暴跌风险越高。公司业绩 ROA 对股价暴跌风险 Crashrisk 的回归系数在统计上显著为负，表明公司的业绩越好，公司股价暴跌风险越小。公司市净率 MB 的回归系数在统计上显著为正，表明公司的成长性越大，公司股价暴跌风险越高。公司市值规模 Size 的回归系数在统计上显著为负，表明公司的市值规模越大，公司股价暴跌风险越小。

表 10.4 应计盈余管理和真实盈余管理与股价暴跌风险的回归结果

	因变量：Crashrisk					
	Crashrisk = Ncskew			Crashrisk = Duvol		
	全样本	国有企业	非国有企业	全样本	国有企业	非国有企业
Constant	0.499 5	0.278 1	0.639 8	0.171 7	0.100 7	0.203 8
	(2.78)***	(1.32)	(1.70)*	(2.74)***	(1.38)	(1.50)
DA	0.011 9	−0.007 5	0.015 5	−0.001 8	−0.013 6	0.009 9
	(0.32)	(−0.16)	(0.24)	(−0.14)	(−0.82)	(0.44)
RM	0.035 4	0.018 7	0.047 1	0.012 5	0.006 9	0.017 6
	(2.27)**	(0.93)	(1.88)*	(2.27)**	(0.99)	(1.95)*
Dturn	0.078 7	0.039 3	0.150 5	0.036 3	0.018 7	0.068 8
	(3.86)***	(1.61)	(4.05)***	(4.80)***	(2.05)**	(5.10)***
Analyst	0.042 1	0.040 6	0.049 4	0.013 4	0.013 5	0.014 3
	(5.53)***	(4.50)***	(3.37)***	(4.95)***	(4.22)***	(2.69)***
Lev	0.013 9	−0.017 1	0.044 7	−0.003 5	−0.011 9	0.002 6
	(0.61)	(−0.57)	(1.22)	(−0.43)	(−1.07)	(0.21)
ROA	−0.308 5	−0.367 1	−0.235 9	−0.123 6	−0.148 2	−0.094 1
	(−4.98)***	(−4.48)***	(−2.43)**	(−5.40)***	(−4.81)***	(−2.68)***
MB	0.006 7	0.009 9	0.002 9	0.002 3	0.003 1	0.001 3
	(4.93)***	(5.27)***	(1.47)	(4.58)***	(4.55)***	(1.72)*
Size	−0.037 6	−0.028 8	−0.042 5	−0.012 4	−0.009 4	−0.013 7
	(−4.57)***	(−2.98)***	(−2.45)**	(−4.32)***	(−2.81)***	(−2.19)**
Year	Yes	Yes	Yes	Yes	Yes	Yes
Industry	Yes	Yes	Yes	Yes	Yes	Yes
N	8 834	6 290	2 544	8 834	6 290	2 544
Adj. R^2	0.098	0.096	0.106	0.092	0.089	0.102
F	29.633 9***	21.635 4***	10.265 5***	27.986 7***	20.261 7***	9.666 4***

注：

①因变量为股价暴跌风险 Crashrisk，分别采用负收益偏态系数 Ncskew 和收益上下波动比 Duvol 衡量。解释变量 DA，为应计盈余管理，以其前三年的绝对值之和计量，RM 为真实盈余管理，以其前三年的绝对值之和计量。Year 和 Industry，为年度和行业变量。

②括号里的为 t 值，经过了 White 异方差矫正。“*”“**”和“***”分别表示在 10%、5%和 1%水平下统计显著，下同。

10.4.3 稳健性测试

为了检验上述结论的稳健性，本章进行了如下敏感性测试。

（1）采用 Hutton 等（2009）及潘越等（2011）的方法衡量股价暴跌风险。同样以负收益偏态系数 Ncskew1 和收益上下波动比 Duvol1 这两个指标来分别衡量股价暴跌风险。在计算公司股票的特有周收益上，采用下列模型（10-10）进行估计。

$$r_{i,t} = \alpha_i + \beta_{1i} r_{m,t-1} + \beta_{2i} r_{i,t-1} + \beta_{3i} r_{m,t} + \beta_{4i} r_{i,t} + \beta_{5i} r_{m,t+1} + \beta_{6i} r_{i,t+2} + \varepsilon_{i,t} \tag{10-10}$$

在模型（10-10）中，$r_{i,t}$ 为公司股票 i 在 t 周的考虑现金红利再投资的收益率，$r_{m,t}$ 为市场在 t 周的经流通市值加权的收益率，$\varepsilon_{i,t}$ 为公司所在行业在 t 周的经流通市值加权的行业收益率。为了控制市场非同步交易的影响，控制了市场前后一期的周收益（Dimson，1979）。

采用公司的周收益数据放入模型（10-10）按公司年度进行回归，以回归估计的参差 $\varepsilon_{i,t}$ 来计算公司股票的特有周收益率 $W_{i,t}$，即 $W_{i,t} = \ln(1 + \varepsilon_{i,t})$，表示为公司股票的周收益参差 $\varepsilon_{i,t}$ 加 1 之和的自然对数。

负收益偏态系数 Ncskew1 和收益上下波动比 Duvol1 的计算方法与上文的一致，并以这两者计算的数值来衡量公司的股价暴跌风险。负收益偏态系数 Ncskew1 和收益上下波动比 Duvol1 的值越大，公司的股价暴跌风险越高。

表 10.5 是采用 Hutton 等（2009）及潘越等（2011）的方法估计的股价暴跌风险的回归结果。可以发现，回归结果与前文的结论一致。

在以负收益偏态系数 Ncskew1 和收益上下波动比 Duvol1 的回归结果里，应计盈余管理 DA 的回归系数在统计上不显著，真实盈余管理 RM 的回归系数在统计上显著为正。在细分样本回归后，应计盈余管理 DA 的回归系数仍然不显著，真实盈余管理 RM 的回归系数，在国有企业的样本里统计上不显著，在非国有企业的样本里统计上显著为正。并且，对真实盈余管理 RM 和应计盈余管理 DA 的回归系数进行差异检验，发现两者没有显著差异。这表明，应计盈余管理没有提高公司的股价暴跌风险，真实盈余管理显著提高了公司的股价暴跌风险，但是仅体现在非国有企业。经验数据表明，本章的结论依然稳健。

表 10.5　应计盈余管理和真实盈余管理与股价暴跌风险的回归结果

	因变量：Crashrisk					
	Crashrisk = Ncskew1			Crashrisk = Duvol1		
	全样本	国有企业	非国有企业	全样本	国有企业	非国有企业
Constant	-0.395 1	-0.668 2	-0.051 6	-0.122 8	-0.237 3	0.006 5
	(-2.23)**	(-3.19)***	(-0.14)	(-1.96)**	(-3.21)***	(0.05)
DA	0.054 2	0.030 7	0.054 6	0.018 9	0.005 4	0.023 7
	(1.44)	(0.65)	(0.87)	(1.43)	(0.32)	(1.09)
RM	0.025 7	0.008 7	0.045 8	0.008 7	0.000 4	0.019 1
	(1.70)*	(0.44)	(1.91)*	(1.62)	(0.06)	(2.23)**
Dturn	0.035 4	0.036 7	0.034 9	0.034 0	0.028 7	0.045 4
	(1.75)*	(1.49)	(0.98)	(4.67)***	(3.22)***	(3.58)***
Analyst	0.031 3	0.034 8	0.021 3	0.012 6	0.014 5	0.007 0
	(4.09)***	(3.79)***	(1.50)	(4.65)***	(4.46)***	(1.37)
Lev	0.040 9	0.042 9	0.020 3	0.013 9	0.014 8	0.003 9
	(1.79)*	(1.42)	(0.55)	(1.69)*	(1.36)	(0.30)
ROA	-0.290 9	-0.341 9	-0.232 0	-0.111 0	-0.140 6	-0.077 0
	(-4.66)***	(-4.16)***	(-2.37)**	(-4.88)***	(-4.58)***	(-2.20)**
MB	0.006 8	0.009 8	0.002 9	0.002 1	0.003 0	0.000 8
	(5.02)***	(5.27)***	(1.43)	(4.33)***	(4.44)***	(1.10)
Size	0.002 0	0.012 1	-0.009 7	0.000 3	0.004 9	-0.004 5
	(0.25)	(1.27)	(-0.59)	(0.09)	(1.45)	(-0.78)
Year	Yes	Yes	Yes	Yes	Yes	Yes
Industry	Yes	Yes	Yes	Yes	Yes	Yes
N	8 834	6 290	2 544	8 834	6 290	2 544
Adj. R^2	0.071	0.074	0.066	0.075	0.076	0.077
F	21.059 3***	16.265 8***	6.515 3***	22.333 7***	16.769 9***	7.491 9***

注：

①因变量为股价暴跌风险 Crashrisk，采用 Hutton 等（2009）及潘越等（2011）的方法估计的负收益偏态系数 Ncskew1 和收益上下波动比 Duvol1 来衡量。解释变量 DA，为应计盈余管理，以其前三年的绝对值之和计量；RM 为真实盈余管理，以其前三年的绝对值之和计量。Year 和 Industry，为年度和行业变量。

②括号里的为 *t* 值，经过了 White 异方差矫正。“*”“**”和“***”分别表示在 10%、5%和 1%水平下统计显著，下同。

（2）在前文的分析中，采用的是修正的 Jones 模型（DeChow，等，1995）来估计应计盈余管理。在这里，采用 Jones 模型（Jones，1991）来估计应计盈余管理，以此检验上述结论的稳健性。采用 Jones 模型估计的应计盈余管理的回归结果，显示于表 10.6 和表 10.7。可以发现，本章的结论仍然稳健。

（3）在前面的考察中，借鉴 Roychowdhury（2006）及 Cohen 等（2008）的方法，采用 RM=-AbCFO+AbProd-AbDisx 来综合衡量真实盈余管理。由于异常经营现金流 AbCFO 对真实盈余管理的影响方向并不是非常确定的，借鉴 Zang（2012）的方法，采用 RM_1=+AbProd-AbDisx 来衡量真实盈余管理，即真实盈余管理 RM_1 是异常生产成本 AbProd 与异常酌量性费用 AbDisx 的集合变量。重新检验的结果见表表 10.6 和表 10.7。可以发现，本章的结论仍然稳健。

表 10.6 是采用 Jones 模型估计的应计盈余管理和以 RM_1=+AbProd-AbDisx 衡量的真实盈余管理对股价暴跌风险进行回归的结果。可以发现，在以负收益偏态系数 Ncskew 和收益上下波动比 Duvol 的回归结果里，应计盈余管理 DA 的回归系数在统计上不显著，真实盈余管理 RM_1 的回归系数在统计上显著为正。在细分样本回归后，应计盈余管理 DA 的回归系数仍然不显著，真实盈余管理 RM_1 的回归系数，在国有企业的样本里统计上不显著，而在非国有企业的样本里统计上显著为正。并且，对真实盈余管理 RM_1 和应计盈余管理 DA 的回归系数进行差异检验，发现两者没有显著差异。这表明，应计盈余管理没有提高公司的股价暴跌风险，真实盈余管理显著提高了公司的股价暴跌风险，但是仅体现在非国有企业。经验数据表明，上述的结论依然稳健。

表 10.6　应计盈余管理和真实盈余管理与股价暴跌风险的回归结果

	因变量：Crashrisk					
	Crashrisk=Ncskew			Crashrisk=Duvol		
	全样本	国有企业	非国有企业	全样本	国有企业	非国有企业
Constant	0.480 6	0.270 4	0.611 9	0.165 7	0.098 7	0.193 4
	(2.67)***	(1.28)	(1.63)	(2.63)***	(1.35)	(1.42)
DA	0.013 5	−0.009 8	0.022 8	0.000 5	−0.012 0	0.012 3
	(0.37)	(−0.22)	(0.37)	(0.04)	(−0.76)	(0.56)
RM_1	0.066 3	0.038 2	0.083 8	0.021 1	0.010 0	0.031 7
	(3.29)***	(1.44)	(2.62)***	(2.95)***	(1.09)	(2.74)***
Dturn	0.078 7	0.039 4	0.150 1	0.036 3	0.018 7	0.068 7
	(3.86)***	(1.62)	(4.05)***	(4.79)***	(2.05)**	(5.09)***
Analyst	0.041 4	0.040 3	0.047 5	0.013 2	0.013 5	0.013 6
	(5.44)***	(4.47)***	(3.22)***	(4.89)***	(4.23)***	(2.55)**

表10.6(续)

	因变量：Crashrisk					
	Crashrisk = Ncskew			Crashrisk = Duvol		
	全样本	国有企业	非国有企业	全样本	国有企业	非国有企业
Lev	0.012 2	−0.017 7	0.040 7	−0.004 2	−0.012 1	0.001 2
	(0.54)	(−0.59)	(1.11)	(−0.51)	(−1.09)	(0.09)
ROA	−0.315 1	−0.370 8	−0.246 3	−0.124 8	−0.147 6	−0.098 1
	(−5.09)***	(−4.53)***	(−2.53)**	(−5.48)***	(−4.81)***	(−2.80)***
MB	0.006 6	0.009 9	0.002 7	0.002 3	0.003 1	0.001 2
	(4.83)***	(5.24)***	(1.34)	(4.50)***	(4.54)***	(1.58)
Size	−0.037 0	−0.028 6	−0.041 5	−0.012 2	−0.009 3	−0.013 3
	(−4.50)***	(−2.96)***	(−2.41)**	(−4.25)***	(−2.78)***	(−2.14)**
Year	Yes	Yes	Yes	Yes	Yes	Yes
Industry	Yes	Yes	Yes	Yes	Yes	Yes
N	8 834	6 290	2 544	8 834	6 290	2 544
Adj. R^2	0.099	0.096	0.107	0.093	0.089	0.103
F	29.770 5***	21.644 6***	10.404 1***	28.078 4***	20.258 7***	9.834 6***

注：

①因变量为股价暴跌风险 Crashrisk，分别采用负收益偏态系数 Ncskew 和收益上下波动比 Duvol 衡量。解释变量 DA，为采用 Jones 模型估计的应计盈余管理，以其前三年的绝对值之和计量，真实盈余管理 RM_1 = +AbProd−AbDisx，以其前三年的绝对值之和计量。Year 和 Industry，为年度和行业变量。

②括号里的为 *t* 值，经过了 White 异方差矫正。"*""**"和"***"分别表示在 10%、5%和 1%水平下统计显著，下同。

表 10.7 是采用 Jones 模型估计的应计盈余管理和以 RM_1 = +AbProd−AbDisx 衡量的真实盈余管理对股价暴跌风险进行回归的结果。股价暴跌风险 Crashrisk，采用 Hutton 等（2009）及潘越等（2011）的方法估计的负收益偏态系数 Ncskew1 和收益上下波动比 Duvol1 来衡量。可以发现，在以负收益偏态系数 Ncskew1 和收益上下波动比 Duvol1 的回归结果里，应计盈余管理 DA 的回归系数在统计上显著为正，真实盈余管理 RM_1 的回归系数在统计上显著为正。但是，在细分样本回归后，应计盈余管理 DA 的回归系数，在国有企业和非国有企业样本里都不显著。真实盈余管理 RM_1 的回归系数，在国有企业的样本里统计上不显著，而在非国有企业的样本里统计上显著为正。并且，对真实盈余管理 RM_1 和应计盈余管理 DA 的回归系数进行差异检验，发现两者没有显著差异。这表明，应计盈余管理没有提高公司的股价暴跌风险，真实盈余管理显著提高了公司的股价暴跌风险，但是仅体现在非国有企业。经验数据表明，上

述的结论依然稳健。

表 10.7　应计盈余管理和真实盈余管理与股价暴跌风险的回归结果

	因变量：Crashrisk					
	Crashrisk = Ncskew1			Crashrisk = Duvol1		
	全样本	国有企业	非国有企业	全样本	国有企业	非国有企业
Constant	-0.406 8	-0.670 4	-0.082 7	-0.126 3	-0.237 0	-0.006 8
	(-2.29) **	(-3.20) ***	(-0.23)	(-2.02) **	(-3.21) ***	(-0.05)
DA	0.061 6	0.034 1	0.066 7	0.021 9	0.006 9	0.027 8
	(1.70) *	(0.75)	(1.08)	(1.72) *	(0.43)	(1.32)
RM_1	0.041 5	0.018 1	0.064 5	0.011 7	-0.000 2	0.025 5
	(2.12) **	(0.70)	(2.10) **	(1.69) *	(-0.02)	(2.31) **
Dturn	0.035 3	0.036 8	0.034 5	0.034 0	0.028 7	0.045 3
	(1.75) *	(1.49)	(0.97)	(4.66) ***	(3.22) ***	(3.57) ***
Analyst	0.031 1	0.034 7	0.020 5	0.012 6	0.014 5	0.006 7
	(4.06) ***	(3.78) ***	(1.43)	(4.65) ***	(4.48) ***	(1.30)
Lev	0.039 8	0.042 0	0.018 1	0.013 7	0.014 7	0.003 3
	(1.75) *	(1.40)	(0.49)	(1.67) *	(1.35)	(0.25)
ROA	-0.293 3	-0.344 1	-0.235 0	-0.110 8	-0.140 3	-0.077 5
	(-4.71) ***	(-4.19) ***	(-2.40) **	(-4.88) ***	(-4.59) ***	(-2.21) **
MB	0.006 7	0.009 7	0.002 7	0.002 1	0.003 0	0.000 7
	(4.96) ***	(5.25) ***	(1.34)	(4.30) ***	(4.44) ***	(1.01)
Size	0.002 4	0.012 1	-0.008 4	0.000 4	0.004 9	-0.003 9
	(0.30)	(1.27)	(-0.51)	(0.14)	(1.44)	(-0.68)
Year	Yes	Yes	Yes	Yes	Yes	Yes
Industry	Yes	Yes	Yes	Yes	Yes	Yes
N	8 834	6 290	2 544	8 834	6 290	2 544
Adj. R^2	0.071	0.074	0.066	0.075	0.076	0.077
F	21.087 4 ***	16.271 4 ***	6.519 9 ***	22.332 5 ***	16.771 4 ***	7.481 7 ***

注：

①因变量为股价暴跌风险 Crashrisk，采用 Hutton 等（2009）及潘越等（2011）的方法估计的负收益偏态系数 Ncskew1 和收益上下波动比 Duvol1 来衡量。解释变量 DA，为采用 Jones 模型估计的应计盈余管理，以其前三年的绝对值之和计量，真实盈余管理 RM_1 = +AbProd-AbDisx，以其前三年的绝对值之和计量。Year 和 Industry，为年度和行业变量。

②括号里的为 *t* 值，经过了 White 异方差矫正。“ * ”“ ** ”和“ *** ”分别表示在 10%、5%和 1%水平下统计显著，下同。

10.5 本章小结

本章基于我国证券市场的数据，考察应计盈余管理和真实盈余管理对股价暴跌风险的影响以及在不同产权性质企业中可能存在的差异。国内外关于应计盈余管理与真实盈余管理对上市公司股价暴跌风险影响的研究，还相对有限。特别是基于我国的制度背景，考察应计盈余管理与真实盈余管理在不同产权性质公司中对股价暴跌风险的影响及其差异，更是比较缺乏。由此，本章结合我国的制度背景，系统考察应计盈余管理与真实盈余管理对股价暴跌风险的影响以及在不同产权性质企业中的差异。

盈余管理会降低会计信息质量，提高公司的股价暴跌风险。在不同的产权性质公司中，盈余管理的水平会有所差异，进而盈余管理对公司的股价暴跌风险的影响也会有所不同。在我国的制度背景下，我国国有企业受政府的庇护比发达市场国家的国有企业所受更多，包括在财政上的预算软约束和在融资、产业发展上的政策扶持。因而，国有企业的盈余管理水平可能相对于非国有企业较低。进而，在对股价暴跌风险的影响上，国有企业的盈余管理可能没有如非国有企业的盈余管理那么明显。这意味着，在不同产权性质的公司中，盈余管理对公司股价暴跌风险的影响可能存在差异。

本章采用中国证券市场上 2004—2011 年的上市公司数据研究发现，应计盈余管理并没有提高公司的股价暴跌风险，真实盈余管理显著提高了公司的股价暴跌风险，但仅在非国有企业中体现。进一步分析发现，导致这一情形的原因在于，应计盈余管理与真实盈余管理在非国有企业中相对较高。同时，也可能是由于非国有企业没有受到与国有企业一样的政治庇护。

本章的启示如下：

（1）真实盈余管理会提高公司的股价暴跌风险，因而，加大对真实盈管理的治理，对我国证券市场的健康发展具有重要的意义。

（2）真实盈余管理显著提高了非国有企业的股价暴跌风险，而对国有企业的股价暴跌风险没有产生作用。这说明需要进一步加强我国上市公司的治理，特别需要充分揭露国有企业的风险并强化市场机制的作用，从而促进我国资本市场的健康发展。

11 性别差异、职业阶段与审计独立性

本章基于中国资本市场的数据，从职业风险、法律风险和职业道德考察签字会计师的性别差异对审计独立性的影响。现有的研究关于签字会计师的性别差异对审计独立性影响的经验考察比较有限，并且研究观点存在争议。

在中国这样一个典型的转型经济国家，法律保护水平较低，规避由审计失败带来的法律风险，对审计人员而言就显得不是最重要。同时，低法律风险会导致对坚守职业道德的激励不够，从而容易让审计人员出现“懈怠”问题。这样，法律风险和职业道德可能不足以有效促使女性审计人员的独立性比男性更高，而职业风险可能导致性别差异对审计独立性具有显著影响。原因在于，中国传统的“重男轻女”思想形成的性别差异，让女性审计人员面临的职业风险更大。由于其规避风险的本性偏好，为了个人的职业发展，女性审计人员的独立性可能比男性偏低。

此外，根据Super的职业阶段（Career Stages）理论，职业风险会随着职业阶段的不同而出现波动。这意味着，性别差异对审计独立性的影响可能会遭受来自审计人员不同职业阶段的调节作用。因此，本章将职业阶段纳入分析性别差异对审计独立性的影响。

本章从中国注册会计师协会网站手工收集2007—2010年中国上市公司审计报告的签字会计师信息，以此为研究样本进行考察。研究发现，在中国资本市场上，签字会计师的性别差异在总体上对审计独立性没有显著影响。而将职业阶段纳入分析时，签字会计师的性别差异对审计独立性有显著影响，但只体现在职业阶段的早期和晚期，说明性别差异对审计独立性的影响会受到职业阶段的调节作用。并且，这种影响表现为，相对于男性签字会计师，女性的独立性偏低，说明性别差异对审计独立性的影响主要受职业风险的驱动，而非法律

风险和职业道德。本研究拓展和丰富了审计独立性个体层面的研究，并提供直接的经验证据，也为中国证券审计市场的健康发展提供一定的启示。

本章的结构安排如下：第一部分为引言，第二部分为理论分析和研究假设，第三部分为数据样本和研究方法，第四部分为实证结果及分析，第五部分为研究结论和启示。

11.1 引言

审计独立性会受到会计师事务所审计工作人员的个体特征影响。DeFond 和 Francis（2005）明确指出，审计独立性的研究应拓展到会计师事务所的个体层面进行考察。在会计师事务所审计工作人员的个体特征中，性别差异（Gender Differences）① 是影响审计独立性的一个尤其重要的因素（Birnberg，2011）。

然而，学术界考察签字会计师的性别差异对审计独立性影响的经验研究比较有限，并且存在争议，究其原因受到三个方面的挑战。其一，绝大多数国家仅要求审计报告上签署会计师事务所的名字，无须签署负责该公司审计的会计师名字，使得很难获得签字会计师的个体信息进行经验研究。其二，尽管在澳大利亚、欧盟国家、中国等少数国家和地区，要求签署负责审计的会计师名字，但是在不同国家或地区的制度背景下，会计师面临的风险压力会有差异。其三，签字会计师的性别差异对审计独立性的影响，可能会受到签字会计师职业阶段等因素的调节作用。

关于性别差异对审计独立性的影响，学术界存在两种观点。一种观点认为，由于审计人员受到会计师事务所一致的训练和管理，审计人员的独立性会表现出等同性，因而性别差异不会显著影响审计独立性（Jeppesen，2007）。另外一种观点认为，不同性别的审计人员在审计过程中，其风险偏好、判断和决策上具有个体差异，因而审计人员之间的性别差异会显著影响审计独立性（Miller，1992；Church，等，2008）。

尽管性别差异会影响审计独立性的观点得到学术界大多数学者的认同，但是在其影响的表现上存在争议。争议的一方认为，女性审计人员的独立性更

① 性别差异（Gender Differences），指男性与女性之间的差异，即男女有别。本章的性别差异，指签字会计师在性别上的差异。

高，因为她们更规避风险并有更高的职业道德（Bernardi & Arnold，1997；Byrnes，等，1999）。而争议的另一方认为，女性审计人员的独立性可能更低，原因在于：为了规避职业风险，她们不愿与客户公司出现分歧而影响个人的职业发展（Hossain & Chapple，2012）。

本章利用中国证券市场数据，着重从职业风险、法律风险和职业道德考察性别差异对审计独立性的影响，旨在为该领域的研究提供新的认识和经验证据。

在中国这样一个典型的转型经济国家，法律保护水平较低，规避由审计失败带来的法律风险①，对审计人员而言就显得不是最重要。同时，低法律风险会导致对坚守职业道德的激励不够而容易出现“懈怠”问题。这样，法律风险和职业道德可能不足以有效促使女性审计人员的独立性比男性更高，而职业风险②可能导致性别差异对审计独立性具有显著影响。原因在于：中国传统的“重男轻女”思想形成的性别差异，让女性审计人员面临的职业风险更大。由于其规避风险的本性偏好，为了个人的职业发展，女性审计人员的独立性可能比男性偏低。

此外，根据Super（1957）的职业阶段（Career Stages）理论，职业风险会随着职业阶段的不同而出现波动。这意味着，性别差异对审计独立性的影响可能会遭受来自审计人员不同职业阶段的调节作用。因此，本章将职业阶段纳入分析性别差异对审计独立性的影响。

本章从中国注册会计师协会网站手工收集2007—2010年中国上市公司审计报告的签字会计师信息为样本进行考察。研究发现，在中国资本市场上，签字会计师的性别差异在总体上对审计独立性没有显著影响。而将职业阶段纳入分析时，签字会计师的性别差异对审计独立性有显著影响，但只体现在职业阶段的早期和晚期，说明性别差异对审计独立性的影响会受到职业阶段的调节作用。并且，这种影响表现为，相对于男性签字会计师，女性的独立性偏低，说明性别差异对审计独立性的影响，主要受职业风险的驱动，而非法律风险和职业道德。

本章可能的贡献如下：

（1）拓展和细化了审计独立性个体层面的研究，为理解性别差异对审计

---

① 法律风险，参照Carcello和Palmrose（1994）的分析，指审计失败被诉讼和承担法律赔偿数量的联合概率。

② 职业风险，依照Hossain和Chapple（2012）的分析，可表述为因丢失审计客户而承受的经济损失和职业安全及其发展受损的联合概率。

独立性影响提供来自转型经济国家的经验证据，从职业风险、法律风险和职业道德对比分析中增添新的认识。

（2）将职业阶段纳入分析，发现不同职业阶段的性别差异对审计独立性的影响不同，从而细化和丰富了该领域的研究，同时说明，在考察性别差异对审计独立性的影响时，需要考虑职业阶段的调节作用。

11.2 理论分析和研究假设

1. 文献回顾

自从 DeFond 和 Francis（2005）、Nelson 和 Tan（2005）等学者强调审计人员的性别差异会影响到审计独立性以来，学术界开始关注这方面的经验研究（Archival Research）。然而，由于获得审计人员个体信息的经验数据限制①，经验研究比较有限，而进行的实验研究（Experiment Research）相对较多，如 Chung 和 Monroe（2001）、Breesch 和 Branson（2009）、Gold 等（2009）的研究。

不管在经验研究还是在实验研究方面，研究结论都不统一，存在分歧。Chin 和 Chi（2008）及 Hardies 等（2013）分别以中国台湾地区和比利时的数据进行经验研究，结果表明，女性签字会计师的审计独立性更高，比男性更可能签发非标意见，说明性别差异对审计独立性具有显著影响。这与 O'Donnell 和 Johnson（2001）、Gold 等（2009）的实验研究结论一致，女性更规避风险并具有更高的职业道德。然而，Hossain 和 Chapple（2012）以澳大利亚地区的数据经验研究发现了不同的结论，即女性签字会计师的审计独立性偏低，比男性更不可能签发非标意见，这与他们提出的女性职业风险压力更大的假说基本一致。不过，在实验研究方面，Breesch 和 Branson（2009）发现，审计独立性在女性与男性之间没有系统差异，表明性别差异对审计独立性没有显著影响，原因在于女性在发现会计报表错报方面有优势，而在分析错报准确性方面不如男性。

国内的研究主要从盈余管理角度考察性别差异对审计质量的影响，并且研究结论存在争议。丁利等（2012）研究发现女性签字会计师在对应计盈余管理的约束上与男性没有显著差异，表明性别差异对审计质量没有影响。而叶琼

---

① 到目前为止，澳大利亚、欧盟国家、中国和中国台湾地区，其审计报告要求强制签署负责该审计项目的合伙人或会计师的名字。美国也将从 2017 年开始要求在审计报告上签署负责该审计项目的合伙人或会计师的名字。

燕和于忠伯（2011）研究发现，女性签字会计师对应计盈余管理的抑制不如男性，表明性别差异对审计质量有显著影响，不过表现为女性的审计质量比男性偏低。施丹和程坚（2011）的研究发现，女性签字会计师只在负向的应计盈余管理上与男性有差异。此外，Gul 等（2013）研究中国的数据发现，女性签字会计师发表非标审计意见的可能性与男性没有显著差异。

2. 理论分析与研究假设

独立性是签字会计师的灵魂，也是维系审计行业生存和发展的关键所在。然而，在现实的审计活动中，独立性会受到签字会计师职业压力和法律监管的影响，而这两者对审计独立性的影响，归根结底是对其成本收益的权衡。换言之，即使某项审计判断或业务会损害独立性，如果其收益高于成本，签字会计师作为一个理性的经济人，会坚定地选择去做；反之亦然。

尽管职业道德对签字会计师的约束会降低审计独立性被损害的可能性，但是，如果缺乏足够的激励和动力去支撑坚守职业道德对签字会计师带来的个人收益，职业道德的约束也会因激励不足而逐渐松懈，职业道德水平会因此而下滑。因而，职业道德的约束力量需要硬性的法律力量来支撑，强大的法律监管使职业道德的约束得到有效保障。因此，从这个层面讲，职业道德对签字会计师的约束是内生于法律监管的有效和完善，原因在于，低效的法律监管会导致对坚守职业道德的激励不足而出现“懈怠”问题。

基于上述的理论分析，本章从职业风险、法律风险和职业道德考察性别差异对审计独立性的影响，可以聚焦为从职业风险和法律风险两股力量进行考察。因为对签字会计师而言，职业压力会带来职业风险，法律监管也会带来法律风险，相当于一枚硬币的两面。

一般而言，签字会计师是会计师事务所的合伙人或高级经理，负责整个审计项目工作的计划、开展、实施与监督，并最终决定审计意见的签发类型。①在审计报告上签字，意味着对整个审计工作过程和形成的审计意见承担最终责任和风险。当发现公司的财务报告存在错误和不当行为时，签字会计师能否客观、公正、独立地发表非标准审计意见，会对两方面风险的成本收益进行权衡。一方面，如果不客观独立地发表非标准审计意见，会计师事务所会面临法律诉讼的风险，签字会计师将承担最终法律责任，因而，法律风险会促使签字会计师提高审计独立性，避免承受法律惩罚带来的成本。另一方面，如果客观

---

① 审计意见在我国大致可分为标准审计意见和非标准审计意见两种类型。标准审计意见，指标准无保留意见。非标准审计意见，包含带强调事项段的无保留意见、保留意见、否定意见、无法表示意见。

独立地发表非标准审计意见，会计师事务所会失去审计客户，签字会计师会被置换签字权而损失客户资源和经济收入，面临职业安全和职业晋升受损的风险，因而，职业风险会降低签字会计师的审计独立性，他们会尽量避免出现职业危机和经济收入下降。

职业风险和法律风险两股力量对签字会计师审计独立性此消彼长的影响，使得两股力量的对抗情形会体现到签字会计师独立性的高低。如果职业风险高于法律风险，签字会计师的独立性会处于低水平状态；反之亦然。

在中国证券审计市场上，职业风险和法律风险两股力量的对抗呈现一边倒的情形，即法律风险低，职业风险相对较高，导致签字会计师的审计独立性普遍偏低。中国证券审计市场是一个典型的新兴经济市场，法律条文的制定和执行的力度都不够完善，投资者受法律保护水平不高，高质量审计有效需求不足，规避由审计失败带来的法律风险和惩罚成本，对签字会计师而言不是最重要的。同时，低法律风险会导致对坚守职业道德的激励不够而容易出现“懈怠”问题。因而，中国证券市场上的法律风险和职业道德不足以促使签字会计师的审计独立性提高。

然而，在中国证券审计市场上，签字会计师的职业风险相对较高。在职业风险和法律风险两股力量的对抗中，职业风险对中国签字会计师独立性的影响占据主导作用，从而使其审计独立性下降。首先，中国证券审计市场是一个过度竞争的市场，争抢客户是会计师事务所生存和发展的先决条件，这对签字会计师更是如此，客户资源是签字会计师在事务所中职位晋升和影响力扩大的依存基础，因而，对客户的依赖性降低了签字会计师对独立性的追求。其次，与客户公司保持良好关系，签字会计师可以以客户公司为桥梁跻入其高管行列[①]，获得更高的经济收入和社会地位。因而，这种以“旋转门”为目的的投机性职业规划大大降低了签字会计师对独立性的追求。此外，签字会计师的客户资源越多，越有利于会计师事务所规模的壮大和排名的提升[②]，更有利于签字会计师获得更多的政治便利，如进入中国证监会证券发行审核委员会成为审核委员。[③] 因而，这种对排名和政治利益的追求也会降低签字会计师的审计独

---

① Geiger 等（2005）及 Lennox（2005）将会计师离开事务所到客户公司任职称为审计市场上的“旋转门（Revolving Door）”现象。

② 中国会计师协会每年都对国内会计师事务所进行综合排名，主要依据会计师事务所的收入和会计师的人数进行排名。

③ 根据《中国证券监督管理委员会发行审核委员会办法》规定，证券发行审核委员会的会计师专职委员，要求从综合排名前30的具有证券期货资格的会计师事务所合伙人中推荐。

立性。

中国一个显著的制度特征是传统的“重男轻女”的封建思想仍然存在，加上女性生育和身体机能等特有的原因，性别歧视在中国比较普遍和严重，使得不同性别的签字会计师面临的职业风险不同，表现为女性签字会计师比男性的职业风险更大。女性在就业、晋升和收入报酬上会受到不公平待遇。因而，对于女性签字会计师而言，她们更看重已经取得的事务所合伙人或高级经理的职位，并更在乎其职业的稳定和发展。为了规避职业风险，女性签字会计师不愿与客户公司出现分歧而影响个人发展，加之比男性更厌恶风险的天然特征，女性签字会计师可能更不愿签署非标准审计意见，因而表现出的独立性偏低。

然而，诚如前人的研究理论所言，相比于男性签字会计师，女性的职业道德可能更高，更不愿从事有损审计质量的行为，因而表现出更高的独立性，更可能发表非标准意见来坚守职业道德和规避潜在的法律风险。由于这是一个有待检验的经验问题，本章提出一个备择性假设 H1。

假设 H1：在其他条件相同的情况下，女性签字会计师的独立性比男性更低。

此外，根据职业阶段（Career Stages）理论①，职业风险可能会随着职业阶段的不同而出现波动。职业发展如同生命周期一样，随着工作环境和职业压力的变化而表现出特有的阶段特性，并呈现在不同的职业阶段。按照这一理论逻辑，签字会计师的职业生涯也会随着职业压力的变化而呈现出不同的职业阶段，从而影响到其风险偏好和行为。然而，根据上述分析，即使在同一职业阶段，性别差异也会使职业风险在不同性别的会计师身上表现不同。因而，在职业发展的不同阶段，职业风险不但会表现出阶段特性，而且在不同性别的会计师身上的表现也不同。换言之，在不同的职业阶段，职业风险因性别差异表现出的差异化呈现出阶段性，进而对签字会计师审计独立性的影响也会出现相应的变化。

上述分析意味着，性别差异对审计独立性的影响可能会受到来自签字会计师不同职业阶段的调节作用。具体而言，在职业阶段早期，签字会计师急于开拓市场占据一席之地，提升个人能力，面临的职业压力更大，这在充满性别歧视的职场竞争中，女性签字会计师的职业压力尤甚，因而，其审计独立性会更低。在职业阶段中期，由于已经取得一定的签字权市场份额，能力得到了市场

① 职业阶段理论由 Super（1957）提出，认为在职业发展过程中会存在不同的阶段，并呈现出不同的特征和行为。

的认同，职业压力减小，此时市场不会显著区分签字会计师的性别差异，因而，女性签字会计师的独立性可能与男性没有显著差异。在职业阶段晚期，保持现状，安稳退休，女性比男性求稳的愿望更重，并且，女性进入老年化后，工作时间的分配比男性更少，效率下降幅度比男性更大，维持现有的市场份额变得更加困难。因而，女性签字会计师面临的职业风险更大，加之规避风险的天然偏好，审计独立性相对男性会更低。

当然，也可能出现相反的情况。在职业阶段的早期和晚期，女性签字会计师的独立性比男性更高。在职业阶段早期，由于不熟悉业务和技术不娴熟，对工作的态度和细节的关注是更加谨慎和小心翼翼，加之女性规避风险的天然偏好，女性签字会计师的独立性可能比男性更高。同样，在职业阶段晚期，为了安稳退休会选择谨慎的态度。由于女性在规避风险方面的天然偏好而表现得更加谨慎，女性签字会计师的独立性可能比男性更高。由于这是一个有待检验的经验问题，本章提出一个备择性假设 H2。

假设 H2：在其他条件相同的情况下，职业阶段早期和晚期的女性签字会计师的独立性比男性更低。

11.3 数据样本和研究方法

11.3.1 样本选取和数据来源

本章选择中国证券市场上 2007—2010 年上市公司作为初始研究样本。上市公司财务年报的审计报告一般由两名会计师签字盖章，并加盖会计师事务所公章，其签字会计师的个体信息可从中国会计师协会（CICPA）网站查询获取，并作以下筛选：①剔除金融类公司；②剔除性别和财务数据信息不完全的样本。最后得到 5 510 个研究样本，样本的分行业分布情况见表 11.1。本章的其他数据来自 CSMAR 数据库。

表 11.1 研究样本的分布情况

行业代码	公司数	百分比	累计百分比
A	133	2.41	2.41
B	127	2.31	4.72
C0	227	4.12	8.84
C1	259	4.7	13.54

表11.1(续)

行业代码	公司数	百分比	累计百分比
C2	16	0.29	13.83
C3	116	2.11	15.93
C4	598	10.85	26.79
C5	247	4.48	31.27
C6	496	9	40.27
C7	974	17.68	57.95
C8	335	6.08	64.03
C9	79	1.43	65.46
D	216	3.92	69.38
E	131	2.38	71.76
F	215	3.9	75.66
G	374	6.79	82.45
H	338	6.13	88.58
J	168	3.05	91.63
K	174	3.16	94.79
L	37	0.67	95.46
M	250	4.54	100
合计	5 510	100	

注：行业代码来源于中国证监会《上市公司行业分类指引》。

11.3.2 研究设计

为了检验本章的研究假设，参照 DeFond 等（2000）及 Chan 和 Wu（2011）的研究构建如下回归模型：

$$\text{Mao} = \alpha_0 + \alpha_1 \text{Gender} + \sum \alpha_i \text{Control}_i + \varepsilon \qquad (11-1)$$

因变量：审计意见 Mao，虚拟变量，如果签字会计师出具非标准审计意见，取值为1，否则取值为0，用来衡量签字会计师的审计独立性。[①] 本章将带

① 本章将签字会计师是否出具非标准审计意见作为审计独立性的衡量，是基于 DeFond 等（2000）及 Chan 和 Wu（2011）等前人的研究。Watts 和 Zimmerman（1986）明确指出，审计质量是审计人员工作能力和独立性的联合生产函数，换言之，工作能力体现为发现财务年报错报的可能性，独立性体现为发现错报后报告的可能性，因而审计质量也可以表述为审计人员发现错报和报告错报的联合概率。因此，学术界在衡量审计独立性上，通常遵循这一理论逻辑，采用是否出具非标准审计意见来衡量审计独立性。

强调事项段的无保留意见、保留意见、否定意见、无法表示意见归为非标准审计意见，将标准无保留意见归为标准审计意见。

自变量：性别差异 Gender，虚拟变量，如果审计报告上的两名签字会计师含有女性，取值为1，否则取值为0。根据《中国会计师独立审计准则》规定，中国上市公司的审计报告由两名会计师签字、盖章并加盖事务所公章。由此，如果两名签字会计师中至少有一名为女性签字会计师，本章将 Gender 取值为1，否则取值为0。

控制变量 Control，具体包含如下变量：

大型规模会计师事务所 Big，如果会计师事务所规模①在前十大，归为大型会计师事务所，取值为1，否则取值为0；放入该变量为了控制事务所规模对审计意见签发的影响。

客户重要性 CI，参照 Chen 等（2010）的研究，用客户资产占事务所所有客户资产的比例表示，用以控制客户重要性对审计意见签发的影响。

法律环境指数 Legal，采用樊纲等（2011）的研究数据，用以控制法律环境水平对审计意见签发的影响。

总资产周转率 Aturn，衡量公司的经营风险，放入模型是为了控制公司的经营风险对审计意见签发的影响。

流动比率 CR，衡量公司的财务风险，放入此变量是为了控制公司的财务风险对审计意见签发的影响。

应收账款占总资产的比率 Rec，衡量公司的财务风险，放入此变量是为了控制公司的财务风险对审计意见签发的影响。

存货占总资产的比率 Inv，衡量公司的经营风险，放入模型是为了控制公司的经营风险对审计意见签发的影响。

资产负债率 Lev，衡量公司的财务风险，放入此变量是为了控制公司的财务风险对审计意见签发的影响。

总资产收益率 ROA，衡量公司业绩，放入模型是为了控制公司业绩对审计意见签发的影响。

公司规模 Size，采用公司总资产的自然对数进行衡量，放入此变量是为了控制公司规模对审计意见签发的影响。

此外，为了控制连续变量极值的影响，对模型中的连续变量进行了1%水平的 Winsorize 处理。

---

① 会计师事务所规模以其客户公司的总资产计算。

11.4 实证结果及分析

11.4.1 描述性统计分析

表 11.2 是女性组和男性组签字会计师的描述性统计分析结果。可以发现，女性组出具非标准意见 Mao 的概率为 0.061 6，低于男性组出具非标准意见 Mao 的概率 0.071 8，表明女性组签发非标准审计意见的可能性更低，但是在统计上不显著。

女性组在大型会计师事务所 Big 的概率 0.338 5 要高于男性组的概率 0.294 9，并在统计上显著。女性组客户公司的法律环境 Legal 的数值为 6.785 2，在统计上显著高于男性组的客户公司法律环境 Legal 的数值 6.337 6。女性组的客户公司的资产周转率 Aturn、资产规模 Size 显著高于男性组的客户公司，而流动比率 CR 低于男性组的客户公司，应收账款占总资产的比率 Rec 要显著高于男性组的客户公司，表明女性组的客户公司经营效率要好于男性组的客户公司，但是其财务风险要高于男性组的客户公司。女性组的客户公司数为 2 709 家，男性组的客户公司数为 2 801 家，表明女性组与男性组的客户数量相当。

表 11.2 女性组和男性组签字会计师的描述性统计分析

	女性组	男性组	均值检验	秩检验
	均值	均值	t	z
Mao	0.061 6	0.071 8	-1.51	-1.50
Big	0.338 5	0.294 9	3.49***	3.48***
CI	0.032 7	0.031 4	1.39	1.83*
Legal	6.785 2	6.337 6	5.35***	3.71***
Aturn	0.716 0	0.668 4	3.56***	4.00***
CR	1.884 5	2.021 9	-2.09**	-0.16
Rec	0.086 0	0.079 5	2.92***	1.83*
Inv	0.174 8	0.167 4	1.75*	1.22
Lev	0.534 3	0.530 8	0.35	0.48
ROA	0.037 8	0.039 2	-0.68	-1.38

表11.2(续)

	女性组	男性组	均值检验	秩检验
	均值	均值	t	z
Size	21.572 0	21.497 8	2.14**	1.50
N	2 709	2 801		

注：

①女性组，指审计报告上的两名签字会计师，至少一名为女性；男性组，指审计报告上的两名签字会计师皆为男性。N 为公司样本数。

②秩检验为 Wilcoxon 秩检验。"*""**"和"***"分别表示在10%、5%和1%水平下统计显著（双尾检验）。

11.4.2 回归分析

性别差异对审计独立性影响的全样本回归结果见表 11.3。从全样本的回归结果可知，性别差异 Gender 对非标准审计意见 Mao 的回归系数为-0.112，但是在统计上不显著。这说明，女性组签字会计师的独立性与男性组签字会计师没有显著差异，女性组签字会计师在签发非标准审计意见的概率上，并不比男性组签字会计师高。由此，本章的假设 H1 没得到经验数据的支持。

但是，性别差异对审计独立性的影响可能会受到签字会计师职业阶段的调节作用。参照 Adler 和 Aranya（1984）、Morrow 和 McElroy（1987）及 Bedeian 等（1991）对职业阶段的划分，本章将签字会计师的职业阶段分为职业早期、职业中期和职业晚期。具体而言，如果审计报告上的两名签字会计师的年龄均小于 39 岁，则认定该组签字会计师的职业阶段属于职业早期；如果审计报告上的两名签字会计师中的年龄较大者在 39 岁和 50 岁之间，则认定该组签字会计师的职业阶段属于职业中期；如果审计报告上的两名签字会计师中的年龄较大者大于 50 岁，则认定该组签字会计师的职业阶段属于职业晚期。[①]

不同职业阶段的性别差异对审计独立性影响的回归结果见表 11.3。从各

① 根据 Super（1957）、Levinson（1986）等学者的理论，在职业阶段的划分上，根据其生命年龄可以很好地捕捉其职业阶段的特征。《中国注册会计师独立审计准则》规定，上市公司审计报告的签字注册会计师是该项目的审计负责人和事务所合伙人。换言之，审计工作人员取得注册会计师执业资格后，成为审计项目的负责人或事务所合伙人，才可能获得签字机会，而在事务所从事审计工作的会计师，一般需要 10 年才能做到审计项目的负责人或事务所合伙人。在获得签字机会的早期，也就是签字会计师职业阶段的早期，需要开拓市场占据一席之地，同时提升个人的业务能力，大概到 39 岁完成这一阶段的任务。从 39 岁到 50 岁，处于职业阶段的中期，由于已经取得一定的签字权市场份额，能力得到了市场的认同，稳定中求发展是这一阶段的职业特征。50 岁后为职业阶段的晚期，力求保持现状，安稳退休，是这一阶段的主要特征。

个职业阶段的回归结果可知，性别差异 Gender 在职业早期和职业晚期对非标准审计意见 Mao 的回归系数都在统计上显著为负，而在职业中期的回归系数在统计上不显著。这表明，在职业早期和职业晚期，女性组签字会计师的独立性比男性组低，更不可能出具非标准审计意见，本章的假设 H2 得到支持。

在控制变量的回归结果中，大型会计师事务所 Big 对审计意见 Mao 的回归系数，在职业早期的样本里显著为正。这表明在职业早期，大型会计师事务所签发非标准审计意见的可能性更高。资产周转率 Aturn 的回归系数，在职业晚期的样本里显著为负。这表明在职业晚期，公司资产周转率越高，越不容易收到非标准审计意见。应收账款占总资产的比率 Rec 的回归系数，在职业早期和中期统计上显著为负，在职业晚期的回归系数统计上显著为正。这表明在职业早期和中期，公司应收账款占比越高，越不容易收到非标准审计意见；而在职业晚期，公司应收账款占比越高，越容易收到非标准审计意见。存货占总资产的比率 Inv 的回归系数，在职业晚期，在统计上显著为负。这表明在职业晚期，公司的存货占比越高，越不可能收到非标准审计意见。资产负债率 Lev 的回归系数，在统计上显著为正，表明资产负债率高的公司，被签发非标准审计意见的概率也高。总资产收益率 ROA 的回归系数，在统计上显著为负，表明公司的业绩越好，被签发非标准审计意见的概率越低。公司规模 Size 的回归系数，在统计上显著为负，表明公司规模越大，审计师签发非标准审计意见的可能性越小。

表 11.3　性别差异对审计独立性影响的回归结果：女性组 VS 男性组

	因变量：Mao			
	全样本	职业早期	职业中期	职业晚期
Gender	−0.112	−0.796	0.141	−1.109
	(−0.77)	(−1.86)*	(0.76)	(−2.64)***
Big	0.206	0.708	0.025	0.507
	(1.14)	(1.72)*	(0.11)	(0.88)
CI	1.001	3.610	−0.828	0.100
	(0.39)	(0.76)	(−0.21)	(0.01)
Legal	0.000	−0.072	0.025	−0.057
	(0.01)	(−0.98)	(0.74)	(−0.95)
Aturn	−0.448	−0.030	−0.338	−1.773
	(−1.80)*	(−0.08)	(−1.03)	(−2.72)***
CR	−0.119	−0.018	−0.149	−0.178
	(−1.34)	(−0.19)	(−1.07)	(−1.15)

表11.3(续)

	因变量：Mao			
	全样本	职业早期	职业中期	职业晚期
Rec	−3.365	−9.602	−3.701	3.728
	(−2.57)**	(−1.89)*	(−2.04)**	(1.77)*
Inv	−1.641	−1.352	−1.328	−6.128
	(−2.44)**	(−0.91)	(−1.52)	(−3.33)***
Lev	2.864	3.467	2.314	6.998
	(6.40)***	(4.14)***	(4.19)***	(5.71)***
ROA	−6.352	−6.403	−6.775	−7.297
	(−7.66)***	(−3.59)***	(−6.22)***	(−2.78)***
Size	−1.089	−1.250	−1.194	−1.003
	(−12.09)***	(−5.30)***	(−10.30)***	(−3.88)***
Constant	−19.798	−22.031	−22.339	−18.122
	(−10.60)***	(−4.48)***	(−9.48)***	(−3.21)***
Year	Yes	Yes	Yes	Yes
Industry	Yes	Yes	Yes	Yes
N	5 510	1 182	3 542	786
Pseudo R^2	0.465	0.515	0.474	0.591
Chi^2	408.538***	5 136.516***	302.564***	4 887.829***

注：

①Gender 为虚拟变量，如果审计报告上的两名签字会计师至少一名为女性，即属于女性组，取值为 1，否则属于男性组，取值为 0。

②职业早期，指审计报告上两名签字会计师的年龄均小于 39 岁；职业中期，指审计报告上两名签字会计师中的年龄较大者在 39 岁和 50 岁之间；职业晚期，指审计报告上两名签字会计师中的年龄较大者大于 50 岁，下同。

③Year 和 Industry 是年度和行业控制变量；括号里的为 t 值，经过了 White 异方差矫正；“*”“**”和“***”分别表示在 10%、5%和 1%水平下统计显著（双尾检验），下同。

11.4.3 进一步分析

在上述研究中，性别差异 Gender 被定义为：审计报告上的两名签字会计师至少有一名为女性取值为 1；否则取值为 0。因此，女性组的两名签字会计师可能是均为女性的纯女组合，也可能是一男一女的混合组合。为了进一步考察性别差异对审计独立性的影响，将女性组签字会计师细分为纯女组和混合组，即审计报告上的两名签字会计师，均为女性则属于纯女组，一男一女则属于混合组，以此区分纯女组 VS 男性组与混合组 VS 男性组两种不同组合的性别差异对审计独立性的影响。

表 11.4 是纯女组 VS 男性组组合的性别差异对审计独立性影响的回归结果。与表 11.3 的结果相似，在全样本的回归结果中，性别差异 Gender 对非标准审计意见 Mao 的回归系数为负，但是在统计上不显著。在各个职业阶段性别差异的回归结果中，只有职业早期和职业晚期的性别差异 Gender 对非标准审计意见 Mao 的回归系数显著为负。

表 11.4 的回归结果表明，总体而言，纯女组 VS 男性组组合的性别差异对审计独立性没有显著影响，本章的研究假设 H1 没有得到支持。但是在签字会计师职业阶段的早期和晚期，纯女组 VS 男性组组合的性别差异对审计独立性具有显著影响，而这种影响表现为，相对于男性组签字会计师，纯女组签字会计师的独立性偏低，本章的研究假设 H2 得到支持。

表 11.4　性别差异对审计独立性影响的回归结果：纯女组 VS 男性组

	因变量：Mao			
	全样本	职业早期	职业中期	职业晚期
Gender	−0.267	−2.161	0.217	−1.776
	(−0.94)	(−1.87)*	(0.58)	(−2.54)**
Big	0.390	1.312	0.133	0.597
	(1.68)*	(2.99)***	(0.45)	(0.71)
CI	−2.474	5.507	−4.059	−15.067
	(−0.56)	(0.88)	(−0.63)	(−0.95)
Legal	0.006	−0.090	0.018	−0.111
	(0.16)	(−0.89)	(0.36)	(−1.60)
Aturn	−0.756	0.193	−1.026	−1.518
	(−2.13)**	(0.42)	(−1.92)*	(−1.41)
CR	−0.134	0.019	−0.166	−0.272
	(−1.18)	(0.22)	(−0.98)	(−1.05)
Rec	−3.893	−15.540	−2.708	1.136
	(−2.40)**	(−2.33)**	(−1.22)	(0.44)
Inv	−3.745	−2.350	−5.342	−8.774
	(−2.98)***	(−1.21)	(−2.28)**	(−2.25)**
Lev	3.023	3.681	2.616	8.458
	(5.74)***	(3.52)***	(3.77)***	(3.85)***

表11.4(续)

	因变量：Mao			
	全样本	职业早期	职业中期	职业晚期
ROA	-5.624	-3.927	-6.133	-6.340
	(-5.41)***	(-2.02)**	(-4.19)***	(-1.69)*
Size	-0.996	-1.470	-1.139	-0.966
	(-9.36)***	(-5.09)***	(-7.28)***	(-2.53)**
Constant	-18.508	-26.691	-22.131	-17.443
	(-8.22)***	(-4.41)***	(-6.83)***	(-2.08)**
Year	Yes	Yes	Yes	Yes
Industry	Yes	Yes	Yes	Yes
N	3 330	706	2 203	421
Pseudo R^2	0.484	0.575	0.535	0.591
Chi^2	316.431***	2 898.641***	4 003.772***	5 606.999***

注：

①Gender 为虚拟变量，如果审计报告上的两名签字会计师均为女性，即属于纯女组，取值为1，如果审计报告上的两名签字会计师均为男性，即属于男性组，取值为0。

②职业早期，指审计报告上两名签字会计师的年龄均小于39岁；职业中期，指审计报告上两名签字会计师中的年龄较大者在39岁和50岁之间；职业晚期，指审计报告上两名签字会计师中的年龄较大者大于50岁，下同。

③Year 和 Industry 是年度和行业控制变量；括号里的为 *t* 值，经过了 White 异方差矫正；“*”“**”和“***”分别表示在10%、5%和1%水平下统计显著（双尾检验），下同。

表11.5是混合组VS男性组组合的性别差异对审计独立性影响的回归结果。在全样本的回归结果中，性别差异Gender对非标准审计意见Mao的回归系数为负，但是在统计上不显著。在各个职业阶段性别差异的回归结果中，只有职业晚期的性别差异Gender对非标准审计意见Mao的回归系数显著为负。

表11.5的回归结果表明，只有在职业晚期的混合组VS男性组组合的性别差异对审计独立性具有显著影响，这种影响同样表现为，混合组签字会计师的独立性比男性组偏低。

表11.4和表11.5进一步检验的经验数据表明，混合组中有男性签字会计师，使得混合组VS男性组组合的性别差异对审计独立性影响不如纯女组VS男性组组合的性别差异明显，从而说明，相对于男性组，纯女组的审计独立性比混合组低得更明显。进而证实了本章的结论，女性签字会计师的独立性比男性更低，只不过体现在其职业阶段的早期和晚期。

表 11.5　性别差异对审计独立性影响的回归结果：混合组 VS 男性组

	因变量：Mao			
	全样本	职业早期	职业中期	职业晚期
Gender	−0.079	−0.673	0.124	−0.905
	(−0.52)	(−1.52)	(0.64)	(−2.02)**
Big	0.144	0.793	−0.102	0.647
	(0.77)	(1.80)*	(−0.43)	(1.04)
CI	0.214	3.919	−1.890	−0.285
	(0.08)	(0.82)	(−0.45)	(−0.02)
Legal	0.010	−0.062	0.049	−0.066
	(0.37)	(−0.82)	(1.36)	(−1.09)
Aturn	−0.430	0.006	−0.319	−1.724
	(−1.68)*	(0.02)	(−0.92)	(−2.61)***
CR	−0.199	−0.020	−0.303	−0.171
	(−2.06)**	(−0.20)	(−1.69)*	(−1.12)
Rec	−3.999	−8.811	−4.909	3.686
	(−2.85)***	(−1.74)*	(−2.43)**	(1.81)*
Inv	−1.703	−2.012	−1.184	−6.107
	(−2.39)**	(−1.21)	(−1.29)	(−3.31)***
Lev	2.653	3.648	2.014	6.570
	(5.86)***	(4.13)***	(3.51)***	(5.29)***
ROA	−6.289	−6.196	−6.653	−7.395
	(−7.39)***	(−3.36)***	(−5.87)***	(−2.87)***
Size	−1.061	−1.150	−1.184	−0.956
	(−11.41)***	(−5.02)***	(−9.78)***	(−3.65)***
Constant	−19.422	−19.798	−22.345	−17.415
	(−9.98)***	(−4.13)***	(−8.95)***	(−3.07)***
Year	Yes	Yes	Yes	Yes
Industry	Yes	Yes	Yes	Yes
N	4 981	1 049	3 235	697
Pseudo R^2	0.456	0.501	0.469	0.585
Chi^2	389.911***	4 680.625***	288.140***	5 080.889***

注：

①Gender 为虚拟变量，如果审计报告上的两名签字会计师为一男一女，即属于混合组，取值为 1，如果审计报告上的两名签字会计师均为男性，即属于男性组，取值为 0。

②职业早期，指审计报告上两名签字会计师的年龄均小于 39 岁；职业中期，指审计报告上两名签字会计师中的年龄较大者在 39 岁和 50 岁之间；职业晚期，指审计报告上两名签字会计师中的年龄较大者大于 50 岁，下同。

③Year 和 Industry 是年度和行业控制变量；括号里的为 *t* 值，经过了 White 异方差矫正；“*”“**”和“***”分别表示在 10%、5%和 1%水平下统计显著（双尾检验），下同。

11.4.4 稳健性分析

为了考察结果的稳健性，本章做了如下的敏感性测试：

其一，考虑到女性签字会计师在事务所和客户公司选择上可能存在的内生性，进行了两阶段回归。回归结果表明，上述结论依然成立。

其二，对性别差异 Gender 的计量采用顺序取值放入模型进行回归，即审计报告上两名签字会计师，属于男性组则取值为 0，属于混合组则取值为 1，属于纯女组则取值为 2。回归结果表明，上述结论基本稳健。

其三，为了控制横截面和时间序列上的自相关性，进行了 Cluster 的参差矫正。经验结果显示，上述结论没有出现实质性差异。

11.5 本章小结

学术界考察签字会计师的性别差异对审计独立性影响的经验研究比较有限，并且存在争议。本章以 2007—2010 年中国证券审计市场的数据，从职业风险、法律风险和职业道德对签字会计师的性别差异对审计独立性影响进行经验研究，以此提供来自转型经济国家的证据和新的制度解释。

本章研究发现，在中国市场上，签字会计师的性别差异在总体上对审计独立性没有显著影响。而当考虑到不同职业阶段的性别差异时，签字会计师的性别差异对审计独立性有显著影响，但只体现在职业阶段的早期和晚期。这说明，签字会计师的性别差异对审计独立性的影响会受到其职业阶段的调节作用，并且，这种影响表现为，女性签字会计师的独立性比男性偏低。

对于上述经验结果，本章提供的解释是：在中国这样一个有着“重男轻女”思想的东方文化国度，女性签字会计师面临的职业风险压力比男性更大。由于所处环境的法律风险压力较小，加上女性规避风险的天然偏好，法律风险和职业道德不能产生主导作用，女性签字会计师的独立性比男性偏低。这表明，签字会计师的职业风险占主导作用，而非法律风险和职业道德。同时，由于职业风险在各个职业阶段表现不同，因而，职业风险促使女性签字会计师独立性偏低的状况，会受到职业阶段的影响。

本章的启示如下：

(1) 女性签字会计师独立性偏低主要来源于职业风险压力，因而正视性别差异，降低职业风险压力，提高法律风险压力和职业道德，促使中国签字会计师独立性的良性发展，是中国证券审计市场改革的重中之重。

（2）性别差异对审计独立性的影响会受到其职业阶段的调节作用，说明加强签字会计师的职业规划和培训及风险意识和控制，是避免审计独立性随着职业阶段的发展出现波动的一个有效手段，也是提高中国证券审计市场独立性的根本所在。

12 研究结论和启示

本章为全书的结束语，主要说明本书的研究结论及其理论和政策含义。

12.1 研究结论

本书结合我国特殊的制度背景，研究一个转型经济新兴资本市场中上市公司的盈余管理与审计治理效应，主要包含以下几个问题：

（1）应计盈余管理与真实盈余管理，在我国市场上到底是什么关系，是替代还是互补。在我国转型加新兴市场的制度背景下，上市公司到底是偏向于选择应计盈余管理还是偏向于选择真实盈余管理，其面临的成本和收益及其之间的权衡，可能与发达市场不同，从而可能会影响应计盈余管理与真实盈余管理之间的相互关系。

（2）应计盈余管理与真实盈余管理在我国的市场反应会呈现什么情况，审计是否在其中具有治理效应。在中国这样一个弱式有效的市场上，对应计盈余管理与真实盈余管理投资者是否会有所反应，反应是理性还是非理性，以及反应的程度如何。高质量的审计是否在其中扮演了积极的作用。

（3）监管者是否识别我国上市公司的盈余管理，而在线下真实盈余管理、应计盈余管理和真实盈余管理方面，监管者的识别是否有差异。特别是在我国制度变迁比较快的情景下，监管者识别盈余管理的能力是否会受到管制变迁的影响。

（4）盈余管理是否影响审计意见的监管有用性，并且，非经营性盈余管理、应计盈余管理和真实盈余管理对审计意见监管有用性的影响是否存在差异。进一步，盈余管理对审计意见监管有用性的影响会产生什么样的经济后果，是否降低了资源配置的效率。具体而言，在非经营性盈余管理、应计盈余管理和真实盈余管理对审计意见监管有用性的影响方面，其产生的经济后果是否有差异。

（5）盈余管理是否影响审计定价，并且在不同的法律变迁时期，盈余管理对审计定价的影响是否存在差异。盈余管理会让审计师承担一定的风险，是否会由此让审计师提高审计定价。在法律变迁后，我国的法律水平提高，审计师面临的风险也在增加，审计定价对盈余管理的敏感性是否也会由此得到加强。同时，应计盈余管理和真实盈余管理对审计定价的影响也可能存在差异。

（6）盈余管理是否影响审计意见，并且在不同的法律变迁时期，盈余管理对审计意见的影响是否存在差异。盈余管理会让审计师承担一定的风险，是否由此让审计师在签发审计意见时对其进行考虑，并在审计意见中得到反映。在法律变迁后，我国的法律水平提高，审计师面临的风险也在增加，审计意见对盈余管理的敏感性是否也会由此得到加强。同时，应计盈余管理和真实盈余管理对审计意见的影响也可能存在差异。

（7）盈余管理是否影响审计师变更，并且在不同的法律变迁时期，盈余管理对审计师变更的影响是否存在差异。盈余管理会让审计师承担一定的风险，是否会由此提高审计师变更的可能性。在法律变迁后，我国的法律水平提高，审计师面临的风险也在增加，审计师变更对盈余管理的敏感性是否也会由此得到加强。同时，应计盈余管理和真实盈余管理对审计师变更的影响也可能存在差异。

（8）盈余管理是否影响公司的股价暴跌风险，并且在不同产权性质的企业中，盈余管理对股价暴跌风险的影响是否存在差异。相对于非国有企业，国有企业与政府具有天然的联系，受到更多的“政治庇护”。因而，国有企业和非国有企业在盈余管理方面可能存在差异，导致其对股价暴跌风险的影响可能存在差异。同时，应计盈余管理和真实盈余管理对公司股价暴跌风险的影响也可能存在差异。

（9）签字会计师的性别差异是否会影响审计独立性，并且在签字会计师不同的职业阶段，签字会计师的性别差异对审计独立性的影响是否存在差异。在中国这样历史悠久的东方文化国度里，“重男轻女”的思想比较流行，女性签字会计师面临的职业风险可能比男性大，进而影响其独立性。在不同的职业阶段，女性签字会计师和男性签字会计师面临的职业风险可能存在差异而具有阶段性，同样，这可能会影响到签字会计师性别差异的审计独立性。

本书采用我国证券市场的经验数据，进行理论分析和实证检验，得到的研究结论如下：

（1）在我国市场上，应计盈余管理与真实盈余管理之间存在着“二元”关系，即替代关系和互补关系。具体而言，市场竞争压力在应计盈余管理与真实盈余管理之间具有明显的成本比较优势，使得两者具有替代关系。控制利益、管制压力在应计盈余管理与真实盈余管理之间不具有显著的成本比较优势，而是应计盈余管理与真实盈余管理的驱动因素，使得两者具有互补关系。

（2）我国证券市场的投资者只对应计盈余管理做出负面反应，没有对真实盈余管理做出有效反应。高质量的审计只帮助投资者对应计盈余管理的信息含量做有效区分，而对真实盈余管理的信息含量不能明显区分。这说明高质量的审计在应计盈余管理上的治理得到市场投资者的认可，做出正面的市场反应，也证实了审计的治理效应。然而，由于真实盈余管理相对于应计盈余管理更不容易发现，高质量的审计可能无法有效帮助投资者区分真实盈余管理的信息含量。

（3）监管者对上市公司盈余管理具有一定的识别能力，并且会受到管制环境变迁的影响，存在管制效应和演进效应。具体而言，在审核公司的配股资格过程中，监管者能识别线下真实盈余管理。但是，在管制环境变迁后，由于线下真实盈余管理被纳入管制范围，监管者不再对其进行关注，而是关注应计盈余管理并能识别。在线上真实盈余管理方面，由于其隐蔽性强，监管者并没有表现出显著的识别能力。

（4）非经营性盈余管理和应计盈余管理，在审计意见纳入配股管制时期和未纳入配股管制时期都被审计意见反映，并且反映的程度有上升的趋势，这表明我国证券市场上的审计意见的治理功能在逐渐提高。但是，真实盈余管理在变迁前和变迁后两个时期都没有被审计意见反映，印证了真实盈余管理具有较强的隐蔽性。进一步发现，审计意见的监管有用性仅在管制变迁前具有统计上的显著性，并且会受到非经营性盈余管理的影响，表现为非经营性盈余管理削弱了审计意见的监管有用性，但这仅体现在非国有企业，这表明监管者和审计意见在盈余管理的治理上具有替代关系。在经济后果的考察上，审计意见与配股后的经营业绩具有相关性，即非标准审计意见与配股后的经营业绩显著负相关，但只在变迁后的国有企业得到体现，这表明我国的配股管制具有有效性。并且，审计意见与配股后的经营业绩的相关性会受到真实盈余管理的影响，表现为真实盈余管理降低了审计意见与配股后的经营业绩的相关性，但只在国有企业得到体现。导致这一情形的原因在于，由于真实盈余管理隐蔽性强，审计意见不能对之进行有效反映。

（5）在2006年法律变迁之前和法律变迁之后，应计盈余管理与真实盈余管理对审计定价都没有显著影响，并且，法律变迁也不会增强应计盈余管理与真实盈余管理对审计定价的推高作用。这意味着，我国的审计定价在盈余管理的治理上没有发挥应有的功能，同时，法律的变迁也没有提升审计定价在盈余管理上的治理功能。

（6）在2006年法律变迁之前和法律变迁之后，应计盈余管理与真实盈余管理都没有显著提高审计师签发非标准审计意见的可能性，并且，法律变迁也不会增强应计盈余管理与真实盈余管理对非标准审计意见的提升作用。这意味着，我国的审计意见在盈余管理的治理上没有发挥应有的功能，同时，法律的变迁也没有提升审计意见在盈余管理上的治理功能。

（7）应计盈余管理程度越高，上市公司与会计师事务所保持客户关系越困难，越容易发生事务所变更。并且，在2006年我国新法律实施以前，应计盈余管理对事务所变更并不产生明显的影响，只有在新法律实施以后，应计盈余管理才对事务所变更产生明显的影响。同时，公司的真实盈余管理行为也会对事务所变更产生明显的影响，但这种影响并没有在新法律实施前后发生明显的变化。这表明，法律环境的改善在一定程度上对外部审计机构的治理作用产生了积极的影响。

（8）应计盈余管理并没有提高公司的股价暴跌风险，真实盈余管理显著提高了公司的股价暴跌风险，但仅在非国有企业中体现。进一步分析发现，导致这一情形的原因在于，应计盈余管理与真实盈余管理在非国有企业中相对较高。同时，也可能是由于非国有企业没有受到与国有企业一样的“政治庇护”。

（9）在中国资本市场上，签字会计师的性别差异在总体上对审计独立性没有显著影响。而将职业阶段纳入分析时，签字会计师的性别差异对审计独立性有显著影响，但只体现在职业阶段的早期和晚期，说明性别差异对审计独立性的影响会受到职业阶段的调节作用。并且，这种影响表现为，相对于男性签字会计师，女性的独立性偏低，说明性别差异对审计独立性的影响主要受职业风险的驱动而非法律风险和职业道德。

12.2 理论和政策含义

本书的特点是扎根于我国特殊的制度背景，研究新兴资本市场中国上市公司盈余管理与审计治理效应问题，以期从我国证券市场的实践问题出发，从理论上进行分析，并以经验数据进行实证检验。

希望本书的结论一方面为我国经济改革发展的大浪潮提供一个截面或者是其中一个点的反映和解读，另一方面为今后我国经济的建设尤其是中国证券审计市场的建设提供经验证据和政策启示。

具体而言，从本书研究结论可以得到如下理论和政策含义：

（1）在中国市场上，应计盈余管理与真实盈余管理，既存在替代关系，也存在互补关系，这对审视和规范上市公司的盈余管理行为具有重要的指导意义。市场竞争压力让应计盈余管理与真实盈余管理具有替代关系，市场竞争压力是规范上市公司的盈余管理行为必须考虑的一个因素。控制利益、管制压力让应计盈余管理与真实盈余管理具有互补关系，在保护投资者利益和推动证券市场健康发展的过程中，必将其作为关注的重点。

（2）我国的市场投资者只对应计盈余管理做出负面反应，没有对真实盈余管理做出有效反应。这说明在中国证券市场上，市场投资者具备一定的理性价值分析和投资能力，但是有待于进一步提高，特别是加强对证券市场上机构投资者的培育和提升市场投资环境的基础建设质量，对形成一个有效的资本市场和完善证券市场的资源配置功能极其重要。大型会计师事务所具有高审计质量，可以帮助投资者对应计盈余管理的信息含量做有效区分，表明在中国证券市场上会计师事务所做大做强的重要性和必要性，也为当前中国政府推动事务所合并做大做强的宏伟政策提供了进一步的经验数据支持。

（3）我国监管者不但能识别线下真实盈余管理，而且还能识别应计盈余管理，表明监管者识别盈余管理的能力存在演进效应，加强监管者识别能力的培养和提高显得非常必要。管制环境的变迁会影响到监管者识别盈余管理的具体方式，因而，管制效应的存在提示市场需要合理使用政府管制的宏观力量和微观力量，这是我国证券市场改革必须关注的一个重点。线上真实盈余管理由于隐蔽性强还不能被识别，加强对线上真实盈余管理的外部监管和内部治理，对我国证券市场健康发展具有重要的意义。

（4）加强我国证券市场审计意见对盈余管理的治理功能，特别是加强审计意见对真实盈余管理的治理功能，有利于我国证券市场的健康发展。提高我国监管者的监管能力和制度变迁的有效性，有助于上市公司质量的提高和资源的优化配置。充分有效利用审计意见和监管的治理效力，有助于规范和提高上市公司的行为和治理水平，共同推动我国资本市场的健康发展。

（5）我国的审计定价不能有效反映应计盈余管理与真实盈余管理带来的风险，因而，需要强化我国审计定价的治理功能。我国的法律变迁没有推升审计定价在盈余管理上的治理功能，因而，需要我国进一步完善我国的法律建设和治理环境，从而促进我国资本市场的健康发展。

（6）我国审计师签发的审计意见并不能有效反映应计盈余管理与真实盈余管理带来的风险，因而，需要强化我国审计意见的治理功能。我国的法律变迁没有推升审计意见在盈余管理上的治理功能，因而，需要我国进一步完善我国的法律建设和治理环境，从而促进我国资本市场的健康发展。

（7）在中国证券市场上，上市公司往往同时采用应计盈余管理和真实盈余管理两种方式来操纵利润，审计师在考虑公司盈余管理行为带来的审计风险时可能并不全面。因此，上市公司自身更完善的治理结构和监管机构更完善的监管制度对审视和规范上市公司的盈余管理行为尤其重要。审计师在对上市公司的财务报表进行审计时，面对其盈余管理行为，需要更加谨慎地识别、评估和应对上市公司的重大错报风险，时刻保持职业怀疑的态度，把审计风险降低到可接受的水平。在转型经济的中国资本市场上，只有依法治理的法律制度建设不断完善，审计师在发挥其外部审计的治理作用时才会表现得更加独立、严谨和客观公正。

（8）真实盈余管理会提高我国上市公司的股价暴跌风险，因而，加大对真实盈管理的治理，对我国证券市场的健康发展具有重要的意义。真实盈余管理显著提高了非国有企业的股价暴跌风险，而对国有企业的股价暴跌风险没有产生作用。这说明需要进一步加强对我国上市公司的治理，特别需要充分揭露国有企业的风险并强化市场机制的作用，从而促进我国资本市场的健康发展。

（9）我国女性签字会计师独立性偏低主要缘于职业风险压力，因而正视性别差异，降低职业风险压力，提高法律风险压力和职业道德，促使中国签字会计师独立性的良性发展，是中国证券审计市场改革的重中之重。性别差异对审计独立性的影响会受到其职业阶段的调节作用，说明加强签字会计师的职业规划和培训及风险意识和控制，是避免审计独立性随着职业阶段的发展出现波动的一个有效手段，也是提高中国证券审计市场独立性的根本所在。

参考文献

[1] Abbott, L. J., S. Parker, G. F. Peters. Earnings Management, Litigation Risk, and Asymmetric Audit Fee Responses [J]. Auditing: A Journal of Practice and Theory, 2006, 25 (1): 85-98.

[2] Adler, S., N. Aranya. A Comparison of the Work Needs, Attitudes, and Preferences of Professional Accountants at Different Career Stages [J]. Journal of Vocational Behavior, 1984, 25 (1): 45-57.

[3] Aharony, Joseph, Jiwei Wang, Hongqi Yuan. Tunneling as an Incentive for Earnings Management During the IPO Process in China [J]. Journal of Accounting and Public Policy, 2010, 29: 1-26.

[4] Ahmed, A. S., M. Neel, E. Wang. Does Mandatory Adoption of IFRS Improve Accounting Quality? Preliminary Evidence [J]. Contemporary Accounting Research, 2013, Forthcoming.

[5] Ajona, L. A., F. L. Dallo, S. S. Alegria. Discretionary Accruals and Auditor Behaviour in Code-Law Contexts: An Application to Failing Spanish Firms [J]. European Accounting Review, 2008, 17 (4): 641-666.

[6] Ali, A., X. Chen, T. Yao, T. Yu. Do Mutual Funds Profit from the Accruals Anomaly? [J]. Journal of Accounting Research, 2008, 46 (1): 1-26.

[7] Allen, F., J. Qian, M. Qian. Law, Finance, and Economic Growth in China [J]. Journal of Financial Economics, 2005, 77: 57-116.

[8] Altman, E. Financial Ratios, Discriminate Analysis and the Prediction of Corporate Bankruptcy [J]. Journal of Finance, 1968, 23 (4): 589-609.

[9] Ashbaugh, H., R. Lafond, and B. W. Mayhew. Do Nonaudit Services Compromise Auditor Independence? Further Evidence [J]. The Accounting Review, 2003, 78 (3): 611-639.

[10] Ashton, A. H., J. T. Willingham, R. K. Elliott. An Empirical Analysis of Audit Delay [J]. Journal of Accounting Research, 1987, 25 (2): 275-292.

[11] Baber, William R., Krishna R. Kumar, Thomas Verghese. Client Security Price Reactions to the Laventhol and Horwath Bankruptcy [J]. Journal of Accounting Research (Autumn), 1995, 33 (2): 385-395.

[12] Badertscher, B. A. Overvaluation and the Choice of Alternative Earnings Management Mechanisms [J]. The Accounting Review, 2011, 86 (5): 1491-1518.

[13] Bai, Chong-en, Jiangyong Lu, Zhigang Tao. The Multitask Theory of State Enterprise Reform: Empirical Evidence from China [J]. The American Economic Review, 2006, 96 (2): 353-357.

[14] Ball, R. Market and Political/Regulatory Perspectives on the Recent Accounting Scandals [J]. Journal of Accounting Research, 2009, 47 (2): 277-323.

[15] Ball, Ray. Infrastructure Requirements for an Economically Efficient System of Public Financial Reporting and Disclosure [J]. Brookings-Wharton Papers on Financial Services, 2001: 127-169.

[16] Ball, Ray, S. P. Kothari, A. Robin. The Effect of International Institutional Factors on Properties of Accounting Earnings [J]. Journal of Accounting and Economics, 2000, 29: 1-51.

[17] Bamber, E. M., L. S. Bamber, M. P. Schoderbek. Audit Structure and Other Determinants of Audit Report Lag: An Empirical Analysis [J]. Auditing: A Journal of Practice and Theory, 1993, 12 (1): 1-23.

[18] Barth, M. E., W. R. Landsman, M. H. Lang. International Accounting Standards and Accounting Quality [J]. Journal of Accounting Research, 2008, 46: 467-498.

[19] Barton, J., P. J. Simko. The Balance Sheet as an Earnings Management Constraint [J]. The Accounting Review, Supplement, 2002, 77: 1-27.

[20] Bartov, E., F. A. Gul, Judy S. L. Tsui. Discretionary-Accruals Models and Audit Qualifications [J]. Journal of Accounting and Economics, 2001, 30: 421-452.

[21] Baskin, E. F. The Communicative Effectiveness of Consistency Exceptions [J]. The Acconting Review, 1972, 47 (1): 38-51.

[22] Bates, D. S. The Crash of '87: Was It Expected? The Evidence from Op-

tions Markets [J]. Journal of Finance, 1991, 46 (3): 1009-1044.

[23] Bates, D. S. Post-'87 Crash Fears in the S&P 500 Futures Option Market [J]. Journal of Econometrics, 2000, 94: 181-238.

[24] Battalio, R. H., A. Lerman, J. Livnat, R. R. Mendenhall. Who, If Anyone, Reacts to Accrual Information? [J]. Journal of Accounting and Economics, 2012, 53: 205-224.

[25] Becker, C. L., M. L. Defond, J. Jiambalvo, K. R. Subramanyan. The Effect of Audit Quality on Earnings Management [J]. Contemporary Accounting Research (Spring), 1998, 15 (1): 1-24.

[26] Bedeian, A. G., A. B. Pizzolatto, R. G. Long, R. W. Griffeth. The Measurement and Conceptualization of Career Stages [J]. Journal of Career Development, 1991, 17 (3): 153-166.

[27] Bernardi, R. A., D. F. Arnold. An Examination of Moral Development Within Public Accounting by Gender, Staff Level, and Firm [J]. Contemporary Accounting Research, 1997, 14 (4): 653-668.

[28] Bertrand, M., P. Mehta, S. Mullainathan. Ferreting Out Tunneling: An Application to Indian Business Groups [J]. Quarterly Journal of Economics, 2002, 117: 121-148.

[29] Bessell, M., A. Anandarajan, A. Umar. Information Content, Audit Reports and Going-Concern: An Australian Study [J]. Accounting and Finance, 2003, 43: 261-282.

[30] Bielby, W. T., J. N. Baron. Sex Segregation Within Occupations [J]. The American Economic Review, 1986, 76 (2): 43-47.

[31] Birnberg, J. G. A Proposed Framework for Behavioral Accounting Research [J]. Behavioral Research in Accounting, 2011, 23 (1): 1-43.

[32] Bleck, A., X. Liu. Market Transparency and the Accounting Regime [J]. Journal of Accounting Research, 2007, 45: 229-256.

[33] Bradshaw, M. T., S. A. Richardson, R. G. Sloan. Do Analysts and Auditors Use Information in Accruals? [J]. Journal of Accounting Research, 2001, 39 (1): 45-74.

[34] Breesch, D., J. Branson. The Effects of Auditor Gender on Audit Quality [J]. The IUP Journal of Accounting Research and Audit Practices, 2009, 8 (3/4): 78-107.

[35] Burgstahler, D., I. Dichev. Earnings Management to Avoid Earnings Decreases and Losses [J]. Journal of Accounting and Economics, 1997, 24: 99-126.

[36] Bushee, B. J. The Influence of Institutional Investors on Myopic R&D Investment Behavior [J]. The Accounting Review, 1998, 73: 305-333.

[37] Bushman, R. M., A. J. Smith. Financial Accounting Information and Corporate Governance [J]. Journal of Accounting and Economics, 2001, 32: 237-333.

[38] Butler, M., A. J. Leone, M. Willenborg. An Empirical Analysis of Auditor Reporting and Its Association with Abnormal Accruals [J]. Journal of Accounting and Economics, 2004, 37: 139-165.

[39] Buysschaert, A., M. Deloof, M. Jegers. Equity Sales in Belgian Corporate Groups: Expropriation of Minority Shareholders? A Clinical Study [J]. Journal of Corporate Finance, 2004, 10: 81-103.

[40] Byrnes, J. P., D. C. Miller, W. D. Schafer. Gender Differences in Risk Taking: A Meta-analysis [J]. Psychological Bulletin, 1999, 125 (3): 367-383.

[41] Carcello, J. V., T. L. Neal. Audit Committee Characteristics and Auditor Dismissals Following New Going-Concern Reports [J]. The Accounting Review, 2003, 78 (1): 95-117.

[42] Carcello, J. V., Z. V. Palmrose. Auditor Litigation and Modified Reporting on Bankrupt Clients [J]. Journal of Accounting Research, 1994, 32 (Supplement): 1-30.

[43] Carey, P. J., M. A. Geiger, B. T. O'Connell. Costs Associated with Going-Concern-Modified Audit Opinions: An Analysis of the Australian Audit Market [J]. Abacus, 2008, 44 (1): 61-81.

[44] Chan, K. H., Donghui Wu. Aggregate Quasi Rents and Auditor Independence: Evidence from Audit Firm Mergers in China [J]. Contemporary Accounting Research, 2011, 28 (1): 175-213.

[45] Chan, K. H., K. Z. Lin, P. L. Mo. A Political-Economic Analysis of Auditor Reporting and Auditor Switches [J]. Review of Accounting Studies, 2006, 11: 21-48.

[46] Chaney, Paul K., Debra C. Jeter, Lakshmanan Shivakumar. Self-Selection of Auditors and Audit Pricing in Private Firms [J]. The Accounting Review

(January), 2004, 79 (1): 51-72.

[47] Chaney, Paul K., Kirk L. Philipich. Shredded Reputation: The Cost of Audit Failure [J]. Journal of Accounting Research (September), 2002, 40 (4): 1221-1245.

[48] Chen, Hanwen, Jeff Z. Chen, Gerald Lobo, Yanyan Wang. Association Between Borrower and Lender State Ownership and Accounting Conservatism [J]. Journal of Accounting Research, 2010, 48 (5): 973-1014.

[49] Chen, Hanwen, Jeff Z. Chen, Gerald Lobo, Yanyan Wang. Effects of Audit Quality on Earnings Management and Cost of Equity Capital: Evidence from China [J]. Contemporary Accounting Research, 2011, 28 (3): 892-925.

[50] Chen, J., H. Hong, J. C. Stein. Forecasting Crashes: Trading Volume, Past Returns, and Conditional Skewness in Stock Prices [J]. Journal of Financial Economics, 2001, 61: 345-381.

[51] Chen, Kevin C. W., Hongqi Yuan. Earnings Management and Capital Resource Allocation: Evidence from China's Accounting-Based Regulation of Rights Issues [J]. The Accounting Review (July), 2004, 79: 645-665.

[52] Chen, Shimin, Sunny Y. J. Sun, Donghui Wu. Client Importance, Institutional Improvements, and Audit Quality in China: An Office and Individual Auditor Level Analysis [J]. The Accounting Review, 2010, 85 (1): 127-158.

[53] Chen, Charles J. P., Shimin Chen, Xijia Su. Profitability Regulation, Earnings Management, and Modified Audit Opinions: Evidence from China [J]. Auditing: A Journal of Practice & Theory (September), 2001, 20 (2): 9-30.

[54] Chen, Charles J. P., Xijia Su, Ronald Zhao. An Emerging Market's Reaction to Initial Modified Audit Opinions: Evidence from the Shanghai Stock Exchange [J]. Contemporary Accounting Research (Fall), 2000, 17 (3): 129-455.

[55] Cheng, Q., T. D. Warfield. Equity Incentives and Earnings Management [J]. The Accounting Review, 2005, 80 (2): 441-476.

[56] Chi, Wuchun, L. L. Lisic, M. Pevzner. Is Enhanced Audit Quality Associated with Greater Real Earnings Management [J]. Accounting Horizons, 2011, 25 (2): 315-335.

[57] Chin, Chen-Lung, Hsin-Yi Chi. Gender Differences in Audit Quality [J]. Working Paper, 2008.

[58] Choi, Jong-Hag, T. J. Wong. Auditors' Governance Functions and Legal

Environments: An International Investigation [J]. Contemporary Accounting Research, 2007, 24 (1): 13-46.

[59] Choi, Jong-Hag, Jeong-Bon Kim, Y. Zang. Do Abnormally High Audit Fees Impair Audit Quality? [J]. Auditing: A Journal of Practice and Theory, 2010, 29 (2): 115-140.

[60] Choi, S. K., D. C. Jeter. The Effect of Qualified Audit Opinion on Earnings Response Coefficients [J]. Journal of Accounting and Economics, 1992, 14 (2/3): 229-247.

[61] Choi, Jong-Hag, Jeong-Bon Kim, Xiaohong Liu, Dan A. Simunic. Audit Pricing, Legal Liability Regimes, and Big 4 Premiums: Theory and Cross-Country Evidence [J]. Contemporary Accounting Research (Spring), 2008, 25 (1): 55-99.

[62] Chow, C. W., S. J. Rice. Qualified Audit Opinions and Auditor Switching [J]. The Accounting Review, 1982, 57 (2): 326-335.

[63] Chow, C. W., S. J. Rice. Qualified Audit Opinions and Share Prices: An Investigation [J]. Auditing: A Journal of Practice and Theory, 1982, 1: 35-53.

[64] Chung, J., G. S. Monroe. A Research Note on the Effects of Gender and Task Complexity on an Audit Judgment [J]. Behavior Research in Accounting, 2001, 13 (1): 111-125.

[65] Church, B. K., S. M. Davis, S. A. McCracken. The Auditor's Reporting Model: A Literature Overview and Research Synthesis [J]. Accounting Horizons, 2008, 22 (1): 69-90.

[66] Cohen, Daniel A., A. Dey, Thomas Z. Lys. Real and Accrual-Based Earnings Management in the Pre- and Post-Sarbanes-Oxley Periods [J]. The Accounting Review, 2008, 83 (3): 757-787.

[67] Cohen, Daniel A., Paul Zarowin. Accrual-Based and Real Earnings Management Activities Around Seasoned Equity Offerings [J]. Journal of Accounting and Economics, 2010, 50: 2-19.

[68] Craswell, A. T. The Association Between Qualified Opinions and Auditor switches [J]. Accounting and Business Research, 1988, 19: 23-31.

[69] DeAngelo, L. E. Auditor Size and Audit Quality [J]. Journal of Accounting and Economics (December), 1981, 3: 183-99.

[70] DeAngelo, Linda E. Accounting Numbers as Market Valuation Substitutes: A Study of Management Buyouts of Public Stockholders [J]. The Ac-

counting Review, 1986, 61 (3): 400-420.

[71] DeChow, P. M., R. G. Sloan, A. P. Sweeney. Detecting Earnings Management [J]. The Accounting Review (April), 1995, 70 (2): 193-225.

[72] DeFond, M. L. Earnings Quality Research: Advances, Challenges and Future Research [J]. Journal of Accounting and Economics, 2010, 50: 402-409.

[73] DeFond, M. L., K. R. Subramanyam. Auditor Changes and Discretionary Accruals [J]. Journal of Accounting and Economics, 1998, 25: 35-67.

[74] DeFond, M. L., T. J. Wong, S. Li. The Impact of Improved Auditor Independence on Audit Market Concentration in China [J]. Journal of Accounting and Economics, 2000, 28: 269-305.

[75] DeFond, M. L., J. Jiambalvo. Debt Covenant Violation and Manipulation of Accruals [J]. Journal of Accounting and Economics, 1994, 17: 145-176.

[76] DeFond, Mark, Mingyi Hung, Robert Trezevant. Investor Protection and the Information Content of Annual Earnings Announcements: International Evidence [J]. Journal of Accounting and Economics, 2007, 43: 37-67.

[77] DeFond, M. L., J. R. Francis. Audit Research After Sarbanes-Oxley [J]. Auditing: A Journal of Practice & Theory, 2005, 24 (Supplement): 5-30.

[78] DeFond, Mark, Jieying Zhang. A Review of Archival Audit Research [J]. Journal of Accounting and Economics, 2014, 58: 275-326.

[79] Degeorge, F., J. Patel, R. Zeckhauser. Earnings Management to Exceed Thresholds [J]. Journal of Business, 1999, 72: 1-33.

[80] Dimson, E. Risk Measurement When Shares Are Subject to Infrequent Trading [J]. Journal of Financial Economics, 1979, 7: 197-226.

[81] Dye, Ronald A. Auditing Standards, Legal Liability, and Auditor Wealth [J]. The Journal of Political Economy (October), 1993, 101 (5): 887-914.

[82] Elliot, J. A. Subject to Audit Opinions and Abnormal Security Returns-Outcomes and Ambiguities [J]. Journal of Accounting Research, 1982, 20 (2): 617-638.

[83] Estes, R., M. Reimer. A Study of the Effect of Qualified Auditors' Opinions on Bankers' Lending Decisions [J]. Accounting and Business Research (Autumn), 1977: 250-259.

[84] Ewert, F., A. Wagenhonfer. Economic Effects of Tightening Accounting Standards to Restrict Earnings Management [J]. The Accounting Review, 2005, 80: 1101-1124.

[85] Fama, Eugene F., James D. MacBeth. Risk, Return, and Equilibrium: Empirical Tests [J]. The Journal of Political Economy, 1973, 81 (3): 607-636.

[86] Fan, Joseph P. H., T. J. Wong. Do External Auditors Perform a Corporate Governance Role in Emerging Markets? Evidence from East Asia [J]. Journal of Accounting Research (March), 2005, 43 (1): 35-72.

[87] Fan, Joseph P. H., T. J. Wong, Tianyu Zhang. Politically Connected CEOs, Corporate Governance, and Post-IPO Performance of China's Newly Partially Privatized Firms [J]. Journal of Financial Economics, 2007, 84: 330-357.

[88] Firth, Michael. Qualified Audit Reports: Their Impact on Investment Decisions [J]. The Accounting Review, 1978, 53 (3): 642-650.

[89] Francis, Jere R. A Framework for Understanding and Researching Audit Quality [J]. Auditing: A Journal of Practice and Thoery, 2011, 30 (2): 125-152.

[90] Francis, Jere R., J. Krishnan. Accounting Accruals and Auditor Reporting Conservatism [J]. Contemporary Accounting Research, 1999, 16 (1): 135-165.

[91] Francis, Jere R., Daniel T. Simon. A Test of Audit Pricing in the Small-Client Segment of the U. S. Audit Market [J]. The Accounting Review (January), 1987, 62 (1): 145-157.

[92] Francis, Jere R., Donald J. Stokes. Audit Price, Product Differentiation, and Scale Economies: Further Evidence from the Australian Market [J]. Journal of Accounting Research (Autumn), 1986, 24 (2): 383-393.

[93] Francis, Jere R. The Effect of Audit Firm Size on Audit Prices: A Study of the Australian Market [J]. Journal of Accounting and Economics (August), 1984, 6: 133-151.

[94] Frankel, R. M., M. F. Johnson, K. K. Nelson. The Relation Between Auditors' Fees for Nonaudit Services and Earnings Management [J]. The Accounting Review, 2002, 77: 71-105.

[95] Frye, Timothy, and Andrei Shleifer. The Invisible Hand and the Grabbing Hand [J]. The American Economic Review, 1997, 87 (2): 354-358.

[96] Geiger, M. A., D. S. North, B. T. O'Connell. The Auditor-to-Client

Revolving Door and Earnings Management [J]. Journal of Accounting, Auditing & Finance, 2005, 20 (1): 1-26.

[97] Geiger, M. A., K. Raghunandan, D. V. Rama. Costs Associated with Going-Concern Modified Audit Opinions: An Analysis of Auditor Changes, Subsequent Opinions, and Client Failures [J]. Advances in Accounting, 1998, 16: 117-139.

[98] Glaeser, Edward, Simon Johnson, Andrei Shleifer. Coase vs. Coasians [J]. Quarterly Journal of Economics, 2001, 116: 853-899.

[99] Gold, A., J. E. Hunton, M. I. Gomma. The Impact of Client and Auditor Gender on Auditors' Judgments [J]. Accounting Horizons, 2009, 23 (1): 1-18.

[100] Gow, Ian. D., G. Ormazabal, D. J. Taylor. Correcting for Cross-Sectional and Time-Series Dependence in Accounting Research [J]. The Accounting Review, 2010, 85 (2): 483-512.

[101] Graham, J. R., C. R. Harvey, S. Rajgopal. The Economic Implications of Corporate Financial Reporting [J]. Journal of Accounting and Economics, 2005, 40: 3-73.

[102] Gramling, Audrey A., Jeffrey W. Schatzberg, Andrew D. Bailey, Jr., Hao Zhang. The Impact of Legal Liability Regimes and Differential Client Risk on Client Acceptance, Audit Pricing, and Audit Effort Decisions [J]. Journal of Accounting, Auditing, and Finance, 1998, 13: 437-460..

[103] Guiral-Contreras, A., J. A. Gonzalo-Angulo, W. Rodgers. Information Content and Redency Effect of the Audit Report in Loan Rating Decisions [J]. Accounting and Finance, 2007, 47: 285-304.

[104] Gul, F. A., Donghui Wu, Zhifeng Yang. Do Individual Auditors Affect Quality? Evidence from Archival Data [J]. The Accounting Review, 2013, 88 (6): 1993-2023.

[105] Gul, Ferdinand A., H. Sami, Haiyan Zhou. Auditor Disaffiliation Program in China and Auditor Independence [J]. Auditing: A Journal of Practice & Theory, 2009, 28 (1): 29-51.

[106] Han, Jerry C. Y., Shiing-wu Wang. Political Costs and Earnings Management of Oil Companies During the 1990 Persian Gulf Crisis [J]. The Accounting Review, 1998, 73: 103-117.

[107] Hardies, K., D. Breesch, J. Branson. Do Female Auditors Impair Audit Quality? Evidence from Going-Concern Opinions [J]. Working Paper, 2013.

[108] Haw, In-Mu, Daqing Qi, Donghui Wu, Woody Wu. Market Consequences of Earnings Management in Response to Security Regulations in China [J]. Contemporary Accounting Research (Spring), 2005, 22 (1): 95-140.

[109] Healy, P. M., J. M. Wahlen. A Review of the Earnings Management Literature and Its Implications for Standard Setting [J]. Accounting Horizons (December), 1999, 13 (4): 365-386.

[110] Healy, P. M. The Effect on Bonus Schemes on Accounting Decisions [J]. Journal of Accounting and Economics, 1985, 7: 85-107.

[111] Heninger, W. G. The Association Between Auditor Litigation and Abnormal Accruals [J]. The Accounting Review, 2001, 76 (1): 111-126.

[112] Hossain, S., L. Chapple. Does Auditor Gender Affect Issuing a Going-Concern Opinion? [J]. Working Paper, 2012.

[113] Houghton, K. A. Audit Reports: Their Impact on the Loan Decision Process and Outcome: An Experiment [J]. Accounting and Business Research (Winter), 1983: 15-20.

[114] Hutton, A. P., A. J. Marcus, H. Tehranian. Opaque Financial Reports, R2, and Crash Risk [J]. Journal of Financial Economics, 2009, 94: 67-86.

[115] Jensen, M. C., W. H. Meckling. Theory of the Firm: Managerial Behavior, Agency Costs and Ownership Structure [J]. Journal of Financial Economics, 1976, 3: 305-360.

[116] Jeppesen, K. K. Organizational Risk in Large Audit Firms [J]. Managerial Auditing Journal, 2007, 22 (6): 590-603.

[117] Jian, M., T. J. Wong. Propping Through Related Party Transactions [J]. Reviews of Accounting Studies, 2010, 15: 70-105.

[118] Jiang, Guohua, Charles M. C. Lee, Heng Yue. Tunneling Through Intercorporate Loans: The China Experience [J]. Journal of Financial Economics, 2010, 98: 1-20.

[119] Jin, L., S. C. Myers. R2 Around the World: New Theory and New Tests [J]. Journal of Financial Economics, 2006, 79: 257-292.

[120] Johl, S., C. A. Jubb, K. A. Houghton. Earnings Management and the

Audit Opinion: Evidence from Malaysia [J]. Managerial Auditing Jouranl, 2007, 22 (7): 688-715.

[121] Jones Jennifer J. Earnings Management During Import Relief Investigations [J]. Journal of Accounting Research, 1991, 29 (2): 193-228.

[122] Ke, Bin, Clive S. Lennox, Qingquan Xin. The Effect of China's Weak Institutional Environment on the Quality of Big 4 Audits [J]. The Accounting Review, 2015, 90 (4): 1591-1619.

[123] Kim, Jeong-Bon, Y. Li, L. Zhang. Corporate Tax Avoidance and Stock Price Crash Risk: Firm-Level Analysis [J]. Journal of Financial Economics, 2011, 100: 639-662.

[124] Kim, Jeong-Bon, R. Chung, M. Firth. Auditor Conservatism, Asymmetric Monitoring, and Earnings Management [J]. Contemporary Accounting Research (Summer), 2003, 20 (2): 323-359.

[125] Kim, Y., M. S. Park. Real Activities Manipulation and Auditors' Client-Retention Decisions [J]. The Accounting Review, 2014, 89 (1): 367-401.

[126] Klein, A. Audit Committee, Board of Director Characteristics, and Earnings Management [J]. Journal of Accounting and Economics, 2002, 33: 375-400.

[127] Kornai, Janos. The Soft Budget Constraint [J]. Kyklos, 1986, 39 (1): 3-30.

[128] Kothari, S. P. Capital Markets Research in Accounting [J]. Journal of Accounting and Economics, 2001, 31: 105-231.

[129] Kothari, S. P., S. Shu, P. D. Wysocki. Do Managers Withhold Bad News? [J]. Journal of Accounting Research, 2009, 47: 241-276.

[130] Kothari, S. P., A. J. Leone, C. E. Wasley. Performance Matched Discretionary Accrual Measures [J]. Journal of Accounting and Economics, 2005, 39 (1): 163-197.

[131] Krishnan, J. Auditor Switching and Conservatism [J]. The Accounting Review, 1994, 69 (1): 200-215.

[132] Krishnan, J., R. G. Stephens. Evidence on Opinion Shopping from Audit Opinion Conservatism [J]. Journal of Accounting and Public Policy, 1995, 14 (3): 170-201.

[133] Krishnan, Jagan, Jayanthi Krishnan. The Role of Economic Trade-Offs in the Audit Opinion Decision: An Empirical Analysis [J]. Journal of Accounting, Au-

diting & Finance, 1996, 11 (4): 565-586.

[134] La Porta, Rafael, F. Lopez-de-Silanes, A. Shleifer. Corporate Ownership Around the World [J]. Journal of Finance, 1999, 54: 471-517.

[135] La Porta, R., F. Lopes-de-Silanes, A. Shleifer, R. Vishny. Investor Protection and Corporate Governance [J]. Journal of Financial Economics, 2000, 58: 3-27.

[136] Larcker, D. F., S. A. Richardson. Fees Paid to Audit firms, Accrual Choices, and Corporate Governance [J]. Journal of Accounting Research, 2004, 42 (3): 625-658.

[137] Lennox, C. Do Companies Successfully Engage in Opinion-Shopping? Evidence form the UK [J]. Journal of Accounting and Economics, 2000, 29: 321-337.

[138] Lennox, Clive S., Asad Kausar. Estimation Risk and Auditor Conservatism [J]. Review of Accounting Studies, 2017, 22 (1): 185-216.

[139] Lennox, Clive S. Audit Quality and Executive Officers' Affiliations with CPA Firms [J]. Journal of Accounting and Economics, 2005, 39 (2): 201-231.

[140] Leuz, C., D. Nanda, P. D. Wysocki. Earnings Management and Investor Protection: An International Comparison [J]. Journal of Financial Economics, 2003, 69: 505-527.

[141] Leventis, S., P. Weetman. Timeliness of Financial Reporting Applicability of Disclosure Theories in an Emerging Capital Market [J]. Accounting and Business Research, 2004, 34 (1): 43-56.

[142] Levinson, D. J. A Conception of Adult Development [J]. American Psychologist, 1986, 41 (1): 3-13.

[143] Libby, R. The Impact of Uncertainty Reporting on the Loan Decision [J]. Journal of Accounting Research, 1979, 17: 35-57.

[144] Lin, Z. Jun, Qingliang Tang, Jason Xiao. An Experimental Study of User's Response to Qualified Audit Reports in China [J]. Journal of International Accounting, Auditing and Taxation, 2003, 12: 1-22.

[145] Lys, T., Ross L. Watts. Lawsuits Against Auditors [J]. Journal of Accounting Research, 1994, 32: 65-93.

[146] Miller, T. Do We Need to Consider the Individual Auditor When Discussing Auditor Independence? [J]. Accounting, Auditing & Accountability Journal,

1992, 5 (2): 74-84.

[147] Morrow, P. C., J. C. McElory. Work Commitment and Job Satisfaction over Three Career Stages [J]. Journal of Vocational Behavior, 1987, 30 (3): 330-346.

[148] Mutchler, J. F. Auditors' Perceptions of the Going-Concern Opinion Decision [J]. Auditing: A Journal of Practice and Theory, 1984, 3 (2): 17-30.

[149] Nelson, M., H. Tan. Judgment and Decision Making Research in Auditing: A task, Person, and Interpersonal Interaction Perspective [J]. Auditing: A Journal of Practice & Theory, 2005, 24 (Supplement): 41-71.

[150] Nelson, M. W., J. A. Elliott, R. L. Tarpley. Evidence from Auditors About Managers' and Auditors' Earnings Management Decisions [J]. The Accounting Review (Supplement), 2002, 77: 175-202.

[151] O'Donnell, E., E. N. Johnson. The Effects of Auditor Gender and Task Complexity on Information Processing Efficiency [J]. International Journal of Auditing, 2001, 5 (2): 91-105.

[152] Palmrose, Zoe-Vonna. Audit Fees and Auditor Size: Further Evidence [J]. Journal of Accounting Research (Spring), 1986, 24 (1): 97-110.

[153] Peng, Winnie Qian, K. C. John Wei, Zhishu Yang. Tunneling or Propping: Evidence from Connected Transactions in China [J]. Journal Corporate Finance, 2011, 17: 306-325.

[154] Petersen, M. A. Estimating Standard Errors in Finance Panel Data Sets: Comparing Approaches [J]. The Review of Financial Studies, 2009, 22: 435-480.

[155] Pistor, Katharina, Chenggang Xu. Governing Emerging Stock Markets: Legal vs Administrative Governance [J]. Corporate Governance, 2005a, 13 (1): 5-10.

[156] Pistor, Katharina, Chenggang Xu. Governing Stock Markets in Transition Economies: Lessons from China [J]. American Law and Economics Review, 2005b, 7: 184-210.

[157] Pratt, Jamie, James D. Stice. The Effects of Client Characteristics on Auditor Litigation Risk Judgments, Required Audit Evidence, and Recommended Audit Fees [J]. The Accounting Review (October), 1994, 69 (4): 639-656.

[158] Rangan, S. Earnings Management and the Performance of Seasoned Equity Offerings [J]. Journal of Financial Economics, 1998, 50: 101-122.

[159] Rankin, K. Peat Cancels Supermail International [N]. Accounting Today, 1992, 6: 12.

[160] Roll, R. R2 [J]. Journal of Finance, 1988, 43 (3): 541-566.

[161] Rosner, R. L. Earnings Manipulation in Failing Firms [J]. Contemporary Accounting Research, 2003, 20 (2): 361-408.

[162] Roychowdhury, S. Earnings Management Through Real Activities Manipulation [J]. Journal of Accounting and Economics, 2006, 42: 335-370.

[163] Schelleman, C., W. R. Knechel. Short-Term Accruals and the Pricing and Production of Audit Services [J]. Auditing: A Journal of Practice & Theory, 2010, 29 (1): 221-250.

[164] Schipper, K. Commentary on Earnings Management [J]. Accounting Horizons (December), 1989, 3: 91-102.

[165] Seetharaman, Ananth, Ferdinand A. Gul, Stephen G. Lynn. Litigation Risk and Audit Fees: Evidence from UK Firms Cross-Listed on US Markets [J]. Journal of Accounting and Economics, 2002, 33: 91-115.

[166] Shleifer, Andrei, and Robert W. Vishny. Politicians and Firms [J]. Quarterly Journal of Economics, 1994, 109 (4): 995-1025.

[167] Shleifer, Andrei, Robert W. Vishny. A Survey of Corporate Governance [J]. The Journal of Finance, 1997, 52 (2): 737-783.

[168] Simunic, Dan A. The Pricing of Audit Services: Theory and Evidence [J]. Journal of Accounting Research (Spring), 1980, 18 (1): 161-190.

[169] Simunic, Dan A., Michael T. Stein. The Impact of Litigation Risk on Audit Pricing: A Review of the Economics and the Evidence [J]. Auditing: A Journal of Practice & Theory (Supplement), 1996, 15: 120-134.

[170] Simunic, Dan. A., M. T. Stein. Audit Risk in a Client Portfolio Context [J]. Contemporary Accounting Research, 1990, 6 (2): 329-343.

[171] Sloan, R. G. Do Stock Prices Fully Reflect Information in Accruals and Cash Flows About Future Earnings? [J]. The Accounting Review, 1996, 71 (3): 289-315.

[172] Srinidhi, B. N., F. A. Gul. The Differential Effects of Auditors' Non-audit and Audit Fees on Accrual Quality [J]. Contemporary Accounting Research, 2007, 24 (2): 595-629.

[173] Stumpf, S. A., S. Rabinowitz. Career Stage as a Moderator of Perform-

ance Relationships with Facets of Job Satisfaction and Role Perceptions [J]. Journal of Vocational Behavior, 1981, 18 (2): 202-218.

[174] Subramanyam, K. R. The Pricing of Discretionary Accruals [J]. Journal of Accounting and Economics, 1996, 22: 249-281.

[175] Super, D. E. The Psychology of Careers [M]. New York: Harper and Row, 1957.

[176] Szczesny, A., A. Lenk, T. Huang. Substitution, Availability and Preferences in Earnings Management: Empirical Evidence from China [J]. Review of Managerial Science, 2008, 2: 129-160.

[177] Teoh, S. H., I. Welch, T. J. Wong. Earnings Management and the Long-Run Market Performance of Initial Public Offerings [J]. Journal of Finance, 1998, 53: 1935-1974.

[178] Wallace, W. A. The Economic Role of the Audit in Free and Regulated Markets: A Look Back and Look Forward [J]. Research in Accounting Regulation, 2004, 17: 267-298.

[179] Wan, Wongsunwai. The Effect of External Monitoring on Accrual-Based and Real Earnings Management: Evidence from Venture-Backed Initial Public Offerings [J]. Contemporary Accounting Research, 2013, 30 (1): 296-324.

[180] Wang, Qian, T. J. Wong, Lijun Xia. State Ownership, the Institutional Environment, and Auditor Choice: Evidence from China [J]. Journal of Accounting and Economics, 2008, 46: 112-134.

[181] Watts, R. L., J. L. Zimmerman. Positive Accounting Theory [M]. Englewood Cliffs, NJ: Prentice Hall, 1986.

[182] Watts, R. L., J. L. Zimmerman. Positive Accounting Theory: A Ten-Year Perspective [J]. The Accounting Review (January), 1990, 65: 131-156.

[183] Whittred, G. P. Audit Qualification and the Timeliness of Corporate Annual Reports [J]. The Accounting Review, 1980, 55 (4): 563-577.

[184] Woo, C. Evaluation of the Strategies and Performance of Low ROI Market Share Leaders [J]. Strategic Management Journal, 1983, 4 (2): 123-135.

[185] Xu, R. Zhaohui, G. K. Taylor, M. T. Dugan. Review of Real Earnings Management Literature [J]. Journal of Accounting Literature, 2007, 26: 195-228.

[186] Zang, Amy. Y. Evidence on the Trade-Off Between Real Activities Ma-

nipulation and Accrual-Based Earnings Management [J]. The Accounting Review, 2012, 87 (2): 675-703.

[187] 薄仙慧，吴联生. 国有控股与机构投资者的治理效应：盈余管理的视角 [J]. 经济研究, 2009 (2).

[188] 薄仙慧，吴联生. 盈余管理、信息风险与审计意见 [J]. 审计研究, 2011 (1).

[189] 蔡春，黄益建，赵莎. 关于审计质量对盈余管理影响的实证研究——来自沪市制造业的经验证据 [J]. 会计研究, 2005 (2).

[190] 蔡春，李明，和辉. 约束条件、IPO盈余管理方式与公司业绩 [J]. 会计研究, 2013 (10).

[191] 蔡春，谢赞春，叶建明. 盈利率变化与审计意见购买的方式 [J]. 中国会计与财务研究, 2010, 8 (3).

[192] 蔡春，朱荣，谢柳芳. 真实盈余管理研究述评 [J]. 经济学动态, 2011 (12).

[193] 蔡利，毕铭悦，蔡春. 真实盈余管理与审计师认知 [J]. 会计研究, 2015 (11).

[194] 曹强，胡南薇，王良成. 客户重要性、风险性质与审计质量 [J]. 审计研究, 2012 (6).

[195] 陈冬华，陈信元，万华林. 国有企业的薪酬管制与在职消费 [J]. 经济研究, 2005 (2).

[196] 陈冬华，周春泉. 自选择问题对审计收费的影响——来自中国上市公司的经验证据 [J]. 财经研究, 2006 (3).

[197] 陈关亭，高晓明. 审计意见及其变通行为分析——来自2001—2001年的经验证据 [J]. 审计研究, 2004 (3).

[198] 陈国进，张贻军. 异质信念、卖空限制与我国股市的暴跌现象研究 [J]. 金融研究, 2009 (4).

[199] 陈汉文. 注册会计师职业行为准则研究 [M]. 北京：中国财政经济出版社, 2001.

[200] 陈汉文，陈向民. 证券价格的事件性反应——方法、背景和基于中国证券市场的应用 [J]. 经济研究, 2002 (1).

[201] 陈汉文，刘启亮，余劲松. 国家、股权结构、诚信与公司治理——以宏智科技为例 [J]. 管理世界, 2005 (8).

[202] 陈汉文，王华，郑鑫成. 安达信：事件与反思 [M]. 广州：暨南

大学出版社，2003.

[203] 陈汉文，郑鑫成. 可操纵应计的市场反应 [J]. 财会通讯，2004(2).

[204] 陈汉文. 审计理论 [M]. 北京：机械工业出版社，2009.

[205] 陈汉文. 实证审计理论 [M]. 北京：中国人民大学出版社，2012.

[206] 陈梅花. 股票市场审计意见信息含量研究：1995—1999 上市公司年报的实证证据 [J]. 中国会计与财务研究，2002，4 (1).

[207] 陈小林，林昕. 盈余管理、盈余管理属性与审计意见 [J]. 会计研究，2011 (6).

[208] 陈小悦，肖星，过晓燕. 配股权与上市公司利润操纵 [J]. 经济研究，2000 (1).

[209] 陈晓，王琨. 关联交易、公司治理与国有股改革——来自我国资本市场的实证证据 [J]. 经济研究，2005 (4).

[210] 陈晓，王鑫. 股票市场对保留审计意见报告公告的反应 [J]. 经济科学，2001 (3).

[211] 程小可，郑立东，姚立杰. 内部控制能否抑制真实活动盈余管理？——兼与应计盈余管理之比较 [J]. 中国软科学，2013 (3).

[212] 邓川. 审计师变更方向、盈余管理与市场反应——基于公司在内资审计师之间变更的研究 [J]. 中国工业经济，2011 (11).

[213] 丁利，李明辉，吕伟. 签字注册会计师个人特征与审计质量 [J]. 山西财经大学学报，2012 (8).

[214] 杜沔，王良成. 我国上市公司配股前后业绩变化影响因素的实证研究 [J]. 管理世界，2006 (3).

[215] 樊纲，王小鲁，朱恒鹏. 中国市场化指数——各地区市场化相对进程 2009 报告 [M]. 北京：经济科学出版社，2011.

[216] 范经华，张雅曼，刘启亮. 内部控制、审计师行业专长、应计与真实盈余管理 [J]. 会计研究，2013 (4).

[217] 葛家澍，黄世忠. 安然事件的反思——对安然公司会计审计问题的剖析 [J]. 会计研究，2002 (2).

[218] 葛家澍，张金若. FASB 与 IASB 联合趋同框架（初步意见）的评介 [J]. 会计研究，2007 (2).

[219] 韩洪灵. 中国审计市场的结构、行为与绩效 [D]. 厦门：厦门大学，2006.

[220] 胡奕明，唐松莲. 审计、信息透明度与银行贷款利率 [J]. 审计研

究，2007（6）.

［221］黄崑，张立民．监管政策、审计师变更与后任审计师谨慎性［J］．审计研究，2010（1）.

［222］江金锁．审计意见与债务期限约束——来自中国上市家族企业的经验证据［J］．审计与经济研究，2011（6）.

［223］雷光勇，刘慧龙．大股东控制、融资规模与盈余操纵程度［J］．管理世界，2006（1）.

［224］李彬，张俊瑞，郭慧婷．会计弹性与真实活动操控的盈余管理关系研究［J］．管理评论，2009（6）.

［225］李补喜，王平心．上市公司审计费用率影响因素实证研究［J］．南开管理评论，2005（2）.

［226］李春涛，宋敏，黄曼丽．审计意见的决定影响因素：来自中国上市公司的证据［J］．中国会计与财务研究，2006，4（2）.

［227］李东平，黄德华，王震林．"不清洁"审计意见、盈余管理与会计师事务所变更［J］．会计研究，2001（6）.

［228］李留闯，李彬．真实活动盈余管理影响审计师的风险决策吗？［J］．审计与经济研究，2015（5）.

［229］李爽，吴溪．不利审计意见的改善与自愿性审计师变更——来自1997—2003年间的趋势描述及含义［J］．审计研究，2004（5）.

［230］李爽，吴溪．监管信号、风险评价与审计定价：来自审计师变更的证据［J］．审计研究，2004（1）.

［231］董志强，连玉君．应计项目盈余管理还是真实活动盈余管理——基于我国2007年所得税改革的研究［J］．管理世界，2011（1）.

［232］李增福，郑友环，连玉君．股权再融资，盈余管理与上市公司业绩滑坡［J］．中国管理科学，2011（2）.

［233］李增泉．实证分析：审计意见的信息含量［J］．会计研究，1999(8).

［234］李增泉，孙铮，王志伟．掏空与所有权安排——来自我国上市公司大股东资金占用的经验证据［J］．会计研究，2004（12）.

［235］李志文，宋衍蘅．影响中国上市公司配股决策的因素分析［J］．经济科学，2003（3）.

［236］厉国威，廖义刚，韩洪灵．持续经营不确定性审计意见的增量决策有用性研究——来自财务困境公司的经验证据［J］．中国工业经济，2010（2）.

［237］廖义刚．审计意见的决策有用性及其出具动因：研究框架与研究述

评［J］. 审计与经济研究，2012（5）.

［238］林舒，魏明海. 中国A股发行公司首次公开募股过程中的盈利管理［J］. 中国会计与财务研究，2000（2）.

［239］林毅夫，刘明兴，章奇. 政策性负担与企业的预算软约束［J］. 管理世界，2004（8）.

［240］刘斌，叶建中，廖莹毅. 我国上市公司审计收费影响因素的实证分析——深沪市2001年报的经验证据［J］. 审计研究，2003（1）.

［241］刘峰，许菲. 风险导向型审计. 法律风险. 审计质量——兼论“五大”在我国审计市场的行为［J］. 会计研究，2002（2）.

［242］刘峰，周福源. 国际四大意味着高审计质量吗？——基于会计稳健性角度的检验［J］. 会计研究，2007（3）.

［243］刘锋，贺建刚，魏明海. 控制权、业绩与利益输送——基于五粮液的案例研究［J］. 管理世界，2004（8）.

［244］刘启亮，何威风，罗乐. IFRS的强制采用、新法律实施与应计及真实盈余管理［J］. 中国会计与财务研究，2011，13（1）.

［245］刘启亮，李祎，张建平. 媒体负面报道，诉讼风险与审计契约稳定性——基于外部治理视角的研究［J］. 管理世界，2013（11）.

［246］刘启亮，周连辉，付杰，等. 政治联系、私人关系、事务所选择与审计合谋［J］. 审计研究，2010（4）.

［247］刘俏，陆洲. 公司资源的“隧道效应”——来自中国上市公司的证据［J］. 经济学季刊，2004，3（2）.

［248］刘伟，刘星. 审计师变更、盈余操纵与审计师独立性［J］. 管理世界，2007（9）.

［249］刘运国，麦剑青，魏哲妍. 审计费用与盈余管理实证分析［J］. 审计研究，2006（2）.

［250］陆正飞，童盼. 审计意见、审计师变更与监管政策——一项以14号规则为例的经验研究［J］. 审计研究，2003（3）.

［251］陆正飞，魏涛. 配股后业绩下降：盈余管理后果与真实业绩滑坡［J］. 会计研究，2006（8）.

［252］罗宏，黄文华. 国企分红、在职消费与公司业绩［J］. 管理世界，2008（9）.

［253］罗云辉，夏大慰. 市场经济中过度竞争存在性的理论基础［J］. 经济科学，2002（4）.

[254] 吕长江，肖成民. 民营上市公司所有权安排与掏空行为——基于阳光集团的案例研究 [J]. 管理世界，2006 (10).

[255] 欧进士，苏瓜藤，周玲台. 审计报告对预测银行授信失败有用性之实证研究 [J]. 会计研究，2011 (5).

[256] 潘越，戴亦一，林超群. 信息不透明、分析师关注与个股暴跌风险 [J]. 金融研究，2011 (9).

[257] 漆江娜，陈慧霖，张阳. 事务所规模、品牌、价格与审计质量——国际“四大”中国审计市场收费与质量研究 [J]. 审计研究，2004 (3).

[258] 沈艺峰，许年行，杨熠. 我国中小投资者法律保护历史实践的实证检验 [J]. 经济研究，2004 (9).

[259] 施丹，程坚. 审计师性别组成对审计质量、审计费用的影响 [J]. 审计与经济研究，2011 (5).

[260] 施先旺，胡沁，徐芳婷. 市场化进程、会计信息质量与股价崩盘风险 [J]. 中南财经政法大学学报，2014 (4).

[261] 宋衍蘅，殷德全. 会计师事务所变更、审计收费与审计质量 [J]. 审计研究，2005 (2).

[262] 宋一欣. 2006 年证券民事赔偿重新活跃 [N]. 中国证券报，2006 第 A15 版.

[263] 孙刚. 机构投资者持股动机的双重性与企业真实盈余管理 [J]. 山西财经大学学报，2012 (6).

[264] 孙新宪，田利军. 审计意见与银行贷款续新决策关系研究 [J]. 审计与经济研究，2010 (2).

[265] 唐跃军. 审计收费、审计委员会与意见购买——来自 2004—2005 年中国上市公司的证据 [J]. 金融研究，2007 (4).

[266] 陶洪亮，申宇. 股价暴跌、投资者认知与信息透明度 [J]. 投资研究，2011 (10).

[267] 佟严，王化成. 关联交易、控制权收益与盈余质量 [J]. 会计研究，2007 (4).

[268] 王冲，谢雅璐. 会计稳健性、信息不透明与股价暴跌风险 [J]. 管理科学，2013 (1).

[269] 王克敏，王志超. 高管控制权、报酬与盈余管理——基于中国上市公司的实证研究 [J]. 管理世界，2007 (7).

[270] 王良成. 应计与真实盈余管理：替代抑或互补 [J]. 财经理论与实

践，2014（2）.

［271］王良成，曹强，廖义刚.政府管制、融资行为与审计治理效应——来自我国上市公司配股融资的经验证据［J］.山西财经大学学报，2011（5）.

［272］王良成，董霖，杨达理，等.性别差异、职业阶段与审计独立性［J］.审计与经济研究，2014（6）.

［273］王良成，韩洪灵.大型会计师事务所的审计质量一贯的高吗？——来自我国上市公司配股融资的经验证据［J］.审计研究，2009（3）.

［274］王良成，廖义刚，曹强.政府管制变迁与审计意见监管有用性［J］.经济科学，2011（2）.

［275］王良成，宋娟，曹强.监管者识别盈余管理的实证研究［J］.财经理论与实践，2015（2）.

［276］王天夫，李博柏，赖扬恩.城市性别收入差异及其演变［J］.社会学研究，2008（2）.

［277］王艳艳，陈汉文.审计质量与会计信息透明度——来自中国上市公司的经验数据［J］.会计研究，2006（4）.

［278］王艳艳，陈汉文，于李胜.代理冲突与高质量审计需求——来自中国上市公司的经验证据［J］.经济科学，2006（2）.

［279］王艳艳，于李胜.法律环境、审计独立性与投资者保护［J］.财贸经济，2006（5）.

［280］王跃堂，王亮亮，贡彩萍.所得税改革、盈余管理及其经济后果［J］.经济研究，2009（3）.

［281］魏涛，陆正飞，单宏伟.非经常性损益盈余管理的动机、手段和作用研究［J］.管理世界，2007（1）.

［282］吴联生，谭力.审计师变更决策与审计意见改善［J］.审计研究，2005（2）.

［283］吴水澎，李奇凤.国际四大、国内十大与国内非十大的审计质量——来自2003年中国上市公司的经验证据［J］.当代财经，2006（2）.

［284］伍利娜.审计定价影响因素研究——来自中国上市公司首次审计费用披露的证据［J］.中国会计评论，2003，1（1）.

［285］伍利娜.盈余管理对审计费用影响分析［J］.会计研究，2003（12）.

［286］夏立军.盈余管理计量模型在中国股票市场的应用研究［J］.中国会计与财务研究，2003，5（2）.

［287］夏立军，杨海斌.注册会计师对上市公司盈余管理的反应［J］.审

计研究，2002（4）.

［288］辛清泉，谭伟强. 市场化改革、企业业绩与国有企业经理薪酬［J］. 经济研究，2009（11）.

［289］徐浩萍. 会计盈余管理与独立审计质量［J］. 会计研究，2004（1）.

［290］许年行，江轩宇，伊志宏，等. 分析师利益冲突、乐观偏差与股价崩盘风险［J］. 经济研究，2012（7）.

［291］杨鹤，徐鹏. 审计师更换对审计独立性影响的实证研究［J］. 审计研究，2004（1）.

［292］杨臻黛，李若山. 审计意见的决策有用性：来自我国商业银行信贷官的实验证据［J］. 中国注册会计师，2007（12）.

［293］叶康涛. 盈余管理与所得税支付：基于会计利润与应税所得之间差异的研究［J］. 中国会计评论，2006，4（2）.

［294］叶琼燕，于忠伯. 审计师个人特征与审计质量［J］. 山西财经大学学报，2011（2）.

［295］于李胜. 盈余管理动机、信息质量与政府监管［J］. 会计研究，2007（9）.

［296］于李胜，王艳艳. 信息风险与审计定价［J］. 管理世界，2007（2）.

［297］余玉苗. 论独立审计在公司治理结构中的作用［J］. 审计研究，2001（6）.

［298］张继勋，徐奕. 上市公司审计收费影响因素研究——来自上市公司2001—2003年的经验证据［J］. 中国会计评论，2005，3（1）.

［299］张俊瑞，李彬，刘东霖. 真实活动操控的盈余管理研究——基于保盈动机的经验证据［J］. 数理统计与管理，2008，27（5）.

［300］张伟，曹丹. 新证券法和新公司法对注册会计师实务的影响——从“科龙股东诉德勤案”说开去［J］. 华东经济管理，2006（10）.

［301］张祥建，徐晋. 盈余管理、配股融资与上市公司业绩滑坡［J］. 经济科学，2005（1）.

［302］张昕. 中国亏损上市公司第四季度盈余管理的实证研究［J］. 会计研究，2008（4）.

［303］张学谦，周雪. 审计意见、盈余管理与审计师变更——来自中国证券市场的经验数据分析［J］. 统计与决策，2007（22）.

［304］张兆国，刘晓霞，邢道勇. 公司治理结构与盈余管理［J］. 中国软科学，2009（1）.

[305] 章立军. 上市公司盈余管理与审计质量的相关性分析 [J]. 财贸经济，2005 (4).

[306] 章永奎，刘峰. 盈余管理与审计意见相关性实证研究 [J]. 中国会计与财务研究，2002，4 (1).

[307] 中国证券监督管理委员会. 上市公司新股发行管理办法 [S]. 2001.

[308] 中国证券监督管理委员会. 上市公司证券发行管理办法 [S]. 2006.

[309] 周中胜，陈汉文. 独立审计有用吗？——基于资源配置效率视角的经验研究 [J]. 审计研究，2008 (6).

[310] 周中胜，陈俊. 大股东资金占用与盈余管理 [J]. 财贸研究，2006(3).

[311] 朱红军，汪辉. “股权制衡”可以改善公司治理吗？——宏智科技股份有限公司控制权之争的案例研究 [J]. 管理世界，2004 (10).

[312] 朱小平，余谦. 我国审计收费影响因素之实证分析 [J]. 中国会计评论，2004，2 (2).